中知认证系列丛书

《企业知识产权合规管理体系 要求》(GB/T 29490—2023)理解与实施

中知(北京)认证有限公司 / 组织编写

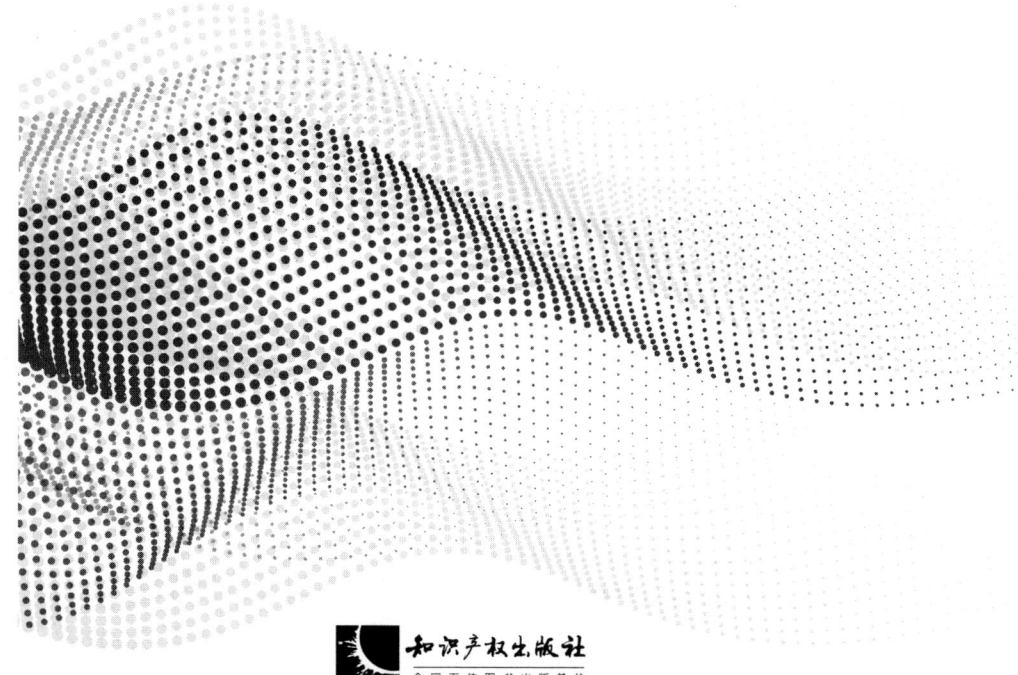

知识产权出版社
全国百佳图书出版单位
—北京—

图书在版编目（CIP）数据

《企业知识产权合规管理体系　要求》（GB/T 29490-2023）理解与实施／中知（北京）认证有限公司组织编写．-- 北京：知识产权出版社，2025.9. --（中知认证系列丛书）. -- ISBN 978-7-5245-0059-9

Ⅰ．D922.291.914

中国国家版本馆 CIP 数据核字第 2025AX6973 号

责任编辑：刘　睿　刘　江　邓　莹　　　责任校对：王　岩
封面设计：杨杨工作室·张　冀　　　　　　责任印制：刘译文

《企业知识产权合规管理体系　要求》（GB/T 29490—2023）理解与实施

中知（北京）认证有限公司　组织编写

出版发行：知识产权出版社 有限责任公司	网　　址：http://www.ipph.cn
社　　址：北京市海淀区气象路 50 号院	邮　　编：100081
责编电话：010-82000860 转 8344	责编邮箱：liujiang@cnipr.com
发行电话：010-82000860 转 8101/8102	发行传真：010-82000893/82005070/82000270
印　　刷：三河市国英印务有限公司	经　　销：新华书店、各大网上书店及相关专业书店
开　　本：720mm×1000mm　1/16	印　　张：21.25
版　　次：2025 年 9 月第 1 版	印　　次：2025 年 9 月第 1 次印刷
字　　数：308 千字	定　　价：108.00 元
ISBN 978-7-5245-0059-9	

出版权专有　侵权必究

如有印装质量问题，本社负责调换。

《中知认证丛书》
编委会

主　任　雷筱云
副主任　王文静　余　平
委　员（按姓氏拼音排序）

杜鹃花	范恺偶	范艳伟	冯国伟	
郭志萍	何万兴	胡治中	黄方红	
黄智达	雷　斌	雷　蕾	黄　娟	李永鑫
李文辉	李西良	李　曦	李　小	
李学锋	刘　娟	刘　伟	刘　鑫	
龙湘云	穆旭东	乔文龙	任文博	
苏　京	孙丽芳	田　收	王　健	
王海涛	王　昊	王　琳	王景凯	
王靖哲	王军红	王　伟	邢文超	
徐立群	闫新嫣	杨　丽	杨　洋	
姚丹飞	尤张青	袁　静	袁　蓉	
张赵兵	张赵佳	张　升	章洪流	
		周　媛		

《〈企业知识产权合规管理体系 要求〉（GB/T 29490—2023）理解与实施》编写组

主　编　余　平

副主编　李　曦　乔文龙　穆旭东

撰　写　（按章节排序）

　　　　李　曦　乔文龙　穆旭东　张芝君

　　　　耿　佳　朱齐凤　孙丽芳　李　菊

　　　　李淑如　许玉洁　袁　静　王　鹏

　　　　刘向阳

审　稿　余　平

序

当前，新一轮技术革命和产业变革正以前所未有的速度演进。技术创新浪潮以迅猛之势席卷全球，深刻影响着全球经济社会发展格局。

在这一时代背景下，技术创新主体的知识产权管理的重要性日益凸显，已经从企业核心竞争力的关键要素上升至国家战略层面。为统筹推进知识产权强国建设，中共中央、国务院印发了《知识产权强国建设纲要（2021—2035年）》，国务院制定了《"十四五"国家知识产权保护和运用规划》，旨在高效促进知识产权运用，激发全社会创新活力。

我国关于知识产权战略的顶层设计，蕴含着推动知识产权管理标准贯彻实施的重要内容。《知识产权强国建设纲要（2021—2035年）》明确提出要"推动企业、高校、科研机构健全知识产权管理体系"。《"十四五"国家知识产权保护和运用规划》进一步明确提出"推动创新主体加强知识产权管理标准化体系建设，推动实施创新过程知识产权管理国际标准"。相关标准的贯彻实施，有助于加快建立高效的知识产权综合管理体制，加强支撑和协同实施国家知识产权战略，更好地融入和服务国家经济社会发展大局。

当前和今后相当长的一个时期内，有三个知识产权管理标准是与企业息息相关的。一是《企业知识产权合规管理体系　要求》（GB/T 29490—2023），为企业建立并完善知识产权合规管理体系、有效防范知识产权风险、充分实现知识产权价值提供了参照。二是ISO 56005：2020《创新管理　知识产权管理指南》，是由中国提出并经国际标准化组织

（ISO）正式立项、起草制定和发布的全球首个创新和知识产权管理融合的国际准则，该标准吸收了全球创新管理最先进的理念，为全球创新主体提供了一套科学、系统的知识产权管理架构。三是《企业商业秘密管理规范》（T/PPAC 701—2021），这是中国专利保护协会发布的企业商业秘密管理团体标准，该标准吸收了国内外关于企业开展商业秘密管理的先进理念和实践经验，对我国企业建立并完善商业秘密管理体系具有重要指导作用，对其他有商业秘密管理需求的组织开展商业秘密管理也有有益的参考价值。以上三个标准已经在大批创新主体中广泛实施，取得了良好成效。

为帮助更多的创新主体通过国家标准、国际标准的贯彻实施，实现高质量发展，在"十四五"规划已届收官，知识产权强国建设取得一系列新进展之际，中知（北京）认证有限公司作为中国知识产权认证领域的开创者与引领者，将深耕行业十余载的创新与知识产权管理领域的国家标准、国际标准、团体标准的制定研发经验和认证评价实践经验精心凝练、荟萃，形成了《〈企业知识产权合规管理体系　要求〉（GB/T 29490—2023）理解与实施》《基于ISO 56005国际标准的企业创新与知识产权管理指南》《商业秘密保护——体系化管理实务》三部图书。丛书旨在基于创新与知识产权领域国家标准、国际标准和团体标准及在中国的实践，为广大创新主体提供以标准助力高质量发展的工作指引。

该丛书立意高远、观点新颖、内容丰富、案例翔实：第一本基于知识产权合规管理国家标准引入的合规管理理念，通过大量企业合规管理实战案例和审核实践总结，揭示了通过体系化知识产权合规管理构筑企业竞争优势的实用技巧；第二本通过对众多标杆企业实施案例的拆解，将"专利—创新—商业"价值闭环清晰地呈现在读者面前，为创新主体提供了一本实用的以知识产权管理促进创新的战术手册；第三本突破传统商业秘密保护思维，详解商业秘密体系化管理范式，通过名企商业秘密管理方案和经典司法案例，将体系化的商业秘密治理模型呈现给读者，助力创新主体有效应对商业秘密泄露风险。

希望该丛书能够帮助企业熟知知识产权管理的理论和技术，促进企业运用管理标准提升知识产权保护和运用的能力，推动企业知识产权价值的实现，助力企业打造市场经济中的核心竞争力。

中国专利保护协会常务副会长

前　　言

在全球经济竞争日趋激烈的当下，知识产权已成为企业核心竞争力的核心要素，直接决定企业在市场中的生存与发展空间。随着我国知识产权保护力度不断加大、市场环境日益规范，企业在生产经营中面临的专利、商标、著作权、商业秘密等知识产权问题愈发复杂多样。这些问题不仅关乎企业合法权益的维护，更深刻影响着企业的市场地位与可持续发展能力。因此，构建系统、科学的知识产权合规管理体系，成为企业应对风险挑战、提升竞争优势的必然选择。

为进一步规范企业知识产权管理，提升知识产权保护与运用水平，国家知识产权局组织起草并发布了《企业知识产权合规管理体系　要求》（GB/T 29490—2023）国家标准，并于 2024 年 1 月 1 日正式实施。该标准是在《企业知识产权管理规范》（GB/T 29490—2013）基础上的修订与升级，针对旧版标准难以适配当前知识产权管理需求的问题，在继承核心精髓的同时，突出"合规"导向，强化全流程管理要求，为企业提供了更具针对性和操作性的实践指南。

本书立足新版标准的实施背景，聚焦新旧版标准的核心差异，从标准理解、实施落地、审核实践三个维度展开系统分析：在结构与内容层面，详解新版标准在知识产权类型覆盖、合规要素强化、管理流程优化等方面的创新；在实施层面，梳理知识产权合规管理体系的策划、运行、检查与改进全流程要点；在审核层面，明确新版标准的审核方法、重点环节及常见问题解决方案。

为增强实用性，本书精选医药、化工、电子、通信等多领域企业的实战案例，通过不同规模企业的体系化管理实践，直观呈现新版标准的落地路径与应用价值。

希望本书能为企业知识产权管理人员、咨询机构从业者及认证审核人员提供清晰指引，助力企业以合规管理为抓手提升知识产权能力，共同推动我国企业知识产权管理水平迈向新台阶。

目 录

第一编　企业知识产权体系化管理概述

第一章　我国企业知识产权体系化管理现状 …………………………（3）
第二章　GB/T 29490—2013 版国家标准修订情况说明 ………………（8）
第三章　GB/T 29490—2023 版标准简介 ………………………………（12）

第二编　新旧标准条款对比解读和应用要点说明

第四章　前言与引言 ………………………………………………………（19）
　第一节　前　言 ………………………………………………………（19）
　第二节　引　言 ………………………………………………………（20）
第五章　范围和规范性引用文件 …………………………………………（28）
　第一节　范　围 ………………………………………………………（28）
　第二节　规范性引用文件 ……………………………………………（29）
第六章　术语和定义 ………………………………………………………（31）
　第一节　知识产权 ……………………………………………………（32）
　第二节　知识产权合规义务 …………………………………………（33）
　第三节　知识产权合规 ………………………………………………（34）
　第四节　管理体系 ……………………………………………………（34）
　第五节　知识产权合规管理体系 ……………………………………（35）

第六节　相　关　方 …………………………………………… (36)
　第七节　方　　　针 …………………………………………… (36)
　第八节　知识产权方针 ………………………………………… (37)
　第九节　目　　　标 …………………………………………… (37)
　第十节　知识产权目标 ………………………………………… (38)
　第十一节　成文信息 …………………………………………… (39)
　第十二节　知识产权手册 ……………………………………… (39)
　第十三节　专利导航 …………………………………………… (40)

第七章　企业环境 …………………………………………………… (41)
　第一节　理解企业及其环境 …………………………………… (41)
　第二节　理解相关方的需求和期望 …………………………… (44)
　第三节　确定知识产权合规管理体系的范围 ………………… (46)
　第四节　知识产权合规管理体系及其过程 …………………… (48)
　第五节　知识产权合规义务 …………………………………… (51)

第八章　领导作用 …………………………………………………… (54)
　第一节　领导作用和承诺 ……………………………………… (54)
　第二节　知识产权方针 ………………………………………… (61)
　第三节　岗位、职责和权限 …………………………………… (63)

第九章　策　　划 …………………………………………………… (67)
　第一节　通　　　则 …………………………………………… (67)
　第二节　知识产权目标及其实现的策划 ……………………… (70)
　第三节　针对变更的策划 ……………………………………… (74)

第十章　支　　持 …………………………………………………… (77)
　第一节　资　　　源 …………………………………………… (77)
　第二节　能　　　力 …………………………………………… (93)
　第三节　意　　　识 …………………………………………… (95)
　第四节　沟　　　通 …………………………………………… (97)
　第五节　成文信息 ……………………………………………… (98)

第十一章 运行 (108)
第一节 知识产权基础管理 (108)
第二节 经营管理 (151)
第三节 知识产权合规管理 (172)

第十二章 绩效评价 (176)
第一节 通则 (176)
第二节 分析与评价 (178)
第三节 内部审核 (180)
第四节 管理评审 (187)

第十三章 改进 (193)
第一节 通则 (193)
第二节 不合格和纠正措施 (195)
第三节 持续改进 (197)

第三编 GB/T 29490—2023 标准审核实施建议

第十四章 "4 企业环境" 审核实施建议 (201)
第一节 理解企业及其环境 (201)
第二节 理解相关方的需要和期望 (202)
第三节 确定知识产权合规管理体系的范围 (203)
第四节 知识产权合规管理体系及其过程 (203)
第五节 知识产权合规义务 (204)

第十五章 "5 领导作用" 审核实施建议 (206)
第一节 领导作用和承诺 (206)
第二节 知识产权方针 (207)
第三节 岗位、职责和权限 (208)

第十六章 "6 策划" 审核实施建议 (209)
第一节 通则 (209)

第二节　知识产权目标及其实现的策划 …………………（210）

　　第三节　针对变更的策划 …………………………………（211）

第十七章　"7 支持"审核实施建议 ……………………………（212）

　　第一节　资　　源 …………………………………………（212）

　　第二节　能　　力 …………………………………………（217）

　　第三节　意　　识 …………………………………………（218）

　　第四节　沟　　通 …………………………………………（219）

　　第五节　成文信息 …………………………………………（220）

第十八章　"8 运行"审核实施建议 ……………………………（223）

　　第一节　知识产权基础管理 ………………………………（223）

　　第二节　经营管理 …………………………………………（235）

　　第三节　知识产权合规管理 ………………………………（247）

第十九章　"9 绩效评价"审核实施建议 ………………………（249）

　　第一节　通　　则 …………………………………………（249）

　　第二节　分析与评价 ………………………………………（249）

　　第三节　内部审核 …………………………………………（250）

　　第四节　管理评审 …………………………………………（251）

第二十章　"10 改进"审核实施建议 ……………………………（254）

　　第一节　通　　则 …………………………………………（254）

　　第二节　不合格和纠正措施 ………………………………（254）

　　第三节　持续改进 …………………………………………（255）

第四编　企业知识产权体系化管理典型案例

第二十一章　注重企业专利战略规划管理，提升企业知识产权合规能力
　　　　　　——石药控股集团有限公司知识产权管理案例 ………（259）

第二十二章　厚积薄发，知识产权合规管理助力企业创新价值实现
　　　　　　——浙江海正药业股份有限公司知识产权管理案例 …（268）

第二十三章 贯彻知识产权国家标准，构建创新药从研发到上市的系统化、全过程知识产权管理体系
　　——山东绿叶制药有限公司知识产权管理案例 ……… (277)

第二十四章 "一把手"为核心的知识产权三级管理体系，促进经营全流程知识产权合规管理
　　——广州白云山和记黄埔中药有限公司知识产权管理案例 ……… (284)

第二十五章 领导重视、全员参与，构建系统化知识产权管理
　　——北京智芯微电子科技有限公司知识产权管理案例 ……… (292)

第二十六章 重视知识产权信息利用与专利全生命周期管理，助力交通信号领域技术创新
　　——卡斯柯信号有限公司知识产权管理体系管理案例 ……… (301)

第二十七章 个性化实施知识产权体系化管理，支持全面创新
　　——金发科技股份有限公司知识产权管理案例 ……… (308)

第二十八章 不断深化知识产权体系化管理，助力知识产权创造、运用、保护与管理全方位提升
　　——巨化集团有限公司知识产权管理案例 ……… (315)

附　录

知识产权领域典型禁止性行为涉及的文件清单 ……… (323)

第一编
企业知识产权体系化管理概述

近年来，随着全社会对知识产权保护的日益重视以及市场竞争的加剧，越来越多的企业已经认识到知识产权作为核心资产的重要性，并致力于通过体系化管理来保护其创新成果和市场竞争力。经过不断的研究与实践，我国企业知识产权管理逐步探索出一套系统、规范、科学的体系化管理模式。该模式被总结成为一套国家标准（《企业知识产权管理规范》GB/T 29490—2013）于2013年发布实施，并于2023年改版，为助力创新驱动发展战略和国家知识产权强国战略的落地落实发挥了积极作用。

第一章　我国企业知识产权体系化管理现状

一、我国企业知识产权体系化管理取得的成绩

国家标准《企业知识产权管理规范》（GB/T 29490—2013）于2013年颁布实施，是我国首个知识产权管理领域国家标准，将成熟的体系化管理模式运用于企业知识产权管理实践，通过科学运用过程方法和PDCA循环，将企业知识产权管理涉及的各项活动系统化、体系化，在知识产权战略的指导下形成合力，有效促进企业的经营发展。

2013年11月，国家认监委、国家知识产权局联合印发《知识产权管理体系认证实施意见》（国认可联〔2013〕56号，以下简称《实施意见》），共同探索开展知识产权管理体系认证工作。该"标准"颁布以来，大批企业贯彻实施，截至2023年年底已有累计超过8万家企业通过知识产权管理体系认证。近年来，全国有效的知识产权管理体系认证证书数量始终维持在3万张左右，位居我国所有管理体系认证项目的第六位。

获证的创新主体已经初步建立健全知识产权管理体系，包括制定相关的管理制度、设立专门的管理机构或岗位、配备专业的管理人员等。这些管理体系的建立为企业知识产权的规范化管理提供了基础，有助于确保企业在知识产权申请、维护、保护、运用和转让等各个环节都能够得到有效的管理和控制，在以下方面取得了显著成绩。

（1）提升知识产权意识。贯标工作提升了企业领导和广大职工的知识产权意识，增强了企业自主创新能力和核心竞争力。

（2）促进知识产权创造。通过贯标，企业能够更加规范地进行知识产

权创造活动，如专利申请、商标注册等，从而拥有更多的高质量专利、商标等知识产权。

(3) 加强知识产权保护。贯标企业能够建立健全知识产权保护机制，有效防范知识产权侵权风险，维护企业合法权益。

(4) 提高市场竞争力。贯标工作助力企业在市场竞争中更具优势，通过知识产权保护与诉讼、知识产权许可与转让等方式获取更多的经济收益和竞争优势。

(5) 助力企业创新发展。知识产权贯标作为企业创新发展的基础条件之一，推动企业实现技术创新、管理创新和产品创新等各方面的全面提升。

实践证明，企业知识产权管理体系认证已成为全面提高企业内部管理水平、获取外部竞争优势的重要抓手，在助推企业创新发展，提升企业核心竞争力，推动供给侧结构性改革，建设创新型国家等方面发挥了重要作用。

二、我国企业知识产权体系化管理面临的新情况

(一) 我国坚持全面推进知识产权高质量发展

1. 加强知识产权法治保障

我国不断推进知识产权法治建设，完善相关法律法规体系。例如，新修改的《中华人民共和国专利法实施细则》和《专利审查指南》等法规的出台，为知识产权的创造、运用、保护和管理提供了更加坚实的法律基础。此外，国家还加快推进商标法及其实施条例新一轮修订、地理标志专门立法研究和《集成电路布图设计保护条例》修改论证等工作，以全面加强知识产权保护的法治化水平。

2. 提升知识产权创造质量

国家鼓励创新，大力提升知识产权的创造质量。通过建立完善以运用为导向提升专利申请质量的激励政策和机制，推动知识产权审查质量和审查效率持续提升。同时，国家还支持关键核心技术攻关和重点产业高质量发展的审查机制建设，以支撑高水平科技自立自强。

3. 强化知识产权运用效益

国家全面推进专利转化运用专项行动，推动高校和科研机构高价值专利与企业精准对接、加速转化。此外，还实施专利产业化促进中小企业成长计划，加速知识、技术、资金、人才等要素向中小企业集聚，打造专利产业化样板企业。同时，国家还鼓励探索知识产权金融生态综合试验区建设，更好发挥知识产权金融支持科技创新和实体经济发展的作用。

4. 完善知识产权保护体系

我国不断加强知识产权保护体系建设，完善保护机制。通过新建一批知识产权保护中心和快速维权中心，推进知识产权快速协同保护体系建设。同时，国家还加强知识产权海外纠纷应对指导网络建设，提升海外知识产权保护能力。此外，国家还严格实施知识产权侵权惩罚性赔偿制度，建立更加顺畅的知识产权保护衔接机制，以有效遏制侵权易发多发现象。

(二) 国家层面推动合规管理深度融入企业经营管理

近些年，我国十分重视企业合规管理，主要体现在以下几个方面。

1. 政策层面的推动

国家出台了一系列关于企业合规的法律法规，如新修订的《公司法》等，明确规定企业应当建立健全内部监督管理和风险控制制度，加强内部合规管理。

国务院国资委等部门发布了多项关于企业合规管理的政策文件，如《关于进一步深化法治央企建设的意见》《中央企业合规管理办法》等，明确了企业合规管理的目标、原则、职责分工等，为企业合规管理提供了全面的指导和规范。

2. 监管力度的加强

国家市场监管总局、国资委等监管机构加强了对企业合规管理的监管力度，通过定期检查、随机抽查等方式，确保企业合规管理的有效实施。各级检察院、法院等司法机关也在办案、监管过程中对企业提出了更多、更严格、更新的合规要求。对存在合规问题的企业，监管机构将依法进行处罚，包括罚款、吊销营业执照等严厉措施。这体现了国家对合规管理的严肃态度和决心。

3. 企业积极开展合规管理实践

企业开始注重合规文化的培育，通过宣传、教育等方式提高员工的合规意识和素养。合规文化已经成为企业文化的重要组成部分，有助于形成全员参与、共同维护合规的良好氛围。此外，政府还通过制定一系列政策措施，引导和鼓励企业加强知识产权合规管理。越来越多的企业开始重视知识产权合规管理，通过制定合规管理制度、开展培训等方式，加强知识产权申请、审查、维权等方面的管理，提高自身的合规水平。

（三）各产业领域对企业知识产权管理要求不断提升

近些年，随着知识经济的崛起和全球竞争的加剧，知识产权工作和企业发展的环境、形势、特点都发生了较大变化，各产业领域对于企业知识产权管理的要求也在不断提升，尤其是生物医药、电子信息、新能源汽车、新材料等领域。整体上看，我国企业知识产权体系化管理水平有所提升，但不同企业之间的管理水平仍然存在较大差异。一些创新型企业或高科技企业在知识产权管理方面做得较为出色，已经建立较为完善的管理体系和运作机制；而一些传统企业或中小企业则可能仍然处于起步阶段，管理体系尚不健全，管理水平有待提高。企业知识产权体系化管理在新形势下面临新的挑战，主要体现在以下几个方面。

1. 创新模式不断涌现，创新活动涉及更多知识产权类型

企业作为市场经济活动的主体，也是技术创新的主要承担者。随着创新驱动发展战略的不断深入，越来越多的企业加大研发投入，或者不再局限于内部研发，而是积极寻求外部合作，包括与供应商、客户、竞争对手、科研机构、高校等建立合作关系，共同开展研究开发，推动产品、服务、商业模式等方面的创新，特别是高新技术企业、科技型中小企业和专精特新企业，积极探索和尝试各类创新模式和开展创新活动。

随着科技的飞速发展，众多新领域逐渐成为创新主体关注的热门领域，如人工智能、区块链、生物技术等新兴技术领域。同时，对于互联网、大数据等现有技术的创新应用也将成为新热点。因此，这些新兴的创新模式

和创新活动不仅推动了科技进步和产业升级，还同时涉及越来越多的知识产权类型，如专利、商标、版权（包括软件著作权）、商业秘密等。这些知识产权类型的科学布局和综合运用在保护创新成果、促进技术转移和商业化方面发挥着重要作用。因此，创新主体需要不断提升知识产权综合管理能力，开展高质量知识产权组合布局，进而提升产业竞争力和市场效益。

2. 知识产权保护力度不断增强，企业知识产权合规风险加大

近些年，我国进一步加大了知识产权保护力度，全社会的知识产权法治保障得到增强：《专利法》《商标法》《著作权法》等知识产权相关的法律法规不断修改和完善；建立健全了跨部门、跨区域的知识产权联合执法机制，形成合力，加大对侵权假冒行为的打击力度；惩罚性赔偿制度建立和不断完善。企业的生产经营活动面临越来越高的知识产权合规风险。在当前和未来的社会经济大背景下，"知识产权合规"更是企业合法合规经营的"底线"。为了有效应对这些风险，提升企业竞争力，知识产权合规管理显得尤为重要。

随着知识产权管理体系贯标认证工作的推进，越来越多的获证企业初步具备知识产权管理能力，但是部分企业尚未充分认识到知识产权合规管理的重要性，需要进一步提升合规意识和风险管理意识，知识产权合规的"底线意识"需要加强。这将导致企业在日常经营中可能忽视知识产权的保护和合规要求，从而增加侵权风险。此外，企业在创新活动中面临的知识产权合规管理问题多种多样，这些问题不仅影响企业的创新能力和市场竞争力，还可能带来法律风险和经济损失。

综上所述，企业知识产权体系化管理在新形势下需要不断创新管理理念和方法，在广度和深度上同时提高知识产权管理的水平，以适应当前形势的需求。因此，大量的创新主体已经意识到应尽快寻求一部权威的知识产权体系化管理指南，以指导其在未来一段时期内的知识产权活动。

第二章　GB/T 29490—2013 版国家标准修订情况说明

为满足当前形势下企业对知识产权合规管理等方面的迫切需求，为新阶段企业建立完善知识产权管理体系提供指引，国家知识产权局于2019年组织中国国际贸易促进委员会、中国标准化研究院等单位启动《企业知识产权管理规范》（GB/T 29490—2013）的修订工作。

一、修订原则

（一）坚持问题导向

此次修订工作在广泛征求贯标企业、知识产权领域专家学者、相关单位及知识产权认证机构意见的基础上，针对现行标准与当前企业经营发展内外部需求不适应、不匹配的问题，对标准内容进行重点调整和系统完善，以更好满足新时代提升企业知识产权竞争力、支撑创新发展的需要。

（二）突出务实有效

此次修订回应了当前知识产权保护全面加强、企业知识产权意识普遍提升、知识产权竞争日趋激烈的发展态势，通过提供知识产权合规管理的标准化、全流程指引，显著提升了标准对于企业守底线、控风险和降低信用成本的有效性。

（三）强化对标协同

此次修订对照国际组织发布的管理体系高层结构，强化与其他相关标准的协同融合，降低企业贯标难度与负担，确保标准的顺利实施和作用的有效发挥，提高企业使用标准的主动性，强化标准实施生命力。

二、修订过程

此次标准修订工作历时近 4 年，从 2019 年项目立项开始，经历了以下主要阶段：

2019 年 12 月，启动标准修订工作。

2020 年 4 月，通过广泛征集企业贯标过程中出现的问题，并组织专家深入调查研究，形成标准修订专家意见稿。

2020 年 12 月，征求商标品牌等有关专家和相关企业的意见，进一步完善形成修订立项稿，报送国家标准委进行立项申请。

2021 年 5 月，国家标准委立项审批通过。

2021 年 9 月，组织召开征求意见座谈会，邀请标准化管理体系专家、中知（北京）认证有限公司等标准认证机构等对修订立项稿进行讨论。

2022 年 6 月，在吸收各方意见的基础上进一步修改完善标准文本，形成征求意见稿。

2023 年 8 月 6 日，GB/T 29490—2023 标准发布。

2024 年 1 月 1 日，GB/T 29490—2023 标准实施。

三、2023 版国家标准与 2013 版国家标准比较

此次修订将标准名称变更为《企业知识产权合规管理体系　要求》。此外，2023 版国家标准与 2013 版国家标准的差异还体现在以下几个方面。

（一）采用新的通用高层结构

此次修订采用 ISO/IEC 导则中的高层结构，在结构、格式、通用短语和定义方面进行了统一，使标准各条款的逻辑更清晰、布局更合理，与其他管理体系标准进一步融合，提高了企业执行多个管理体系的一致性和便捷性，有利于企业进一步降低管理成本，提升综合管理绩效。

（二）明确企业知识产权管理体系的合规属性

此次修订系统性地加强了知识产权合规相关内容，明确了企业知识产

权管理体系的合规属性,强化了企业知识产权管理中的合规要求。

(1) 标准名称修改为"企业知识产权合规管理体系 要求";

(2) 在第 3 章增加"知识产权合规"的定义,将知识产权合规定义包括来源于法律法规、政策规范等的合规要求,以及来源于企业内部规章制度、相关行业标准、准则,签订的合同、协议等的合规承诺。

(3) 在第 4 章企业环境、第 5 章领导作用、第 6 章策划、第 7 章支持、第 8 章运行、第 9 章绩效评价、第 10 章改进中均融入了知识产权合规相关内容,突出了标准中的合规主线。

(三) 增强标准的适用性

此次修订完善了对专利、商标、著作权、商业秘密、地理标志等各类知识产权的管理要求,扩展了标准对不同类型知识产权的兼容性。同时,在生产类企业之外,明确了对服务类企业的管理要求,使标准能够更好地适用于来自第一产业、第二产业、第三产业的各类型企业。

(四) 标准章节及二级条款适应性调整

基于上述修订内容,2023 版国家标准与 2013 版国家标准的章节及二级条款有所变化,具体如表 2-1 所示。

表 2-1 新旧标准条款对比

章节	2023 版		章节	2013 版	
引言			引言		
第 1 章	范围		第 1 章	范围	
第 2 章	引用文件	增加合规管理体系标准的引用	第 2 章	引用文件	
第 3 章	术语和定义	增加知识产权合规、知识产权合规义务、专利导航	第 3 章	术语和定义	
第 4 章	企业环境	包括 5 个二级条款:理解组织及其环境、理解相关方的需求和期望、确定管理体系范围、知识产权合规管理体系及其过程、知识产权合规义务	第 4 章	知识产权管理体系	包括 2 个二级条款:总体要求、文件要求

续表

章节	2023 版		章节	2013 版	
第 5 章	领导作用	包括 3 个二级条款：领导作用和承诺、知识产权方针以及岗位、职责和权限	第 5 章	管理职责	包括 5 个二级条款：管理承诺，知识产权方针，策划，职责、权限和沟通，管理评审
第 6 章	策划	包括 3 个二级条款：通则、知识产权目标及其实现的策划、针对变更的策划			
第 7 章	支持	包括 5 个二级条款：资源、能力、意识、沟通、成文信息	第 6 章	资源管理	包括 4 个二级条款：人力资源、基础设施、财务资源、信息资源
第 8 章	运行	包括 3 个二级条款：知识产权基础管理、经营管理、知识产权合规管理	第 7 章	基础管理	包括 6 个二级条款：获取、维护、运用、保护、合同管理、保密
			第 8 章	实施和运行	包括 5 个二级条款：立项、研究开发、采购、生产、销售和售后
第 9 章	绩效评价	包括 4 个二级条款：通则、分析与评价、内部审核、管理评审	第 9 章	审核和改进	包括 3 个二级条款：总则、内部审核、分析与改进
第 10 章	改进	包括 3 个二级条款：通则、不合格和纠正措施、持续改进			

第三章　GB/T 29490—2023 版标准简介

一、GB/T 29490—2023 标准名称

为顺应我国经济社会快速发展与企业知识产权管理内外部的整体需求，此次修订将 GB/T 29490—2023 标准名称调整为《企业知识产权合规管理体系　要求》，突出"知识产权合规管理体系"，并以"要求"替代"规范"，更准确地反映出 2023 版标准以知识产权合规管理为运行内核，以"要求"作为核心技术要素的特点，强化了与贯标认证相关工作的衔接。

GB/T 29490—2023《企业知识产权合规管理体系　要求》国家标准由全国知识管理标准化技术委员会（TC554）归口，由国家知识产权局作为主管部门。

二、GB/T 29490—2023 标准架构与主要章节

GB/T 29490—2023 标准遵循了 ISO/IEC 导则对管理体系标准的高层通用结构（High Level Structure），主要章节包括：

前言；
引言；
1　范围；
2　规范性引用文件；
3　术语和定义；
4　企业环境；
5　领导作用；

6　策划；

7　支持；

8　运行；

9　绩效评价；

10　改进；

附录 A（资料性）商业秘密管理的推荐性实践；

附录 B（资料性）专利、商标、著作权、商业秘密典型禁止性行为列表；

参考文献。

三、GB/T 29490—2023 标准特点

（一）坚守知识产权管理的核心理念

此次修改仍然坚守了 GB/T 29490 标准的定位和核心理念，即通过建立、实施和持续改进企业知识产权管理体系，履行知识产权合规义务，防范企业在生产经营活动中的知识产权风险，实现知识产权价值，提升企业核心竞争力，促进企业的创新与发展。

（二）沿用过程方法与 PDCA 循环的方法论

GB/T 29490—2023 标准沿用了过程方法的方法论思维，将知识产权合规管理体系管理的对象定位为企业涉及知识产权的过程或活动，包括过程的输入、输出。另外，2023 版标准还沿用了"策划—实施—检查—改进"（PDCA）循环的方法论，体现了系统化管理的理念。各条款的要求不是孤立的，而是保持着紧密的逻辑关系。一个过程管理的成功并不代表管理体系运行得成功，对过程之间的相互关系进行系统管理，不但可以减少风险，还可以提高效率。

2023 版标准构建了基于过程方法的企业知识产权管理模型，规定了企业应管理的涉及知识产权工作的全部过程，再结合"策划—实施—检查—改进"（PDCA）循环和基于风险的思维，有助于企业实现知识产权合规管理体系稳定、有效、持续成功的目标。

（三）强化知识产权合规属性

2023版标准在标准全文系统增加知识产权合规管理相关内容，明确了知识产权合规管理体系相关概念，强调了企业知识产权管理体系的合规属性，强化了企业知识产权管理中的合规要求，具体体现在以下几个方面：

（1）标准名称修改为"企业知识产权合规管理体系　要求"；

（2）第3章增加"知识产权合规"的定义，将知识产权合规定义为包括来源于法律法规、政策规范等的合规要求，以及来源于企业内部规章制度、相关行业标准、准则，签订的合同、协议等的合规承诺。

（3）第4章企业环境、第5章领导作用、第6章策划、第7章支持、第8章运行、第9章绩效评价、第10章改进中均融入了知识产权合规相关内容，突出了标准中的合规主线。

此外，2023版标准强化了领导重视、全员参与的基本原则，将知识产权合规要求贯穿各类型知识产权管理全链条、企业经营管理各环节全周期，并在审核改进中将知识产权合规作为重点关注内容，同时增加了"附录B（资料性）专利、商标、著作权、商业秘密典型禁止性行为列表"，旨在指导企业加强知识产权合规管理体系建设，助力企业规范知识产权管理、履行知识产权合规义务、防范知识产权风险、维护利益和保障发展。

（四）扩大知识产权管理的覆盖范围

针对2013版标准将专利作为主要管理对象的情况，2023版标准强化了对知识产权类型的全面覆盖，对专利、商标、版权、地理标志、商业秘密等多种类型知识产权分别提出了获取、维护、运用、保护等管理要求，并在绩效评价中针对不同类型知识产权规定了审核重点，同时，2023版标准在生产类企业之外，明确了对服务类企业的管理要求，使标准能够更好地适用于来自第一产业、第二产业、第三产业的各类型企业，且在篇末增加了"附录A（资料性）商业秘密管理的推荐性实践"，帮助企业能够通过建立知识产权管理体系管理好各类型知识产权，为核心业务保驾护航。

（五）强化战略和风险的管理思维

企业业务战略决策关系到企业的发展方向。知识产权管理体系是企业系统化管理知识产权活动的工具。企业应该在业务战略的基础上开展知识产权管理体系的具体活动。2023版标准强化了知识产权管理的战略思维和风险思维，这些思维贯穿2023版标准的始终。2023版标准要求企业基于知识产权战略思维，建立与企业战略相一致的知识产权方针，并作为企业知识产权工作的指导思想，指导企业为获取与保持市场竞争优势，运用知识产权制度进行确权、保护与运用，从而提升核心竞争力，助力长远发展。

随着企业内外部环境和相关方要求的变化，知识产权管理体系的运行面临着很大的不确定性，这些不确定性可能带来机遇，也可能带来风险。一个企业的知识产权管理体系如果没有风险思维，它可能在一定的时间段是稳定和有效的，但无法实现持续成功的目标。2023版标准增加了基于风险的思维，并且在多个章节要求识别、应对和预防知识产权风险。

（六）优化知识产权管理体系标准结构

2023版标准在结构上全面对标国际标准化组织（ISO）提出的管理体系国际标准通用框架"高层结构"（HLS），在结构、格式、通用短语和定义方面进行了统一，使标准各条款的逻辑更加清晰、布局更为合理，与其他管理体系标准进一步融合，提高了企业执行多个管理体系的一致性和便捷性，有利于企业进一步降低管理成本，提升综合管理绩效。标准内容主要由10个主要条款及其相关分条款组成，除1范围、2规范性引用文件、3术语和定义以外，4企业环境、5领导作用、6策划、7支持、8运行、9绩效评价、10改进，按照"PDCA方式"展开。

（七）规范标准条款特定的表述方式

"高层结构"管理体系标准对于常使用的一些词语作了统一要求，GB/T 29490—2023标准在表述知识产权管理相关要求时，也规范了这些词的表述，具体如下：

（1）"应"表示要求，对组织的要求；

（2）"宜"表示建议，对组织的建议；

（3）"可"表示允许，对组织的允许；

（4）"能"表示可能性或能够，组织可能或能够产生的结果；

(5)"考虑"表示认真思考,组织应思考的内容,但不一定要采纳。

相关条款中把"成文信息"表述为"保持形成文件的信息"或"保留形成文件的信息"。"保持形成文件的信息",即要求企业形成文件;"保留形成文件的信息",即要求企业形成记录并保存。

第二编
新旧标准条款对比解读和应用要点说明

相较 2013 版《企业知识产权管理规范》，新版标准通过系统性重构条款体系，在标准框架、合规属性、知识产权类型扩展等方面实现突破。这种变革使得对于标准条款的理解和学习要更加深入和系统，标准的实施实践要更加有效和协同。本部分将通过逐条对比分析，揭示两版标准在战略定位、执行逻辑和操作工具层面的代际差异。

第四章　前言与引言

2023 版标准的前言介绍了标准技术变化内容以及提出、归口单位，起草单位和主要起草人。引言介绍了标准重要的理论基础、指导原则，与其他管理体系标准的关系等内容。

第一节　前　　言

GB/T 29490—2023

本文件代替 GB/T 29490—2013《企业知识产权管理规范》，与 GB/T 29490—2013 相比，除结构调整和编辑性改动外，主要技术变化如下：

——增加了"知识产权合规义务""知识产权合规"和"知识产权合规管理体系"的术语和定义（见 3.2、3.3 和 3.5）；

——将"基础管理"更改为"知识产权基础管理"（见 8.1，2013 年版的第 7 章）；

——将"实施和运行"更改为"经营管理"（见 8.2，2013 年版的第 8 章）；

——增加了"知识产权合规管理"（见 8.3）；

——增加了各类型知识产权在"运行"中的要求（见 8.1.1.2～8.1.1.6）。

【条款解读】

根据 GB/T 1.1-2020《标准化工作导则第 1 部分：标准化文件的结构和起草规则》的规定，"前言"这一章节用来给出标准起草所依据的其他文件，本文件与其他文件的关系，编制、起草者的基本信息等。"前言"一般不包含要求、指示、推荐或允许型条款，也不使用图、表或数学公式等表述形式。

2023版标准的前言部分明确提到：虽然标准名称作了调整，但明确了GB/T 29490-2023为GB/T 29490—2013的修订版。除起草单位和主要起草人外，还明确了2023版标准代替GB/T 29490—2013《企业知识产权管理规范》，与GB/T 29490—2013相比，除结构调整和编辑性改动外，主要的技术变化涉及3个方面：

（1）增加"知识产权合规、知识产权合规义务、知识产权合规管理体系"的概念（见3.2、3.3、3.5），提出"知识产权合规管理"等相关要求（见8.3）；

（2）将"基础管理"更改为"知识产权基础管理"（见8.1，GB/T 29490—2013第7章）；将"实施和运行"更改为"经营管理"（见8.2，GB/T 29490—2013第8章）；

（3）增加主要类型知识产权在"基础管理、经营管理"中的要求（见8.1.1.2—8.1.1.6）。

上述3个方面的内容将在后续章节详细解读。

第二节　引　　言

一、概　　述

> GB/T 29490—2023
>
> 0.1 概述
>
> 本文件提供基于过程方法的知识产权管理模型，指导企业策划、实施和运行、评审和改进知识产权合规管理体系。
>
> 本文件采用过程方法，该方法结合了"策划—实施—检查—改进"（PDCA）循环和基于风险的思维。

> 过程方法使企业能够策划过程及其相互作用。
>
> PDCA循环使企业能够确保其过程得到充分的资源和管理，确定改进机会并采取行动。
>
> 基于风险的思维是实现企业知识产权合规管理体系有效性的基础。为满足本文件的要求，企业需策划和实施应对风险和机遇的措施，履行知识产权合规义务，实现知识产权合规管理体系稳定、有效、持续成功的目标。

GB/T 29490—2013

> 本标准提供基于过程方法的企业知识产权管理模型，指导企业策划、实施、检查、改进知识产权管理体系。

【条款解读】

"引言"首先明确：2023版标准提供基于过程方法的知识产权管理模型，结合PDCA循环和基于风险的思维。PDCA中P指策划、D指实施、C指检查、A指改进，PDCA是一种循环。与GB/T 29490—2013相比，2023版标准提出基于风险的思维，将风险思维视为实现企业知识产权合规管理体系有效性的基础。

过程方法、PDCA循环和基于风险的思维三个概念形成了2023版标准的一个完整部分。PDCA循环运行可以作为持续改进的周期，基于风险的思维可运用在周期的每个阶段。运用过程方法、PDCA循环和基于风险的思维，能够将其知识产权合规管理体系与其他管理体系标准要求进行协调或一体化。"过程方法"、"PDCA循环"与"基于风险的思维"管理思想融合，深入知识产权合规管理体系及其各过程之中，是知识产权管理体系策划和实施的重要考量。

依据上述三大理念，企业根据2023版标准策划、实施和运行、评审和改进知识产权合规管理体系，可以应对与企业环境和目标相关的风险和机遇。将PDCA循环和基于风险的思维应用于过程的识别、运行和管控等环节，使企业能够识别可能导致其过程和知识产权合规管理体系偏离知识产权管理任务目标的各种风险因素，最大限度地降低不利影响，并最大限度地利用出现的机遇，以实现知识产权管理任务目标。

知识产权合规管理体系各个过程及各要素相关的风险有所不同。每一过程均应设有特定的监视节点以控制风险。这些监视和测量检查点是依据识别出的风险确定的。基于风险的思维应贯穿知识产权合规管理体系的始终。充分识别风险，准确策划和实施应对风险和机遇的措施是提高知识产权合规管理体系有效性和持续改进的基础。企业可以通过制定和采取应对风险的控制措施来降低风险发生的可能性或严重性，从而降低风险及其影响。

2023版标准没有要求使用统一的风险管理措施来识别风险和机遇，也没有固定和统一的模型适用于各种类型企业的知识产权合规管理体系，企业应在理解组织及环境相关方的需求和愿望的基础上，充分识别需要应对的风险和机遇，选择适合自己的方式来识别和控制与其知识产权合规管理体系预期结果有关的风险和机遇。

二、过程方法

> GB/T 29490—2023
> 0.2 过程方法
> 本文件所采用的过程方法包括按照企业的知识产权方针和战略方向，对各过程及其相互作用进行系统的规定和管理，从而实现预期结果。图1表明了本文件第4章~第10章是如何构成PDCA循环的。

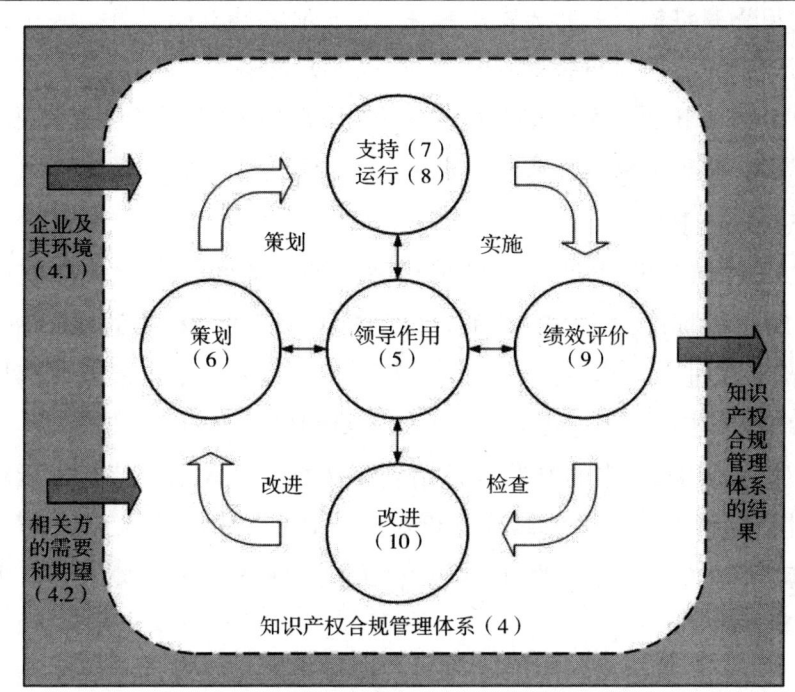

图1 基于过程方法的企业知识产权管理模型

利用资源将输入转化为输出的任何一项或一组活动可视为一个过程。通常，一个过程的输出将直接成为下一个过程的输入。

GB/T 29490—2013

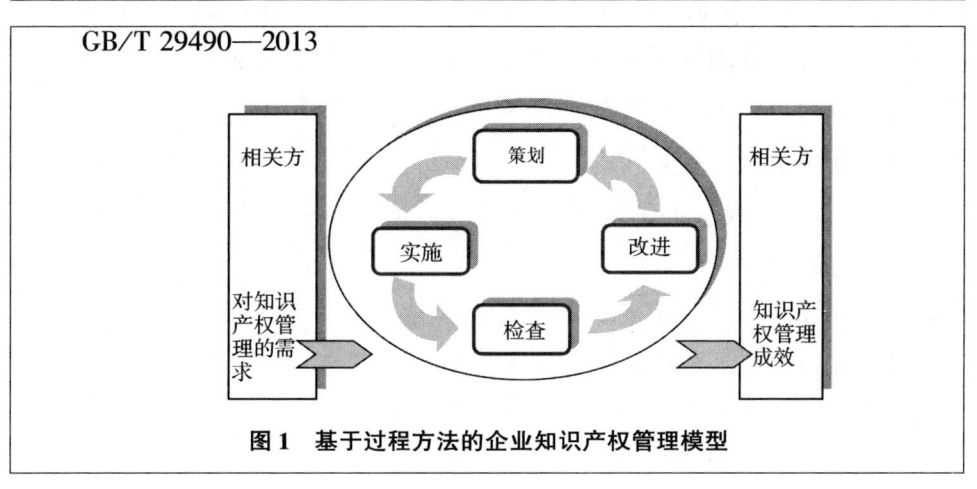

图1 基于过程方法的企业知识产权管理模型

> 利用资源将输入转化为输出的任何一项或一组活动可视为一个过程。通常，一个过程的输出将直接成为下一个过程的输入。企业知识产权管理体系是企业管理体系的重要组成部分，该体系作为一个整体过程，包括知识产权管理的策划、实施、检查、改进四个环节，如图1所示。

【条款解读】

2023版标准的图1就是基于过程方法的企业知识产权管理模型示意图。与2013版标准相比，2023版标准的模型示意图将标准的第4—10章的内容全部涵盖进来。其中，虚线以内表示的就是标准第4章知识产权合规管理体系，该体系基于过程方法，在第5章领导作用的全面协调下，从第6章策划对应于PDCA中的P策划开始到第7章、第8章支持和运行对应于PDCA中的D实施，第9章绩效评价对应于PDCA中的C检查，到第10章改进对应于PDCA中的A改进，然后又回到PDCA中P策划环节，形成完整的PDCA循环。

另外，本章节还提到了企业知识产权合规管理体系的输入和输出。知识产权合规管理体系的输入，包括4.1节理解企业及其环境和4.2节理解相关方的需要和期望。通过体系运行，持续改进，得到知识产权合规管理体系的输出——知识产权合规管理体系实施运行的结果。需要注意的是，"履行知识产权合规义务，以防范知识产权风险，实现知识产权价值"也是知识产权合规管理体系的核心理念。企业在策划、实施和运行、检查和评估、持续改进知识产权合规管理体系时，要始终秉承该理念。

> GB/T 29490—2023
>
> 企业知识产权合规管理体系输入是企业经营发展对知识产权管理的需求，一般包括：
>
> a) 研发新技术、新产品、新工艺；
> b) 提高产品附加值，扩大市场份额；
> c) 防范知识产权风险，保障经营安全；
> d) 提高生产经营效率，增加经济效益。

通过持续实施并改进知识产权合规管理体系，履行知识产权合规义务，以防范知识产权风险，实现知识产权价值。输出一般包括：

a) 激励创造知识产权，促进技术创新；

b) 综合运用知识产权，改善市场竞争地位；

c) 全面保护知识产权，支撑企业持续发展；

d) 系统管理知识产权，提升企业核心竞争力。

本文件采用的过程方法：

a) 策划（P）：理解企业所处的环境及相关方的知识产权管理需求和期望，建立知识产权合规管理体系的方针、目标及其过程，识别并应对风险和机遇，确定实现结果所需的资源以及必要的措施；

b) 实施（D）：在企业的业务环节（产品和/或服务的立项、研发/设计/创作、采购、生产和服务提供、销售和售后）中获取、维护、运用和保护知识产权，履行知识产权合规义务；

c) 检查（C）：根据方针、目标、要求和策划的活动，对过程以及产品和/或服务进行监测和评价，并报告结果；

d) 改进（A）：根据检查结果持续改进知识产权合规管理体系及其绩效。

GB/T 29490—2013

企业知识产权管理体系的输入是企业经营发展对知识产权管理的需求，一般包括：

a) 开发新产品，研发新技术；

b) 提高产品附加值，扩大市场份额；

c) 防范知识产权风险，保障投资安全；

d) 提高生产效率，增加经济效益。

通过持续实施并改进知识产权管理体系，输出一般包括：

a) 激励创造知识产权，促进技术创新；

b) 灵活运用知识产权，改善市场竞争地位；

c) 全面保护知识产权，支撑企业持续发展；

　　d) 系统管理知识产权，提升企业核心竞争力。

本文件采用过程方法：

　　a) 策划：理解企业知识产权管理需求，制定知识产权方针和目标；

　　b) 实施：在企业的业务环节（产品的立项、研究开发、采购、生产、销售和售后）中获取、维护、运用和保护知识产权；

　　c) 检查：监控和评审知识产权管理效果；

　　d) 改进：根据检查结果持续改进知识产权管理体系。

三、原　则

【条款解读】

2023版标准"引言"部分第0.3节原则，共提出4点原则，分别是战略导向、领导重视、全员参与和全程管理。其中战略导向、领导重视和全员参与是2013版标准中就明确的原则，全程管理是本次修订新加入的重要原则。

> GB/T 29490—2023
>
> 0.3 原则
>
> 本文件提出企业知识产权管理的指导原则：
>
> 　　a) 战略导向：统一部署经营发展、创新创造和知识产权战略，使三者互相支撑、互相促进；
>
> 　　b) 领导重视：最高管理者的支持和参与是知识产权管理的关键，最高管理者全面负责知识产权管理，确保知识产权合规义务得到履行；
>
> 　　c) 全员参与：知识产权涉及企业各业务领域和各业务环节，所有人员遵守知识产权合规义务；
>
> 　　d) <u>全程管理：企业在产品和/或服务的全生命周期开展知识产权管理，全过程履行知识产权合规义务，防范知识产权风险，实现知识产权价值。</u>

（1）战略导向：要求统一部署经营发展、创新创造和知识产权战略，使三者相互支撑、互相促进。这一原则要求企业把知识产权管理上升到战略管理的高度。同时，要求企业要将经营发展战略、创新战略和知识产权战略相互支撑、互相促进。知识产权战略要支撑创新战略、创新战略和知识产权战略共同支撑企业经营发展战略。

（2）领导重视：最高管理者的支持和参与是知识产权管理的关键，最高管理者全面负责知识产权管理，确保知识产权合规义务得到履行。这一原则在 2023 版标准第 5 章等部分得到具体落实。

（3）全员参与：知识产权管理涉及企业各业务领域和各业务环节，所有员工均应履行本岗位职责，遵守知识产权合规义务。

（4）全程管理：这是本次修订新增加的一个原则，要求企业在产品和/或服务全生命周期开展知识产权管理，全过程履行知识产权合规义务，防范知识产权风险，实现知识产权价值。这一原则的"全程"，指的是全生命周期与全过程，强调的是知识产权管理不是某个流程或某个节点的事，是所有流程、所有节点都必须要履行的义务。

四、与其他管理体系标准的关系

> GB/T 29490—2023
> 0.4 与其他管理体系标准的关系
> 本文件采用 ISO 制定的管理体系标准框架，以提高与其他管理体系标准的协调一致性。
> 本文件遵循合规管理思路，将合规管理体系（见 GB/T 35770）的要件融入企业知识产权管理体系，提出企业知识产权合规管理体系的要求，指导企业策划、实施和运行、评审和改进知识产权合规管理体系。

【条款解读】

本节明确 GB/T 29490—2023 采用了管理体系标准框架，以提高与其他管理体系标准的协调一致性。2023 版标准还遵循合规管理思路，融入 GB/T 35770 的要件，GB/T 29490—2023《企业知识产权合规管理体系　要求》不是 GB/T 35770《合规管理体系　要求及使用指南》的下位标准，而是一个独立的、遵循合规管理思路的知识产权领域的管理体系标准。

第五章 范围和规范性引用文件

本部分介绍2023版标准的适用范围和规范性引用文件,对标准的实施提供指导。

第一节 范　　围

> **GB/T 29490—2023**
>
> 1. 范围
>
> 本文件规定了企业知识产权合规管理体系的要求。
>
> 本文件适用于有下列情形的企业：
>
> a) 拥有与主营业务相关的知识产权；
>
> b) 建立、运行并持续改进知识产权合规管理体系；
>
> c) 提升知识产权管理水平；
>
> d) 寻求外部组织对其知识产权合规管理体系的评价。
>
> 事业单位、社会团体等其他组织，可参照本文件相关要求执行。

> **GB/T 29490—2013**
>
> 本文件规定了企业策划、实施、检查、改进知识产权管理体系的要求。
>
> 本文件适用于有下列愿望的企业：
>
> a) 建立知识产权管理体系；
>
> b) 运行并持续改进知识产权管理体系；
>
> c) 寻求外部组织对其知识产权管理体系的评价。
>
> 事业单位、社会团体等其他组织，可参照本文件相关要求执行。

【条款解读】

第 1 章范围，明确了 2023 版标准的适用范围，适用于有上述情形的企业。其中 a 条款强调实施 2023 版标准的企业应有与主营业务相关的知识产权，强调需要有一定的知识产权基础。b、c、d 条款分别指出实施本文件，可用于企业建立、运行并持续改进知识产权合规管理体系；提升知识产权管理水平；寻求外部组织对其知识产权合规管理体系的评价。

事业单位、社会团体等不同属性的组织也可以参考该标准相关要求执行。

第二节 规范性引用文件

GB/T 29490—2023

2. 规范性引用文件

下列文件中的内容通过文中的规范性引用而构成本文件必不可少的条款。其中，注日期的引用文件，仅该日期对应的版本适用于本文件；不注日期的引用文件，其最新版本（包括所有的修改单）适用于本文件。

GB/T 19000　质量管理体系　基础和术语

GB/T 21374　知识产权文献与信息　基本词汇

GB/T 35770　合规管理体系　要求及使用指南

GB/T 39551（所有部分）　专利导航指南

GB/T 29490—2013

下列文件对于本文件的应用是必不可少的。凡是注日期的引用文件，仅注日期的版本适用于本文件。凡是不注日期的引用文件，其最新版本（包括所有的修改单）适用适用于本文件。

GB/T 19000—2008　质量管理体系　基础和术语

GB/T 21374—2008　知识产权文献与信息　基本词汇

【条款解读】

第 2 章规范性引用文件，明确了 2023 版标准引用的其他文件。与 2013 版标准相比，增加 GB/T 35770《合规管理体系　要求及使用指南》、GB/T 39551（所有部分）《专利导航指南》。

第六章　术语和定义

与2013版标准相比，2023版标准增加了知识产权合规义务、知识产权合规、成文信息、专利导航等。2023版标准中，个别术语和定义也作了一些调整，例如知识产权的定义引用了《中华人民共和国民法典》（以下简称《民法典》）中的表述。

> GB/T 29490—2023
>
> 3. 术语和定义
>
> GB/T 19000、GB/T 21374、GB/T 39551（所有部分）和GB/T 35770界定的以及下列术语和定义适用于本文件。

本章记载了13个术语和定义，分别是：

3.1 知识产权

3.2 知识产权合规义务

3.3 知识产权合规

3.4 管理体系

3.5 知识产权合规管理体系

3.6 相关方

3.7 方针

3.8 知识产权方针

3.9 目标

3.10 知识产权目标

3.11 成文信息

3.12 知识产权手册

3.13 专利导航

第一节　知识产权

> GB/T 29490—2023
>
> 3.1 知识产权 intellectual property
>
> 权利人依法就下列客体享有的专有的权利：
>
> ——作品；
>
> ——发明、实用新型、外观设计；
>
> ——商标；
>
> ——地理标志；
>
> ——商业秘密；
>
> ——集成电路布图设计；
>
> ——植物新品种；
>
> ——法律规定的其他客体。

【条款解读】

2023 版标准引用了 2020 年《民法典》第 123 条对于"知识产权"的定义。该定义明确知识产权包括多种客体，如作品、发明、实用新型、外观设计、商标、地理标志、商业秘密、集成电路布图设计、植物新品种，以及法律规定的其他客体。这一定义对于 2023 版标准的实施十分重要，其明确了实施 2023 版标准所涉及的知识产权管理的对象，并且与正文部分关于专利、商标、著作权、商业秘密等其他类型知识产权的管理要求相呼应，从根本上确定了企业知识产权管理工作的范畴和边界。

第二节　知识产权合规义务

> **GB/T 29490—2023**
> 3.2 知识产权合规义务 intellectual property compliance obligations
> 企业强制性地必须遵守的涉及知识产权的要求，以及在此基础上企业自愿选择遵守的涉及知识产权的要求。
> 注1：强制性地必须遵守的涉及知识产权的要求，通常来源于法律法规、政策规范等。
> 注2：自愿选择遵守的涉及知识产权的要求，通常来源于内部规章制度、相关行业标准、准则、签订的合同、协议等。

【条款解读】

随着知识产权领域立法、司法、执法机制不断完善，以及企业对合规管理需求的不断提升，与知识产权有关的强制性、限制性、自愿性的要求显得越来越重要，尤其是对于企业的正常经营发展产生了较大影响。越来越多的企业开始重视知识产权领域的合规义务和合规管理。因此，2023版标准新增了知识产权合规管理的内容，明确了知识产权合规义务的定义。该定义规定，知识产权合规义务是企业强制地必须遵守的涉及知识产权的要求，以及在此基础上企业自愿选择遵守的涉及知识产权的要求。

这是一个两段式的表述，第一段表述明确了企业强制性地必须遵守的涉及知识产权的要求。注释1强调，强制性地必须遵守的涉及知识产权的要求，通常来源于法律法规、政策规范等。通常情况下，强制性的要求一般来源于外部，主要包括企业经营活动涉及国家、地区的相应知识产权领域的法律法规、政策规范的具体要求。需要注意的是，企业要明确法律法规、政策规范中与自身生产经营活动有关的具体义务要求和相应合规风险，形成强制性的知识产权合规义务清单。

该定义的第二段规定了企业自愿选择遵守的涉及知识产权的要求。注释2强调，自愿选择遵守的涉及知识产权的要求，通常来源于内部规章制度，相关行业标准、准则，签订的合同、协议等。因此，针对自愿性要求涉及的知识产权合规义务，不同的企业会有所不同。一般需要考虑所属行业的通用性的标准、规则，上级单位、企业内部的规章制度，与相关方签署的合同、协议中的知识产权条款等要求。企业应结合自身生产经营活动的特点，识别上述要求所带来的合规风险，形成自愿性的知识产权合规义务清单。

第三节　知识产权合规

> GB/T 29490—2023
> 3.3 知识产权合规 intellectual property compliance
> 履行企业的全部知识产权合规义务。

【条款解读】

本节明确了知识产权合规的定义，即履行企业的全部知识产权合规义务。知识产权合规的目的是避免出现知识产权合规方面的风险，为企业的经营发展保驾护航。企业应该在明确知识产权合规义务的基础上，进一步明确合规义务的具体要求，在管理活动中予以执行和落实。

第四节　管理体系

> GB/T 29490—2023
> 3.4 管理体系 management system
> 企业为确立方针和目标以及实现这些目标的过程所形成的相互关联或相互作用的一组要件。
> 注1：一个管理体系可能针对一个或几个主题。
> 注2：管理体系要件包括企业的结构、岗位和职责、策划和运行。

【条款解读】

本定义引用 GB/T 19000《质量管理体系　基础和术语》的定义。管理体系是企业为确立方针和目标以及实现这些目标的过程所形成的相互关联或相互作用的一组要件。管理体系是一种系统化的管理框架，旨在确保企业能够高效地实现其方针和目标。注释 1 强调，一个管理体系可能针对一个或几个主题，例如知识产权、质量、信息安全等。注释 2 强调，管理体系要件包括企业的结构、岗位和职责、策划和运行。这些要件相互支持，共同构成一个完整的管理体系。

第五节　知识产权合规管理体系

> GB/T 29490—2023
> 3.5 知识产权合规管理体系 intellectual property compliance management system
> 企业建立方针、目标，以实现规范知识产权管理、履行知识产权合规义务、防范知识产权风险、维护利益和保障发展的管理体系。

【条款解读】

2023 版标准增加了知识产权合规管理体系的定义：企业建立方针、目标，以实现规范知识产权管理、履行知识产权合规义务、防范知识产权风险、维护利益和保障发展的管理体系。

该定义着重明确了知识产权合规管理体系 3 个方面的作用，并在 2023 版标准全文贯彻和体现：

（1）通过建立方针、目标，运行管理体系，实现规范知识产权管理的作用。这也是体系化管理的最基本作用。

（2）履行知识产权合规义务、防范知识产权风险，通过系统、规范的管理体系运行，将相关知识产权合规义务严格执行和落实，规避一系列知识产权问题和风险。

（3）维护企业利益和保障企业发展，通过运行知识产权合规管理体系，保护企业的创新价值和规避知识产权风险，为企业的当前工作和长远发展保驾护航。

第六节 相　关　方

> GB/T 29490—2023
> 3.6 相关方 interested party
> 能够影响决策或活动、受决策或活动影响或自认为受决策或活动影响的个人或组织。

【条款解读】

2023版标准正文多次提到相关方，包括4.2、7.1.5、8.1.3.2、8.1.3.4、9.4.2等章节。本节给出了相关方的定义，即能够影响决策和活动、受决策和活动影响或自认为受决策和活动影响的个人和组织。该定义源于GB/T 19000《知识产权合规管理体系 基础和术语》。准确理解相关方的类型，对于知识产权合规管理体系运行的充分性和有效性十分重要。

第七节 方　　针

> GB/T 29490—2023
> 3.7 方针 policy
> 由最高管理者正式发布的企业的宗旨和方向。

【条款解读】

2023版标准增加了方针的定义。该定义强调方针是最高管理者正式发布的企业的宗旨和方向，是最高管理者对企业未来发展的一种正式解读，具有长远性、方向性、权威性、规范性等特性。

第八节　知识产权方针

> GB/T 29490—2023
> 3.8 知识产权方针 intellectual property policy
> 知识产权工作的宗旨和方向。

【条款解读】

知识产权方针是由最高管理者正式发布的组织的知识产权工作的宗旨和方向，是构建知识产权合规管理体系的基础。

第九节　目　　标

> GB/T 29490—2023
> 3.9 目标 objective
> 要实现的结果。
> 注1：目标可以是战略的、战术的或运行的。
> 注2：目标可以涉及不同的主题（如：财务、健康和安全、知识产权）。它们可能存在于不同层面，诸如企业整体层面或项目、产品或过程层面。
> 注3：目标能够用其他方式表述，如：预期的结果、宗旨、运行准则，知识产权目标或使用其他有类似含义的词（如：终点或指标）。
> 注4：在知识产权合规管理体系中，企业设定的知识产权目标与知识产权方针保持一致，以实现特定的结果。

【条款解读】

2023版标准增加了目标的定义，即要实现的结果。该定义强调了目标的结果属性。作为管理体系重要的要素，目标应具有明确性、衡量性、可实现性、相关性、时限性等特性。

注释1强调，目标既可以是战略层面的，也可以是战术或运行层面的。因此，在实施知识产权合规管理体系时，应根据实际情况，在相关职能、层次和知识产权合规管理体系所需的过程层面建立并保持知识产权目标。具体见"6.2 知识产权目标及其实现的策划"。

注释2强调，目标可以涉及不同的主题（如财务、健康和安全、知识产权）。例如，有效发明专利的授权率，属于知识产权创造方面的目标；发明专利对外许可转让的收入，属于知识产权运用方面的目标。

注释3强调，目标能够用其他方式表述，即目标的表述方式不是唯一的，可以根据企业文化和管理习惯进行选择。

注释4强调，在知识产权合规管理体系中，企业设定的知识产权目标与知识产权方针保持一致，以实现特定的结果。作为管理体系的重要因素，方针和目标的一致性是管理体系有效运行的重要保证，只有方针、目标、相关过程与相关要素内在统一、系统协调，才能保障实现特定的结果。

第十节　知识产权目标

> GB/T 29490—2023
> 3.10 知识产权目标 intellectual property policy objective
> 企业根据其知识产权方针（3.8）建立的目标（3.9）。

【条款解读】

2023版标准增加了知识产权目标的定义，即企业根据其知识产权方针建立的目标。该定义强调了知识产权目标与知识产权方针的一致性。具体要求可以参见"6.2 知识产权目标及其实现的策划"。

第十一节　成文信息

> GB/T 29490—2023
> 3.11 成文信息 documented information
> 企业需要控制和保持的信息及其载体。
> 注1：成文信息能够以任何格式和载体存在，且来源不限。
> 注2：成文信息可能涉及：
> ——管理体系（3.4），包括相关过程；
> ——为企业运行而产生的信息（文件）；
> ——实现的结果的证据（记录）。

【条款解读】

2023版标准增加了成文信息的定义，即企业需要控制和保持的信息及其载体。该定义源于 GB/T 19000《知识产权合规管理体系 基础和术语》。

注释1强调，由于企业的规模、文化、产品和服务的类型、复杂程度、人员的能力等因素不同，只要能确保管理体系有效，成文信息的格式、载体和来源不限，可以由企业自身决定。

注释2强调，成文信息可能涉及管理体系（3.4），包括相关过程；为企业运行而产生的信息（文件）；实现的结果的证据（记录）。参考2013版标准，可以用"文件"与"记录"帮助理解"成文信息（文件与记录）"的定义。"保持成文信息"即指文件，"保留成文信息"即指记录。

第十二节　知识产权手册

> GB/T 29490—2023
> 3.12 知识产权手册 intellectual property manual
> 规定知识产权合规管理体系（3.5）的相关成文信息（3.11）。

【条款解读】

知识产权手册是描述知识产权体系各项要求的文件。具体要求参见 7.5.2 条款。

第十三节　专利导航

> GB/T 29490—2023
>
> 3.13 专利导航 patent navigation
>
> 在宏观决策、产业规划、企业经营和创新活动中，以专利数据为核心深度融合各类数据资源，全景式分析区域发展定位、产业竞争格局、企业经营决策和技术创新方向，服务创新资源有效配置，提高决策精准度和科学性的新型专利信息应用模式。

【条款解读】

2023 版标准增加了专利导航的定义，对于开展专利导航相关工作的要求，在 2023 版标准 5.3.2、7.1.5 进行了规定。

第七章　企业环境

"4. 企业环境"是 2023 版标准基于管理体系的标准框架增加的章节，强调知识产权合规管理体系应充分适应企业自身情况和其面临的内外部环境状况，并且从相关方的需求和期望出发，考虑企业的知识产权合规管理体系的覆盖范围，最后确定知识产权合规管理体系及其过程，还要求企业充分识别知识产权合规义务，并且把合规义务作为企业建立、实施和运行、评价、维护和改进知识产权合规管理体系的基础。

第一节　理解企业及其环境

> GB/T 29490—2023
> 4.1 理解企业及其环境
> 企业应确定与其宗旨相关、并影响实现知识产权合规管理体系预期结果的能力的外部和内部事项，包括但不限于：
> a) 经济和社会发展状况；
> b) 法律和监管环境；
> 注：法律和监管环境不仅包括涉及知识产权的法律法规与政策规范，还包括与合规管理相关的政策规范，如《中央企业合规管理办法》等。
> c) 企业所处产业市场环境和技术发展趋势、产业政策和产业规划等；
> d) 企业的价值观、经营战略、文化、知识、经验和绩效；

> e) 企业的创新战略、知识产权战略、品牌战略、产品和/或服务所涉及的核心技术；
>
> f) 企业的知识产权状况。
>
> 企业应对这些外部和内部事项的相关信息进行识别、监视和评审。

【条款解读】

1. 企业环境

企业环境指对其建立和实现目标的方法有影响的内部和外部事项的组合，它不仅适用于营利性组织，同样适用于非营利性组织或公共服务组织。

一般来说，企业环境指的是企业的经营环境，包含企业运行的外部环境和内部环境。外部环境指政治、经济、技术、社会文化、自然及相关方的影响；一般包括宏观方面和微观方面，它们影响管理体系的有效性。内部环境一般指企业管理活动的具体工作条件（人员能力、设施、财务、管理机制等）以及标准所强调的过程运行环境，影响管理体系的建立、实施、保持、改进和效率。

理解企业及其环境是一项重要活动。这一活动确定了对企业宗旨、目标和知识产权合规管理体系预期结果有影响的各种事项。

2. 企业宗旨

企业宗旨是关于企业存在的目的或对社会发展的某一方面应作出的贡献的陈述，有时也称为企业使命，是指规定企业去执行或打算执行的活动，以及现在的或期望的企业类型。企业宗旨要回答两个基本问题：该企业是干什么的和按什么原则干的。企业的宗旨陈述应该包括以下基本内容：

（1）企业形成和存在的基本目的。这一内容提出了企业的价值观念及企业的基本社会责任和期望在某方面对社会的贡献。

（2）为实现根本目的应从事的经营活动的范围。这一内容规定了企业在战略期的生产范围和市场范围。

（3）企业在经营活动中的基本行为规则和原则。这一内容阐明了企业的经营思想。经营思想的陈述，往往反映在企业的经营方针中。

3. 企业内外部事项

理解企业及其环境既需要考虑内部事项，还需要考虑外部事项。不同企业的内外部事项都不尽相同，同一个企业不同的管理体系的内外部事项也不尽相同。因此，企业在一个特定管理体系中所处的环境也是不同的，这将导致企业建立、实施和改进管理体系时所采取的方法也不相同。2023版标准要求企业要清楚自身所处的环境，至少要确定与其宗旨相关的，而且影响其实现特定管理体系预期结果能力的内外部事项。

（1）外部事项。

企业的外部因素可能包括经济和社会发展状况、法律和监管环境、政治、社会文化、财政金融、行业发展、市场环境、外部关系、地区状况等。经济与社会发展状况是一个国家或者地区按人口平均的实际福利增长过程，它不仅是财富和经济机体的量的增加和扩张，而且还意味着其质的方面的变化，即经济结构、社会结构的创新，社会生活质量和投入产出效益的提高。简而言之，经济发展就是在经济增长的基础上，一个国家或地区经济结构和社会结构持续高级化的创新过程或变化过程。

经济发展状况一般包括宏观经济环境和微观经济环境两个方面，本条款主要指的是宏观经济环境。宏观经济环境是指国家整体经济的发展状况以及与外部经济环境的联系，主要包括以下三个方面：

①经济量的增长，即一个国家或地区产品和劳务的增加，它构成了经济发展的物质基础；

②经济结构的改进和优化，即一个国家或地区的技术结构、产业结构、收入分配结构、消费结构以及人口结构等经济结构的变化；

③经济质量的改善和提高，即一个国家和地区经济效益的提高、经济稳定程度、卫生健康状况的改善、自然环境和生态平衡以及政治、文化和人的现代化进程。

社会发展指以个体为基础的社会关系出现从个体到社会总体的自由延伸。个体的自由延伸可影响到社会整体关系面，包含个体的物质及精神自由发展到社会层面，并取得社会化的一致。其中包含经济、文化、政治、习俗、体制等一系列的社会存在的总体发展。

本条款指的法律和监管环境主要包括涉及知识产权的法律法规与政策规范，还包括与合规管理相关的政策规范，如《中央企业合规管理办法》等。贯标企业应建立知识产权法律法规与政策规范台账，及时更新和维护，例如《专利法》《商标法》《著作权法》《电子商务法》《优化营商环境条例》《知识产权强国建设纲要》《"十四五"国家知识产权保护和运用规划》《中央企业合规管理办法》《市场监管行业标准管理办法》《专利转化运用专项行动方案（2023—2025 年）》等。

（2）内部事项。

2023 版标准还规定了内部因素，包括但不限于：所处产业市场环境和技术发展趋势、产业政策和产业规划、价值观、经营战略、文化、知识、经验和绩效、创新战略、知识产权战略、品牌战略、产品和/或服务所涉及的核心技术、知识产权状况等。除在体系建立之初需要充分识别外，当企业内、外部环境发生变化时也需及时开展评审，从中识别风险和机遇，确定是否需要修改企业知识产权战略以及合规管理要求。

第二节　理解相关方的需求和期望

GB/T 29490—2023

4.2 理解相关方的需求和期望

相关方对企业知识产权管理具有影响或潜在影响，企业应确定：

a) 与知识产权合规管理体系有关的相关方；

b) 与知识产权合规管理体系有关的相关方的要求；

c) 哪些需求将通过知识产权合规管理体系予以解决。

企业应对这些相关方的信息及其相关需求进行识别、监视和评审。

【条款解读】

企业不是生存在一个孤立的时空中，相关方对企业的管理体系会产生重要影响。根据 GB/T 19000 相关定义，相关方指的是可影响决策或活动、受决策或活动所影响，或自认为受决策或活动影响的个人或企业。因此，2023版标准要求企业要确定与知识产权合规管理体系有关的相关方及相关方的要求。只有清楚相关的需求和期望，才能清楚企业的风险和机遇，才能策划和实施管理体系。

相关方对企业知识产权管理具有影响或潜在影响，企业应确定以下几个方面：

（1）与知识产权合规管理体系有关的相关方：包括顾客、所有者、组织内的人员、供方、银行、监管者、合作伙伴，这些都有可能成为与知识产权合规管理体系有关的相关方；

（2）与知识产权合规管理体系有关的相关方的需求：就是要识别不同相关方各自的需求，所有者可能会有鼓励创新、保护创新的需求，合作伙伴可能会有降低产品侵权风险的需求，等等；

（3）哪些需求将通过知识产权合规管理体系予以解决。这是把前文中识别的需求进行识别，看看哪些需求可以通过知识产权合规管理体系来解决。

对知识产权合规管理会造成影响的相关方及要求可以包括但不限以下几种情况：

（1）政府（市场监督管理局、科技局、知识产权局、法院、知识产权保护中心等）对于避免非正常申请等知识产权合规管理的要求；

（2）投资方（对投资、融资、企业重组、合并、拆分的要求）对于实现知识产权价值的要求；

（3）合作方（客户、供应商、外协厂商、高校、知识产权联盟等对研发、采购、生产、销售、委托/合作开发的要求）对于保护对方商业秘密、分享创新成果、共享知识产权权利和价值的要求；

（4）竞争对手（对专利许可的要求，对知识产权风险、知识产权布局的影响）对于避免侵犯其知识产权的要求；

（5）部门和员工的要求，并明确需要知识产权合规管理体系予以解决的相关方需求包括哪些。

除对相关方的要求进行识别外，还要求企业应对这些相关方的信息及其相关需求进行识别、监视和评审。因为相关方以及相关方的需求也会随着发展发生变化。如有变化，还应考虑对体系运行的影响并作出调整。

第三节　确定知识产权合规管理体系的范围

> GB/T 29490—2023
> 4.3 确定知识产权合规管理体系的范围
> 4.3.1 知识产权合规管理体系范围的影响事项
> 企业应明确知识产权合规管理体系的边界和适用性，以确定其范围。
> 企业应结合以下内容确定知识产权合规管理体系的范围：
> a) 4.1中提及的各种外部和内部事项；
> b) 4.2、4.5中提及的需求；
> c) 企业的产品和/或服务。
> 4.3.2 知识产权合规管理体系范围
> 企业知识产权合规管理体系范围应通过成文信息进行明确，可获得并得到保持。该范围应描述所覆盖的产品和/或服务类型。
> 本文件的全部要求适用于企业确定的知识产权合规管理体系范围，企业应实施本文件的全部要求。
> 企业确定本文件的某些要求不适用于其知识产权合规管理体系范围，应说明理由。
> 注1：根据企业的业务类型，本文件第8章相关要求的适应性调整，以不影响企业履行知识产权合规义务的能力，不影响企业防范知识产权风险、实现知识产权价值、增强企业产品和/或服务的竞争力为前提。
> 注2：本文件使用的"业务"一词能够广义地理解为涉及企业存在目的的核心活动。

【条款解读】

本章节分为两个小节：4.3.1 确定知识产权合规管理体系范围的影响

因素，4.3.2 明确知识产权合规管理体系的范围。

一、确定知识产权合规管理体系范围的影响因素

不同的管理体系有不同的管理边界和适用性，如知识产权合规管理体系与职业健康安全管理体系在人员范围上可能是不同的。因此，针对一个特定的管理体系，企业应当明确其管理体系范围，本章后述内容都是在管理体系范围内开展的活动。确定知识产权合规管理体系范围时，企业要考虑 4.1 中提及的各种内部和外部因素；4.2、4.5 中提及的相关方的要求、企业的产品和/或服务。管理体系范围是否适宜，将关系到企业的整体管理绩效和合规性风险。

二、知识产权合规管理体系范围

在合格评定过程中，管理体系范围是个重要信息。因此，企业知识产权合规管理体系范围应通过成文信息进行明确，可获得并得到保持。管理体系范围一经界定，该范围内企业的所有过程、产品和服务均需纳入管理体系。该范围应描述所覆盖的产品和/或服务类型。例如，企业生产的产品涉及电脑、手机，那么知识产权合规管理体系的范围表述中应体现上述产品。

2023 版标准的全部要求适用于企业确定的知识产权合规管理体系范围，企业应实施该标准的全部要求；企业确定该标准的某些要求不适用于其知识产权合规管理体系范围，应说明理由。

注 1 强调：根据企业的业务类型，2023 版标准第 8 章相关要求的适用性调整，以不影响企业履行知识产权合规义务的能力，不影响企业防范知识产权风险、实现知识产权价值、增强企业产品和/或服务的竞争力为前提。基于企业的业务类型，包括企业规模、复杂程度、活动领域以及所面临的风险和机遇的性质等因素，管理体系标准中的相关要求可能不适用于所有企业。2023 版标准允许企业经评审后，在不会对其管理体系预期结果产生不利影响的前提下，可以决定某项要求不适用。

注2强调：2023版标准使用的"业务"，指的是企业经营发展的主要活动，可以作广义的理解。

第四节　知识产权合规管理体系及其过程

> GB/T 29490—2023
>
> 4.4 知识产权合规管理体系及其过程
>
> 4.4.1 企业应按本文件的要求，建立、实施、保持和持续改进知识产权合规管理体系，包括所需过程和相互作用，且应：
>
> a) 确定这些过程所需的输入和期望的输出；
>
> b) 确定知识产权管理所涉及的过程和过程之间的衔接和关联；
>
> c) 确定所需的准则和方法，包括评价和相关的绩效指标，以确保这些过程的有效运行和控制；
>
> d) 确定这些过程所需的资源并确保其可获得；
>
> e) 确定这些过程的职责和权限，并分配到相关部门和人员；
>
> f) 按照6.1的要求，策划和实施所需的措施，确保控制风险和实现价值；
>
> g) 评价这些过程，实施所需的变更，以确保实现这些过程的预期结果；
>
> h) 确保过程和知识产权合规管理体系得到不断改进。
>
> 4.4.2 在必要的范围和程度上，企业应：
>
> a) 保持成文信息以支持过程运行；
>
> b) 保留成文信息以确信其过程按策划进行。

【条款解读】

4.4 知识产权合规管理体系以及过程，包括4.4.1、4.4.2两个条款。该条文是对企业建立、实施、保持和持续改进知识产权合规管理体系的总体性要求，标准其他条款涉及的过程是4.4条款要求的具体展开和证实。一方面，企业要满足标准的要求；另一方面，企业应满足一个建立、实施、保持和持续改进的螺旋上升管理体系的运行模式。知识产权合规管理体系是由过程及其相互作用构成的。按照过程方法，在建立、实施保持和持续改进知识产权合规管理体系时，要实现其预期结果，必须考虑该管理体系所涉及的过程及其相互作用。

1. 运用过程方法建立、实施、保持和改进知识产权合规管理体系

（1）过程的确定与策划。

①识别和确定过程。

根据企业的内、外部环境，企业的利益相关方的需求和期望以及企业知识产权合规义务，就所供产品，识别、确定所需的过程。

过程可以指领导、策划、支持、运行、绩效评价、改进六个大过程，也可以指每一具体的知识产权管理活动的子过程。

制造业通常的主要过程及其大概流程如下：

市场需求调查→接受合同或订单→产品设计开发→采购→生产制造→测量与监控→交付→服务。

服务业通常的主要过程及其大概流程如下：

市场需求调查与识别→服务策划→服务项目设计→服务提供→服务结果评价→服务业绩分析与改进。

如果知识产权合规管理体系的某些过程是由外部企业提供的，则企业也应识别、确定这些过程，并对这些过程进行控制。

②确定每个过程的输入和输出。

③确定过程的顺序和相互作用。

厘清过程之间的顺序，就是要确定过程之间输入、输出的流程关系。一个过程的输入通常是其他过程的输出；确定过程的相互作用就是要确定过程之间的接口关系，明确过程之间的相互影响。

④确定确保过程有效运行和控制的准则和方法（包括评价和相关的绩效指标）。

过程准则，即过程应符合的要求或过程标准，它明确了过程预期应达到的结果；过程方法，即如何控制过程的规定或程序；过程绩效指标衡量

过程的有效性和效率。确定过程的准则、方法以及过程绩效指标的原则是要确保过程的有效运行。

企业应根据各个过程的需要制定相应的准则和方法，以及过程的绩效指标。

⑤确定所需的资源并确保其可获得性。

资源是过程运作不可缺少的条件。最高管理者应承诺提供资源，各管理层应保证得到适宜的资源。

⑥确定过程的责任和权限。

最高管理者应为每个过程分配职责和权限，确定企业内各岗位的职责和权限，确保每个过程及其相互作用的实施、保持和改进。

⑦ 确定风险和机遇的应对措施。

风险的识别、确定与控制。

⑧确定对过程进行监视、测量和评价的方法。

对过程进行监视、测量和评价，目的是确保过程实现预期的结果。应对过程进行监视，适用时对过程进行测量，并对监视和测量的结果进行评价。测量能提供更多的过程绩效客观数据，是一种极其有效的管理和改进工具，应在过程特性适于测量时进行。

根据监视、测量和评价的结果，对这些过程实施必要的改进，以实现预期的结果。

⑨确定实施改进的机会和方法。

企业应确定实施纠正措施的方法，包括评审不合格、确定不合格的原因、纠正措施的确定与实施、纠正措施有效性的评价等。

企业应规定和实施改进的方法，包括识别改进的机会、确定改进的项目、现状分析和原因调查、改进措施的确定与实施、改进效果的评价、改进成果的保持等。

（2）过程的实施。

企业应按策划的安排实施全部的过程。

（3）过程的监视、测量和评价。

对过程进行监视、测量，并对监视和测量的结果进行评价，以确认过程的有效性、效率，并识别过程改进的机会。

（4）过程的改进。

根据对过程进行监视、测量和评价的结果，对这些过程实施必要的纠正措施和/或改进措施，以实现预期的结果和达到持续改进。

2. 文件与记录的管理

根据4.4.2，要保留知识产权合规管理体系按策划的要求进行运作的必要证据（记录）。成文信息的多少（程度）取决于：

（1）成文信息足以支持过程的运行。

（2）成文信息（记录）能为过程已按策划的要求实施提供信心。

第五节　知识产权合规义务

GB/T 29490—2023

4.5 知识产权合规义务

企业应系统识别来源于企业活动、产品和/或服务的知识产权合规义务，并评估其对运行所产生的影响。

企业应建立过程以：

a) 识别新增及变更的知识产权合规义务，确保持续合规；

b) 评价已识别的变更的知识产权合规义务所产生的影响，并对知识产权合规义务管理实施必要的调整。

企业应维护其知识产权合规义务的成文信息。

注：数字经济等新业务模式和规范的产生，会产生新的知识产权合规义务。

【条款解读】

2023版标准新增"4.5知识产权合规义务"条款。本条旨在明确企业的知识产权合规义务。在确定企业知识产权合规义务时需要基于企业活动、产品和/或服务，从以下两个角度考虑：强制性地必须遵守的涉及知识产权的要求，以及在此基础上企业自愿选择遵守的涉及知识产权的要求。其中强制性必须遵守的通常来源于法律法规、政策规范等，自愿选择遵守的通常来源于内部规章制度、相关行业标准、准则、签订的合同/协议等。识别出知识产权合规义务后，需评估其对运行所产生的影响，比如如何履行知识产权合规义务。

在内、外部相关方要求发生变化时，也需及时识别新增及变更的知识产权合规义务，评价其产生的影响，并对知识产权合规义务管理实施必要的调整，以确保持续合规。

企业应维护其知识产权合规义务的成文信息，具体包括规章制度和记录。

注释强调：数字经济等新业务模式和规范的产生，会产生新的知识产权合规义务。若企业涉及数字经济等业务模式时，需要识别和控制相应的知识产权合规义务，加强知识产权合规管理。

【案例解析】

2019年4月，广东某计算机软件公司开发一款智慧农业软件系统，主营网络运营平台；审核过程中发现该公司没有"互联网资质服务许可证"的资质；造成该问题的原因是未收集法律法规《中华人民共和国电信条例》《互联网信息服务管理办法》，不知道需要有该资质才可以运营平台。公司研发了将近两年的系统，原计划在审核结束后推出。该系统已经在多个地区试运营一段时间，有同行已经在关注该平台的运营情况。若没有"互联网资质服务许可证"，将无法正式向市场推出，造成公司两年的研发投入付诸流水。

国内很多新兴公司因为有好的想法而闷头投入研发，不关注相关法律法规的要求，造成无运营、生产、销售资质的情况屡屡发生。研发有成果时，往往会"给别人做嫁衣"，导致公司无法正常运营，最终走向倒闭的深渊。

为了防止企业出现上述问题，企业应定期收集法律法规，规定专人定期更新相关行业法律法规，并依据相关规定完善企业资质。

【案例解析】

广州金硕智能科技有限公司主要从事液晶广告机等产品的销售。企业生产自有品牌产品或为其他单位代工生产。2018 年，企业在阿里巴巴平台销售代工产品，并依据购买方的要求未将产品认证等标识贴在产品上，仅随产品共同寄送给购买方。购买方在收到产品后以"擅自出厂未经认证的列入目录产品的违法行为，涉嫌违反了《中华人民共和国认证认可条例》的规定"向市场监督管理局投诉。

液晶广告机属于需 CCC 强制认证的产品。对于该类产品，在出厂前应将认证标识粘贴或印制在产品上。依据《中华人民共和国认证认可条例》第 67 条"列入目录的产品未经认证，擅自出厂、销售、进口或者在其他经营活动中使用的，责令改正，处 5 万元以上 20 万元以下的罚款，有违法所得的，没收违法所得"的规定，以及《强制性产品认证管理规定》第 50 条"列入目录的产品经过认证后，不按照法定条件、要求从事生产经营活动或者生产、销售不符合法定要求的产品的，由县级以上地方市场监督管理部门依照《国务院关于加强食品等产品安全监督管理的特别规定》第二条、第三条第二款规定予以处理"的规定，企业未按照要求从事生产经营活动，故受到广州市番禺区市场监督管理局的行政处罚。

对于企业经营，法律法规是须遵守的基本原则。日常的经营活动中，需了解相关法律法规的内容，及时更新法律法规的信息，并将相关内容传达给员工。

第八章　领导作用

"5. 领导作用"共有"5.1 领导作用和承诺""5.2 知识产权方针""5.3 岗位、职责和权限"3 节，贯彻了领导重视原则。2023 版标准要求企业的领导，尤其是最高管理者除起到领导作用和承诺外，还要明确企业知识产权的方针，以及明确知识产权合规管理体系的建立和运行相关的岗位、职责和权限。

第一节　领导作用和承诺

2023 版标准将"5.1 领导作用和承诺"分为三个小节：5.1.1 最高管理者职责，5.1.2 最高管理者承诺和 5.1.3 文化。其中，将 2013 版标准最高管理者的承诺改为职责，在 5.1.2 对承诺作出了限定。

一、最高管理者职责

GB/T 29490—2023

5.1.1 最高管理者职责

最高管理者是企业知识产权管理的第一责任人，应通过以下活动实现知识产权合规管理体系的有效性：

a) 制定知识产权方针，并确保与企业战略方向保持一致；

b) 制定知识产权目标，并确保在企业内实现；

c) 明确知识产权管理职责和权限，确保有效沟通；

d) 确保知识产权合规管理体系要求融入企业的业务过程；

e) 确保资源的配备；

f) 实施管理评审。

GB/T 29490—2013

5.1 管理承诺

最高管理者是企业知识产权管理的第一责任人，应通过以下活动实现知识产权管理体系的有效性：

a) 制定知识产权方针；

b) 制定知识产权目标；

c) 明确知识产权管理职责和权限，确保有效沟通；

d) 确保资源的配备；

e) 组织管理评审。

2023版标准重要修订内容小提示

新增：确保知识产权合规管理体系要求融入企业的业务过程。

修订：（1）关于知识产权方针，应确保与企业战略方向保持一致；

（2）关于知识产权目标，应确保在企业内实现；

（3）组织管理评审修改为实施管理评审。

【条款解读】

最高管理者的职责是知识产权合规管理体系有效运行的关键因素，促使体系将组织的战略、宗旨、方针、过程和资源保持一致，以实现其预期结果。这些职责将通过后续条款加以体现和落实，以证实职责的实现。

新旧标准均着重规定了最高管理者是企业知识产权管理的第一责任人，应通过以下活动实现知识产权合规管理体系的有效性。其中，2023版标准对具体职责作了部分内容与文字上的优化：

"a) 制定知识产权方针，并确保与企业战略方向保持一致"，明确最高管理者不仅要制定知识产权方针，还要确保与企业战略方向保持一致，提高了对方针内容的要求；

"b) 制定知识产权目标，并确保在企业内实现"，进一步关注了对目标的实施效果，确保体系运行的有效性；

"c) 明确知识产权管理职责和权限，确保有效沟通"，着重关注了知识产权管理的组织机构建设，具体在5.3作进一步规定；

"d) 确保知识产权合规管理体系要求融入企业的业务过程"，本条款的要求是此次修订新增加的，强调知识产权合规管理体系要与业务活动融合，避免"两张皮"，强调企业应"个性化"地实施2023版标准，以提升体系运行的有效性；

"e) 确保资源的配备"，管理资源是管理体系运行的重要保障，知识产权合规管理体系尤其是对人员、财务、基础设施、信息等资源有着极高的需求，最高管理者应确保配备充分的资源，以满足体系的有效运行，实现管理体系的预期目标；

"f) 实施管理评审"，2013版标准使用了"组织管理评审"，"组织"指的是安排分散的人员或事物结合成为一定的系统或整体。2023版标准改为"实施管理评审"，"实施"指的是实际执行或施行。2023版标准从用词上更加强化了最高管理者在管理评审活动中的责任，不仅是安排工作或旁听，而且是应亲自参与和施行。

二、最高管理者承诺

> GB/T 29490—2023
>
> 5.1.2 最高管理者承诺
>
> 最高管理者应承诺：
>
> a) 确保企业知识产权管理以高质量发展为目标，提升市场竞争力；
>
> b) 确保在企业经营发展中运用知识产权实现短期和长期、显性和隐性、财务和非财务的价值；
>
> c) 确保维护知识产权合规承诺，并妥善处理不合规和不合规行为；
>
> d) 确保知识产权合规义务得以履行，有能力识别、应对和预防内外部事项导致的存在的及潜在的知识产权风险。

> **2023 版标准重要修订内容小提示**
> 本条款为新增条款。

【条款解读】

2023 版标准新增"5.1.2 最高管理者承诺",本条款强调了最高管理者在知识产权合规管理体系建立、实施、持续改进中的表态和对表态内容的落实,可以说是知识产权合规管理体系核心思想的具体体现。本条款要求:

"a) 确保企业知识产权管理以高质量发展为目标,提升市场竞争力"。随着我国社会的不断发展和内外部环境的变化,党的二十大对于高质量的知识产权创造、保护、运用工作提出了更高的要求。企业最高管理者应顺应时代和社会的需要,提高知识产权供给侧和需求侧的质量,确保将有限的资源输出为高质量的知识产权创造、保护、运用工作成果,提升自身市场竞争力。

"b) 确保在企业经营发展中运用知识产权实现短期和长期、显性和隐性、财务和非财务的价值"。随着知识产权大环境的改善,全社会开始认识到并关注知识产权的经济属性和价值属性。最高管理者应认识到并承诺运用知识产权合规管理体系,实现知识产权短期和长期、显性和隐性、财务和非财务的价值,借以提升企业的市场竞争力。

"c) 确保维护知识产权合规承诺,并妥善处理不合规和不合规行为"。合法经营是企业应尽的义务。最高管理者应确保对于知识产权合规的承诺,并妥善处理本企业不合规和不合规的行为,自觉维护知识产权法律法规、合同文书等的合规义务,为建立良好的市场环境作出贡献。

"d) 确保知识产权合规义务得以履行,有能力识别、应对和预防内外部事项导致的存在的及潜在的知识产权风险"。基于前述条款的承诺,最高管理者应确保知识产权合规义务得以履行,管控内外部事项导致的存在的及潜在的知识产权风险,确保企业的正常经营和发展。

【案例解析】

审核组对山东某公司进行知识产权管理体系二阶段现场审核。受审核人员为该公司负责人(总经理),据了解,该负责人为多项专利的发明人,非常重视知识产权管理工作，该公司的主商标也有数十年的历史，在国内知名度较高。审核过程中，该负责人讲述了自己制定知识产权方针、目标的思路及过程，并表示在他的带领及影响下，公司员工普遍重视知识产权工作。为鼓励员工积极参与，公司特别制定了相关政策，对于通过专利代理师考试的员工予以奖励。此外，公司每年都有专门的经费用于知识产权的申报、维护及知识产权培训，在最近一次的知识产权管理体系的管理评审中，该负责人不但主持了评审会议，还特别提出了加强商业秘密保护的评审内容，落实商业秘密保护的相关措施也作为此次管理评审的输出内容之一。根据各部门的工作内容，该负责人亲自分配了职责和权限，有的部门负责商标申请维护，有的部门负责专利申请维护，有的部门负责侵权打假，部门之间的工作形成良性互动，确保了沟通的有效性。经审核员与相关部门后续核实，上述内容均有明确的审核证据作为支撑，审核员因而判定该负责人作为企业知识产权管理的第一责任人，切实通过自己的工作实现知识产权管理体系的有效性，符合 GB/T 29490 标准的要求。

三、文　　化

> GB/T 29490—2023
> 5.1.3 文化
> 　　企业应在其内部各个层级建立、维护并推进文化建设，对履行知识产权合规义务的共同行为准则，应做出积极的、明示的、一致且持续的承诺，最高管理者应鼓励和支持知识产权合规的行为，阻止且不容忍损害知识产权合规的行为。

> 2023 版标准重要修订内容小提示
> 　　本条款为新增条款。

【条款解读】

2023 版标准增加了"5.1.3 文化"条款，强调企业应推进文化建设，尤其是知识产权合规文化建设。企业文化建设对于企业的长期发展、竞争力提升以及内部管理的优化具有不可估量的重要性。企业文化中的行为规范和道德准则能够引导员工的行为，减少不必要的矛盾和冲突。同时，通过共同的文化认同，员工能够更快地理解并接受企业的管理制度和决策，从而提高管理效率，降低管理成本。

在当前大环境下，企业知识产权合规文化建设的重要性不言而喻，体现在以下方面：

（1）保护创新成果。知识产权合规文化能够促使企业重视并有效保护自身的创新成果。通过建立健全的知识产权合规管理体系，企业可以确保其研发的技术、创造的产品、设计的作品等得到法律的充分保护，从而避免创新成果被他人轻易窃取或模仿。这不仅有利于维护企业的核心竞争力，还能为企业的持续创新提供源源不断的动力。

（2）避免法律风险。不遵守知识产权相关法律法规，企业可能会面临法律诉讼、高额罚款甚至产品被禁止销售等严重后果。知识产权合规文化建设能够提升企业员工的法律意识和合规意识，确保企业在研发、生产、销售等各个环节都严格遵守相关法律法规，从而有效避免法律风险的发生。

（3）提升市场竞争力。知识产权是企业重要的无形资产，是企业市场竞争力的关键所在。通过加强知识产权合规文化建设，企业可以更加有效地管理和运用自身的知识产权资源，提升产品或服务的附加值和差异化程度，从而在市场竞争中占据有利地位。

（4）促进商业合作。在商业合作中，知识产权合规是双方建立信任、达成合作的重要基础。一个具有完善知识产权合规文化的企业更容易赢得合作伙伴的信任和青睐，从而为企业带来更多的商业机会和发展空间。

（5）提升企业形象。一个注重知识产权合规的企业能够树立良好的市场形象，展现其诚信、专业和负责任的企业精神。这种形象有助于增强消费者和合作伙伴的信任感，提升企业的品牌价值和市场影响力。

（6）应对国际贸易挑战。在全球化背景下，国际贸易日益频繁，知识产权合规成为企业参与国际市场竞争的必备条件。加强知识产权合规文化建设有助于企业更好地适应国际贸易规则，减少贸易摩擦和纠纷，为企业拓展国际市场提供有力保障。

(7) 推动可持续发展。知识产权合规文化建设不仅关注企业的短期利益，更着眼于企业的长远发展。通过建立健全的知识产权合规管理体系，企业可以持续推动技术创新和产业升级，实现经济效益与社会效益的双赢，为企业的可持续发展奠定坚实基础。

因此，企业应高度重视知识产权合规文化建设工作，将其纳入企业长期发展规划之中并持续推动落实。

【案例解析】

2019年4月，深圳法院对大疆源代码泄露案作出一审判决，综合考虑犯罪情节以及自愿认罪、有悔罪表现，以侵犯商业秘密罪判处大疆前员工有期徒刑6个月，并处罚金20万元，这些被泄露的代码，已用于该公司农业无人机产品，具有实用性，尽管公司采取了合理的保密措施，但此次事件依然给大疆造成经济损失116.4万元。

2017年，安全研究员凯文·菲尼斯特（Kevin Finisterr）在大疆的网络安全方面发现了一个非常严重的漏洞，该漏洞能让攻击者获取到SSL证书的私钥，并允许他们访问存储在大疆服务器上的客户敏感信息，使得大疆的所有旧密钥毫无用处，从而可能导致大疆服务器上的用户信息、飞行日志等私密信息被下载。经过大疆公司的调查，该漏洞是大疆的一名前员工通过一个计算机指令，将含有公司农业无人机的管理平台和农机喷洒系统两个模块的代码上传至GitHub网站的"公有仓库"，造成源代码泄露。

案发后，该员工第一时间删除了相关代码，并积极配合调查，防止事态扩大，并表示"无意泄露了大疆的商业秘密"，"我很后悔自己没有法律意识，我愿意承担相应的法律责任"。

一些员工缺乏法律意识，故在员工在职期间应进行相应的知识产权培训，在员工离职时应对其进行相应的知识产权事项提醒，防止员工无意识地泄露公司的商业机密，造成无法挽回的损失。

第二节　知识产权方针

> GB/T 29490—2023
>
> 5.2 知识产权方针
>
> 最高管理者应制定、实施和保持知识产权方针，并确保方针：
> a) 与企业的经营发展相适应，且能够支持企业的战略方向；
> b) 遵守知识产权合规义务；
> c) 在企业内部得到沟通、理解和应用；
> d) 在持续适宜性方面得到评审；
> e) 可获取并保持成文信息；
> f) 包括持续改进知识产权合规管理体系的承诺。

> GB/T 29490—2013
>
> 最高管理者应批准、发布企业知识产权方针，并确保方针：
> a) 符合相关法律和政策的要求；
> b) 与企业的经营发展相适应；
> c) 在企业内部得到有效运行；
> d) 在持续适宜性方面得到评审；
> e) 形成文件，付诸实施，并予以保持；
> f) 得到全体员工的理解。

> **2023 版标准重要修订内容小提示**
>
> 新增：关于知识产权合规义务、成文信息、承诺等条款；
> 修订：方针能够支持企业战略方向，在内部沟通、理解和应用等。

【条款解读】

知识产权方针是知识产权合规管理体系的重要组成部分，是对知识产权工作宗旨和方向的文件化表达。知识产权方针必须与企业的发展方向相一致，其作用是为建立目标提供框架，也是知识产权合规管理体系运行过程的纲领性要求。方针内容应包括最高管理者的承诺，在企业内部应保持正确的理解，并可向相关方公开。

2023版标准规定最高管理者应制定、实施和保持知识产权方针，并确保方针：

"a) 与企业的经营发展相适应，且能够支持企业的战略方向"。知识产权管理应融入企业的生产经营活动，知识产权方针必须与企业的经营发展相适应。

"b) 遵守知识产权合规义务"。知识产权方针体现了知识产权工作的宗旨和方向，应遵守知识产权合规义务，确保规避知识产权合规风险。

"c) 在企业内部得到沟通、理解和应用"。知识产权方针不是一纸空文，而是知识产权合规管理体系纲领性的核心内容，必须要在体系覆盖范围内得到充分的沟通、理解，才能保障体系运行有效。

"d) 在持续适宜性方面得到评审"。知识产权方针是一定时期内对知识产权工作宗旨和方向的表述。企业的经营发展不断遇到新的问题和调整，知识产权工作需要及时调整，确保与企业的发展方向持续适宜。因此，企业需要结合管理评审，定期评价方针的持续适宜性。

"e) 可获取并保持成文信息"。知识产权方针需要相关人员的贯彻落实，必须确保保持文件化并可被获得。

"f) 包括持续改进知识产权合规管理体系的承诺"。知识产权方针是最高管理者对本企业知识产权工作宗旨和方向的文件化表述，根据2023版标准的要求，必须包括对持续改进知识产权合规管理体系的承诺。

【案例解析】

江苏某公司针对公司的实际情况，制定的知识产权方针为"完善制度，推进协作，持续创新，塑造优势"。根据该方针的指引，该公司成为所在区域内第一家通过知识产权管理体系认证的公司，同时根据公司的需求设立了独立的知识产权部，并配备了专职的知识产权工作人员。通过知识产权管理体系的建立，该公司在参加相应的招投标活动或者其他业务的洽谈中，增加了自己的竞争优势。由于该公司建立了知识产权管理体系，使客户对该公司的知识产权管理充满信心，同时也对该公司的其他管理和产品充满信心，提升了企业形象，增加了企业的行业竞争力。

知识产权管理体系可以提升知识产权管理的规范化与系统化。通过规范化与系统化的管理使知识产权为企业的发展提供坚实的基础，同时也能为企业的发展提供动力。制定与企业的经营发展情况相适应的方针，并使方针在企业内部得到有效运行，能够引领知识产权管理体系更有效地运行，增加企业的行业竞争力。

第三节　岗位、职责和权限

"5.3 岗位职责和权限"包含两个小节：5.3.1 管理者代表和 5.3.2 机构。

一、管理者代表

GB/T 29490—2023

5.3.1 管理者代表

最高管理者应在<u>企业管理层</u>中指定专人作为管理者代表，授权其承担以下职责：

a) <u>确保知识产权合规义务的履行，并得到全体员工的理解、支持与配合</u>；

b) 确保知识产权合规管理体系的建立、实施和保持；

c) <u>确保就已识别的知识产权合规义务的职责在企业内得到适当分配</u>；

d) 向最高管理者报告知识产权合规管理体系的绩效和改进需求；

e) 确保全体员工对知识产权方针和目标的理解；

f) 落实知识产权合规管理体系运行和改进需要的各项资源；

g) 确保沟通的有效性。

> 注：管理者代表由最高管理者授权，一般在企业管理层负责知识产权管理、合规管理或其他管理的人员中指定。

> GB/T 29490—2013
> 最高管理者应在企业最高管理层中指定专人作为管理者代表，授权其承担以下职责：
> a) 确保知识产权管理体系的建立、实施和保持；
> b) 向最高管理者报告知识产权管理绩效和改进需求；
> c) 确保全体员工对知识产权方针和目标的理解；
> d) 落实知识产权管理体系运行和改进需要的各项资源；
> e) 确保知识产权外部沟通的有效性。

> **2023 版标准重要修订内容小提示**
> 新增：关于知识产权合规义务条款；
> 修订：管理者代表在企业管理层中选任。

【条款解读】

知识产权合规管理体系由若干过程组成，所有过程经过有序的协调和组合，形成若干工作职责相对明确的岗位或部门。最高管理者要依据过程组合的适宜性确定与知识产权合规管理体系有关的岗位分配，依据岗位要求确定职责，依据岗位职责及其相互关系确定权限，包括向最高管理者报告管理体系绩效的岗位。这些岗位职责和权限应覆盖管理体系要求的所有过程，按照 2023 版标准的要求，主要包括管理者代表和知识产权管理部门及其他部门。

管理者代表在当前我国绝大多数企业中仍然发挥着十分重要的作用。因此，2023 版标准保留了管理者代表岗位，并在本条款中明确了最高管理者应该在企业管理层中指定专人担任，而且在注释中强调管理者代表由最高管理者授权，一般在企业管理层负责知识产权管理、合规管理或其他管理的人员中指定，授权其承担 5.3.1 规定的职责。

结合"5.1.1 最高管理者职责"的规定可以更好理解管理者代表职责

的定位是协助最高管理者落实知识产权合规管理体系。例如，最高管理者负责制定方针、制定目标、明确职责权限、实施管理评审、确保有效沟通、确保体系要求融入业务过程、确保资源配备。管理者代表负责确保知识产权合规义务被履行；确保体系的建立实施与保持、确保职责被适当分配、确保员工对方针目标的理解；确保沟通有效性；以及向最高管理者汇报、落实各项资源。

【案例解析】

2017 年，审核组于山东某科技公司进行现场审核。审核员了解到，该公司的知识产权管理体系管理者代表为主管生产的副总经理。该管理者代表早年通过了专利代理师考试，同时也是该公司多个管理体系的管理者代表。该管理者代表对自己的职责描述清晰，曾通过巡讲的方式为各部门讲解公司的知识产权方针及目标（经审核员与各部门沟通得到证实）。由于是多个体系的管理者代表，该负责人对管理体系的建立、实施和保持较为熟悉，注重新人的可塑性，在各部门选拔并培养了多位有潜力的员工作为知识产权管理体系的骨干人员，确保知识产权管理体系的有效运行。通过向最高管理者建议，为公司招募了重要的知识产权人才并亲自负责每年知识产权培训工作的落实。此外，该负责人非常关注客户、监管者、同业竞争者及其他相关方的需求、要求、动态，通过较为全面的外部沟通渠道获取信息，特别是和知识产权有关的信息，以辅助高层决策。经过充分交流，审核员认为，该管理者代表对自己的职责清楚并能落实到位，符合 GB/T 29490 标准的要求。

二、机　　构

GB/T 29490—2023

5.3.2 机构

建立知识产权管理机构并配备专业的专职或兼职工作人员，承担以下职责：

> a) 推进识别知识产权合规义务，监督已识别的知识产权合规义务的职责在企业内得到适当分配；
> b) 负责就知识产权合规相关事项提出建议；
> c) 负责企业知识产权工作计划制定和实施，监督和考核完成情况；
> d) 负责企业知识产权日常管理工作；
> e) 负责统筹与其他管理机构相关的知识产权管理工作；
> f) 宜建立专利导航工作机制，参与重大项目的知识产权布局。
> 其他管理机构负责落实与本机构相关的知识产权工作。
> 注：并非所有企业都创建独立的知识产权管理机构，一些企业将相关职责分配至现有岗位。

> **GB/T 29490—2013**
> 建立知识产权管理机构并配备专业的专职或兼职工作人员，或委托专业的服务机构代为管理，承担以下职责：
> a) 制定企业知识产权发展规划；
> b) 建立知识产权管理绩效评价体系；
> c) 参与监督和考核其他相关管理机构；
> d) 负责企业知识产权的日常管理工作。
> 其他管理机构负责落实与本机构相关的知识产权工作。

> **2023 版标准重要修订内容小提示**
> 新增：关于知识产权合规管理和专利导航的职责；
> 修订：监督与考核的职责。

【条款解读】

2023 版标准要求企业建立知识产权管理机构并配备专业的专职或兼职工作人员，注释强调，并非所有企业都应创建独立的知识产权管理机构，企业可以结合实际情况，将相关职责分配至企业技术中心、法务部门等现有岗位。

第九章　策　　划

本章为知识产权合规管理体系的策划部分，包括通则、知识产权目标及其实现的策划、针对变更的策划三部分。企业在建立知识产权合规管理体系时，需识别建立知识产权合规管理体系所预期实现的目标和期望结果，在系统策划所建立的过程和所要开展的活动时，企业需了解可能影响实现这些目标期望结果的因素，其中可能包括企业的内外部环境、相关方的需要和期望、知识产权合规义务以及可能发生的变更及潜在的后果。

第一节　通　　则

> GB/T 29490—2023
>
> 6.1 通则
>
> 企业应通过以下措施对知识产权合规管理体系所需过程进行策划、实施和控制，以履行知识产权合规义务，应对知识产权风险，实现知识产权价值：
>
> a) 识别和更新适用的知识产权合规义务（见4.5），并为履行知识产权合规义务确定所需的资源；
>
> b) 确定企业的知识产权类型和管理重点；
>
> c) 按知识产权类型制定知识产权获取、维护、运用、保护过程控制的要求，并按照要求实施过程控制；
>
> 注：企业知识产权类型根据产品和/或服务的类型和环节确定，包括：专利、商标、著作权、商业秘密、地理标志等。

d) 在必要的范围和程度上，确定并保持、保留成文信息，以：

1) 确信过程已经按策划进行；

2) 证实知识产权合规义务的履行；

策划的实施结果应适宜企业的运行。

GB/T 29490—2013

5.3.1 知识产权管理体系策划

最高管理者应确保：

a) 理解相关方的需求，对知识产权管理体系进行策划，满足知识产权方针的要求；

b) 知识产权获取、维护、运用和保护活动得到有效运行和控制；

c) 知识产权管理体系得到持续改进。

2023版标准重要修订内容小提示

新增：（1）企业应通过以下措施对知识产权合规管理体系所需过程进行策划、实施和控制，以履行知识产权合规义务，应对知识产权风险，实现知识产权价值：

（2）识别和更新适用的知识产权合规义务（见4.5），并为履行知识产权合规义务确定所需的资源；

（3）确定企业的知识产权类型和管理重点；

（4）在必要的范围和程度上，确定并保持、保留成文信息，以：①确信过程已经按策划进行；②证实知识产权合规义务的履行。

策划的实施结果应适宜企业的运行。

修订："知识产权获取、维护、运用和保护活动得到有效运行和控制"修改为"按知识产权类型制定知识产权获取、维护、运用、保护过程控制的要求，并按照要求实施过程控制"。

【条款解读】

知识产权合规管理体系策划是实现企业知识产权方针和战略的保证，是构建完善的知识产权合规管理体系的重要活动。通常，企业知识产权合规管理体系策划活动涉及知识产权合规义务的识别与更新、确定企业知识产权类型和管理重点、管理相互关联的知识产权管理活动或过程（包括协调必要的相关资源）等。在企业知识产权合规管理体系的构建过程中，准确理解和识别上述活动以及它们之间的联系，对于正确建立和实施知识产权合规管理体系，以及保持体系运行的适宜性、有效性和充分性有着重要意义。

【应用要点】

企业在策划知识产权合规管理体系时，应结合"4.5 知识产权合规义务"识别和更新适用于企业的知识产权合规义务以及为履行知识产权合规义务所需的资源，以便使知识产权合规义务的要求能够充分嵌入知识产权合规管理体系的过程中。

企业应识别所涉及的知识产权类型及其管理重点（各企业根据自身情况确定），如专利权、商标权、著作权（含计算机软件著作权）、商业秘密、集成电路布图设计、植物新品种权、地理标志和商号权等。不同类型企业因涉及知识产权类型不同，其知识产权管理重点也不同。例如，机械制造领域企业重点关注其发明专利和实用新型专利的申请和布局情况；计算机领域企业关注其发明专利、软件著作权、商业秘密、集成电路布图设计的申请和布局情况；化工领域企业重点关注其发明专利、商业秘密的申请和布局情况。

企业应按标准的要求建立知识产权管理机构和相应的程序及制度，规范工作职责，实现对知识产权获取、维护、运用和保护的管理，使之形成文件，并加以实施和保持，持续改进。实施过程中形成的文件应可追溯，以实现对企业生产经营活动中各环节知识产权创造、运用、保护和管理的有效运行和控制。

第二节　知识产权目标及其实现的策划

一、知识产权目标策划

> **GB/T 29490—2023**
>
> 6.2.1 知识产权目标策划
>
> 在策划知识产权合规管理体系时，企业应结合 4.1 所提及的事项和 4.2、4.5 所提及的需求，设定知识产权目标，以：
>
> a) 确保知识产权合规管理体系能够实现其预期结果；
> b) 确保履行知识产权合规义务；
> c) 增强有利影响；
> d) 预防或减少不利影响；
> e) 实现改进。
>
> 企业应针对相关职能、层次和知识产权合规管理体系所需的过程建立并保持知识产权目标，并确保：
>
> a) 与知识产权方针保持一致；
> b) 保持成文信息并可考核；
> c) 与企业发展相适应；
> d) 适时更新。
>
> 注：目标应根据企业的实际制定，包括长期目标、年度目标、企业目标、部门目标等。

> **GB/T 29490—2013**
>
> 5.3.2 知识产权目标
>
> 最高管理者应针对企业内部有关职能和层次，建立并保持知识产权目标，并确保：
>
> a) 形成文件并且可考核；
> b) 与知识产权方针保持一致，内容包括对持续改进的承诺。

> **2023 版标准重要修订内容小提示**
>
> 新增：（1）在策划知识产权合规管理体系时，企业应结合4.1所提及的事项和4.2、4.5所提及的需求，设定知识产权目标，以：
>
> a) 确保知识产权合规管理体系能够实现其预期结果；
>
> b) 确保履行知识产权合规义务；
>
> c) 增强有利影响；
>
> d) 预防或减少不利影响；
>
> e) 实现改进。
>
> （2）c) 与企业发展相适应；
>
> d) 适时更新。
>
> 修订："针对企业内部有关职能和层次"修改为"应针对相关职能、层次和知识产权合规管理体系所需的过程"。

【条款解读】

企业在策划知识产权目标时，一般包括长期目标、中期目标、年度目标等。知识产权管理部门负责在企业相关职能部门和各作业层次上建立知识产权目标。

知识产权目标应与知识产权方针保持一致，内容应包括：确保知识产权合规管理体系能够实现其预期结果；确保履行合规要求；增强有利影响；预防或减少不利影响；实现改进。

知识产权目标应分解到各职能部门，部门指标应力求量化且可测量、考核；对知识产权目标应实施动态管理，各职能部门定期对本部门目标实施情况进行检查、考核评价，并报知识产权管理部门。

【应用要点】

企业应在相关职能部门和各作业层次上建立知识产权分目标，并建立考核制度。知识产权目标应与知识产权方针保持一致，内容应包括对持续改进的承诺。

企业所策划的知识产权目标应该与企业的发展情况相适宜，避免知识产权目标脱离企业实际情况，难以达成。企业所制定的知识产权目标一般包括长期目标、中期目标和年度目标，年度目标又可根据职能层次分配到对应的部门，一般层级越往下，其量化要求越高，以便于目标考核。企业应定期对知识产权目标进行评估，如果知识产权目标存在不适宜的情况，应及时更新。

【案例解析】

某医药控股集团的产品主要包括消化系统用药、抗肿瘤用药等，产品销售遍及全国和世界多个国家和地区。该集团新药研发实力位居全国前列，在研新药项目百余项，在全球数十个国家申请专利并得到授权。未来，将陆续有更多的新药产品在欧美等国际市场上市销售。

该集团依据发展规划制定了"助力科技创新，保护研发成果，服务市场布局"的知识产权方针，并制定了3—5年知识产权目标：

（1）根据科研项目进展，提前进行专利布局，提升专利质量；

（2）健全企业知识产权管理体系，完善各项规则制度，利用知识产权制度提升市场竞争力；

（3）完成国内发明专利申请至少50件、授权20件；PCT国际申请至少30件、国外专利授权20件。

知识产权目标应自上而下层层展开，形成文件并可考核。知识产权目标的展开，又叫知识产权目标的分解，也就是将知识产权目标在纵向、横向或时序上分解到各层次、各部门、项目组以及每个员工，形成目标体系的过程。知识产权目标考核就是为实现目标制定切实、可行的措施和严格的考核，从而不断地改进，保证企业总目标的实现。知识产权目标的逐级分解与考核，可以保证总目标的实现。通过考核各部门和员工的业绩，有利于激励员工的士气，有利于部门和个人之间的沟通与协作。

二、知识产权目标实现策划

> GB/T 29490—2023
>
> 6.2.2 知识产权目标实现策划
>
> 策划如何实现知识产权目标时，应确定：

> a) 实现目标的方法；
> b) 所需资源；
> c) 岗位和职责；
> d) 完成时间；
> e) 应对风险和机遇的措施；
> f) 如何在知识产权合规管理体系过程中整合并实施这些措施（见 4.4.1）；
> g) 评价措施的有效性。
>
> 注：有效性评价可从履行知识产权合规义务、知识产权风险控制、知识产权价值实现等方面开展。

【条款解读】

本标准相对于 2013 版标准，在策划知识产权目标的基础上，根据管理体系标准的高层架构，增加针对知识产权目标实现的策划。实现知识产权目标是企业经营管理活动的核心任务之一。只有经过精心策划并确定下来的各类目标处于有效实施之中，总体实现趋势向好时，企业的总体战略目标才能趋于实现。

企业知识产权目标可包括与该企业知识产权工作有关的数量目标、质量目标、进度目标、贡献目标等方面的目标。知识产权管理部门牵头，依据知识产权方针将知识产权目标分解为可以落实的具体目标，由相关部门负责实施。企业在策划目标的同时应确定：实现目标所采用的方法；完成目标所需的资源；知识产权管理部门及各相关部门的岗位要求和具体职责；目标完成的时间要求；考虑可能的风险和机遇以及应对措施；并考虑将上述要求及措施整合在知识产权合规管理体系过程中（见 4.4.1）并实施这些措施；实施过程中形成的文件应可追溯，以实现对企业生产经营活动各环节知识产权创造、运用、保护和管理的有效运行和控制，定期开展检查、分析、评价，确保持续改进，从符合知识产权合规要求、知识产权风险控制、知识产权价值实现等方面评价措施的有效性。

对已出现和潜在的不符合知识产权管理要求的问题，采取纠正和预防措施，对体系进行及时调整、修订和完善，促进知识产权目标的实现。

【应用要点】

企业可通过策划"4W1H"活动实现预期目标，即 What——要做什么；What——所需资源；Who——由谁负责；When——何时完成；How——如何评价结果。例如，目标展开活动首先将战略目标按实现该目标所需的知识、技术、业务程序能力以及系统要素的成熟度等逐一进行分解，将分解的结果分配给企业的各级职能部门，同时决定实现目标的日程计划以及任务和负责人。展开目标后，要明确展开的风险，例如，展开后的联络沟通和资源的分配等，并采取必要的措施。在进行风险应对的基础上，应提供必要的资源，以便将展开的活动转入正式实施。

企业可通过 SMART 之类方法的应用帮助组织实现目标的策划，因其能确保目标是有时限的、相关的并且是可实现的。企业还需要识别谁负责去完成目标，并确保有充足的资源可提供（见 2023 版标准"7. 支持"）。

企业可通过绩效评价对知识产权目标实现情况进行测量及趋势分析，根据本标准"9.4 管理评审"，知识产权目标的实现程度作为管理评审的输入项，在管理评审会议中进行讨论。其他知识产权目标实现情况监视的策划方式还包括：项目管理、建立关键里程碑、制定关键绩效指标（KPI）或举行经常性的审查或反馈会议等。

第三节　针对变更的策划

GB/T 29490—2023

6.3 针对变更的策划

当企业确定需要对知识产权合规管理体系进行变更时，变更应按所策划的方式实施，企业应结合：

a) 变更目的及其潜在后果；

b) 知识产权合规管理体系的完整性；

c）资源的可获得性；

d）职责和权限的分配和再分配。

2023 版标准重要修订内容小提示

本条款为新增条款。

【条款解读】

此处的变更主要是指涉及机构、职责、流程和业务等的变更。企业初始建立知识产权合规管理体系时，依照"4.4 知识产权合规管理体系及其过程"识别确定体系及其过程，构建知识产权合规管理体系。而企业在实际的运行过程中，因为企业内外部环境是不断变化的，各个过程会相互影响，同时还会受到各种内外部环境的影响，管理体系就必然以"变更"应对变化，确保持续有效。

当企业确定需要对知识产权合规管理体系进行变更时，变更应按所策划的方式实施，企业应考虑：

（1）变更的目的要明确，同时要考虑和评估"变更"的"潜在后果"，评估可能带来的影响和后果，既要达到变更的目的，又要防控风险可能带来不良的结果。在策划变更时，一定要先进行预判和评估，影响的范围、关联的业务和流程等，提前作好准备。

（2）要考虑知识产权合规管理体系变更后的完整性，变更发生时，一定要全面评审可能发生的影响，同时应实施动态管理。不能因变更体系出现局部失去管控或体系管理不完整的情况。

（3）策划变更时要考虑资源的可获得性。资源是否到位是变更策划的重点之一，在考虑资源的可获得性时，可从内部资源和外部资源获取。

（4）职责权限的分配或再分配。当变更后需要职责权限调整时，要确保相关文件信息的更新，以保证对应的管理支持能跟得上。

【应用要点】

企业需对变更管理进行策划，对影响知识产权合规管理体系有效运行的相关变更信息和事务进行动态识别，评估风险和机遇，并制定应对措施。

策划变更的时机通常包括：

（1）知识产权合规管理体系的建立和实施的初始阶段。这一阶段需要对企业原有的产品和/或服务过程、知识产权管理过程进行较大程度的识别、评价和重新定义与确定。

（2）组织机构发生调整、生产工艺发生重大变化，需改进或更新现存的知识产权合规管理过程。这些变更对知识产权合规管理体系完整性的影响需要经过组织的评估，并采取必要措施来预防不良影响。

（3）为满足新的要求，调整、完善现有知识产权合规管理体系。随着市场经济的不断发展和变化，企业所面临的内外环境随时发生变化，组织相关方的要求也会不断变化，从而需要企业对自身的管理过程作出相应的调整。

策划变更时还应考虑到资源的可获取性。在过程或体系变更后，资源能否动态满足要求非常重要。如有的组织从单一的产品扩展为多元化的产品时，资源配置能否仍然满足需求，这是组织在变更的实施中必须予以考虑的重要问题。

企业应考虑变更引发的任何潜在后果。变更有可能带来好的结果，也可能带来风险和挑战。进行变更的策划时，应考虑充分、未雨绸缪。同时应结合行业趋势和关键成功要素有意识地培养自身独特的资源和能力，并以此打造企业的核心竞争能力。

第十章 支　　持

"7.支持"为知识产权合规管理体系的支持部分，包括资源、能力、意识、沟通和成文信息5部分。为确保知识产权合规管理体系能达到预期目标，企业应为有效实施和运作知识产权合规管理体系配备所需的必要条件，包括但不限于：人员、基础设施、财务资源、信息资源、人员能力、意识、沟通及成文信息管理等方面。企业应评审目前所具备的支持条件，并识别为减少对实现知识产权合规管理体系预期目标造成不利影响的因素，以及目前尚存的受限条件，应积极为满足这些条件而配备相应的支持，并采取相应的措施。

第一节 资　　源

一、通　　则

> GB/T 29490—2023
>
> 7.1.1 通则
>
> 企业应确定并提供所需的资源，以建立、实施、保持和持续改进知识产权合规管理体系，应结合：
> a) 现有内部资源的能力和局限；
> b) 需要从外部获得的资源。

> **2023 版标准重要修订内容小提示**
> 本条款为新增条款。

【条款解读】

资源是管理体系运行的基本条件和必备要素。企业的最高管理者应根据企业的实际情况，配备充分且适宜的资源。企业开展知识产权管理工作的保障性资源主要包括人力资源、基础设施、财务资源、信息资源等。资源来源又可分为内部资源和外部资源。

企业在建立、实施、保持和持续改进知识产权合规管理体系的过程中，应考虑两个方面：

（1）"现有内部资源的能力和局限"，每个企业的能力和资源都是有限的。在建立、实施、保持和持续改进管理体系过程中，企业的管理者应对所拥有的资源有充分的了解，并清楚自身资源的局限性，合理和有效利用既有资源。

（2）企业需识别从外部供方获得资源的需求，企业的管理者在评估所需能力和资源的局限性时，若不能通过合理利用和调配内部资源来解决，则应考虑从外部获取相关资源，包括通过将过程外包来获得外部资源。

【应用要点】

企业在确定所需资源时，应考虑目前能力，如现有知识产权数量、知识产权工作人员配备及其能力、专利检索数据库、知识产权管理软件等。企业在评审自己目前所具有的能力时，应识别各种现有制约，即为减少不利影响或达成目标需要什么，以及需要什么措施，是否需要从外部供方获得资源。

企业在建立、实施、保持和持续改进知识产权合规管理体系时，围绕所确定的管理体系范围分析、评估现有内部资源的能力和受限条件，识别出组织内部现有资源中，不能满足知识产权合规管理需求和适用的法律法规要求的环节，以及需进一步匹配的外部资源，制订资源配置计划并按照计划提供所需的资源。

二、人　　员

> GB/T 29490—2023
>
> **7.1.2 人员**
>
> 企业应确定相关岗位及职责，并配备所需的人员，以有效实施知识产权合规管理体系，并运行和控制其过程。包括：
>
> a) 所有人员应遵守知识产权合规义务，并报告知识产权合规疑虑、问题和漏洞；
>
> b) 通过劳动合同、劳务合同等方式对员工进行管理，约定知识产权权属、保密范围、保密义务、违约责任等；明确员工与知识产权相关的权利和义务，重要岗位可约定竞业限制条件和补偿条款；
>
> c) 对新入职员工进行适当的知识产权背景调查，以避免侵犯他人知识产权；对研发、设计、创作等与知识产权关系密切的岗位，要求新入职员工签署知识产权声明；
>
> d) 对离退员工应进行知识产权事项提醒；涉及核心知识产权的员工离职时，可签署离职知识产权协议或执行竞业限制协议；必要时对知识产权协议或竞业限制协议的执行情况进行监控，及时发现商业秘密泄露或不正当使用的线索；
>
> e) 明确员工知识产权创造、保护和运用的奖励和/或报酬，明确员工造成知识产权损失的责任。

> GB/T 29490—2013
>
> **6.1.3 人事合同**
>
> 通过劳动合同、劳务合同等方式对员工进行管理，约定知识产权权属、保密条款；明确发明创造人员享有的权利和负有的义务；必要时应约定竞业限制和补偿条款。
>
> **6.1.4 入职**
>
> 对新入职员工进行适当的知识产权背景调查，以避免侵犯他人知识

产权；对于研究开发等与知识产权关系密切的岗位，应要求新入职员工签署知识产权声明文件。

6.1.5 离职

对离职的员工进行相应的知识产权事项提醒；涉及核心知识产权的员工离职时，应签署离职知识产权协议或执行竞业限制协议。

6.1.6 激励

明确员工知识产权创造、保护和运用的奖励和报酬；明确员工造成知识产权损失的责任。

2023 版标准重要修订内容小提示

新增：（1）企业应确定相关岗位及职责，并配备所需的人员，以有效实施知识产权合规管理体系，并运行和控制其过程。

（2）所有人员应遵守知识产权合规义务，并报告知识产权合规疑虑、问题和漏洞；

（3）人事合同中增加对保密范围、保密义务、违约责任等；明确员工与知识产权相关的权利和义务的约定。

（4）必要时对知识产权协议或竞业限制协议的执行情况进行监控，及时发现商业秘密泄露或不正当使用的线索。

修订：（1）"必要时应约定竞业限制和补偿条款"修改为"重要岗位可约定竞业限制条件和补偿条款"。

（2）"研究开发"修改为"研发、设计、创作"。

（3）"离职员工"修改为"离退员工"。

（4）"应签署离职知识产权协议或执行竞业限制协议"修改为"可签署离职知识产权协议或执行竞业限制协议"。

【条款解读】

企业应根据"6.2.2 知识产权目标实现策划"的情况，确定相关岗位及职责，配备所需的人员，并开展以下所需的策划：

（1）要求企业所有人员必须明确知悉并遵守知识产权合规义务的相关

要求，并对知识产权合规的疑虑、问题和漏洞等进行报告。

（2）企业与员工签订劳动合同或劳务合同，通过合同对员工加以管理，合同中必须明确知识产权权属、保密范围、保密义务、违约责任等内容；同时明确约定员工与知识产权相关的权利和义务，例如，发明人署名权、获得奖励的权利，以及负有保密义务等；对于研发等重要岗位的员工，可根据实际情况适时签订竞业限制协议，协议中要明确竞业限制条件及补偿条款。

（3）对新入职员工进行适当的知识产权背景调查，调查新员工以往工作经历，是否涉及知识产权方面的工作，是否申请过知识产权，以及在以后的工作中是否存在使用这些知识产权的可能性，背景调查可以采用问卷填写、电话核实、网络调查等方式进行，必要时可以到员工的前雇主单位进行走访，也可委托外部第三方进行调查；同时对于研发、设计、创作等与知识产权关系密切的岗位，签订知识产权声明文件，例如，声明承诺入职前与原雇主单位无知识产权纠纷，不会使用原雇主单位知识产权，以及不会违反原雇主单位签订的保密协议或竞业限制协议等。

（4）对离退员工应进行知识产权事项提醒，例如，提醒内容可以是告知员工在职期间接触的商业秘密均为企业所有，并仍要遵守保密协议，不得以任何理由透露给第三方，最好能够明确员工需要保密的具体内容，以书面形式告知；涉及核心人员离职或退休时，可根据实际情况签署离职知识产权协议或执行竞业限制协议，并根据协议给予离职员工补偿，必要时对协议执行情况进行监控，监控方式可采用定期电话回访、就职单位走访、检索专利发明人等，及时发现商业秘密泄密或不正当使用的线索。

（5）企业应明确员工知识产权创造、保护和运用的奖励和/或报酬，明确员工造成知识产权损失的责任，给予员工在知识产权创造、保护和运用等方面的奖励和/或报酬，以及在知识产权管理过程中造成损失的惩戒。例如，明确奖惩范围、奖惩类型、奖惩额度等，根据员工贡献度的大小给予员工合理的奖励，鼓励员工的积极性，同时员工对于在工作中造成的损失应承担相应的责任。

【应用要点】

1. 人事合同签订环节

根据《中华人民共和国劳动法》《中华人民共和国劳动合同法》规定，用人单位应当与劳动者在确定劳动关系时签订书面劳动合同，合同内容应当遵循合法、公平、平等自愿、协商一致、诚实信用的原则。

从实际操作角度而言，一部分企业使用当地人社局的制式劳动合同模板，并辅以内部制式补充协议；另一部分企业使用企业内部拟制的制式劳动合同模板，并辅以内部制式补充协议。无论哪种形式，在未贯标企业中，大部分合同及补充协议模板中均缺少知识产权条款。

《企业知识产权合规管理体系 要求》明确了合同中应约定知识产权权属、保密条款；明确发明创造人员享有的权利和负有的义务；必要时应约定竞业限制和补偿条款。无论从合规性，还是从知识产权风险管理角度，企业都应当与员工在劳动合同或补充协议中约定知识产权条款。

《中华人民共和国专利法》规定"执行本单位的任务或者主要是利用本单位的物质技术条件所完成的发明创造为职务发明创造。职务发明创造申请专利的权利属于该单位，申请被批准后，该单位为专利权人""非职务发明创造，申请专利的权利属于发明人或者设计人；申请被批准后，该发明人或者设计人为专利权人"。企业作为劳动关系中有利地位的一方，应当在合同中明确职务发明、非职务发明的权属，一方面是对劳动者的告知，另一方面是通过合同形式减少权属纠纷的风险。

商业秘密作为企业重要的知识产权形式，普遍存在于所有企业中。《中华人民共和国劳动合同法》第23条规定"用人单位与劳动者可以在劳动合同中约定保守用人单位的商业秘密和与知识产权相关的保密事项"，通过明确的书面劳动合同或补充协议明确员工的保密范围、保密责任、保密期限等内容，可以作为一种有效的保密手段，同时起到警示作用。

《中华人民共和国专利法》规定"发明人或者设计人有权在专利文件中写明自己是发明人或者设计人""被授予专利权的单位应当对职务发明创造的发明人或者设计人给予奖励；发明创造专利实施后，根据其推广应用的范围和取得的经济效益，对发明人或者设计人给予合理的报酬"，从权利对等原则，劳动者有积极完成岗位职责相关工作、及时报告工作成果等义务。结合知识产权相关奖惩制度，通过在合同中明确发明创造人员享有的权利和负有的义务，既是满足合规性的要求，也有助于企业建立起激励创新的企业文化。

因员工离职、退休等导致的商业秘密泄露，是企业不可避免的重大知识产权风险，因此竞业限制成为一种有效的措施。

《中华人民共和国劳动合同法》规定："对负有保密义务的劳动者，用人单位可以在劳动合同或者保密协议中与劳动者约定竞业限制条款，并约定在解除或者终止劳动合同后，在竞业限制期限内按月给予劳动者经济补偿。劳动者违反竞业限制约定的，应当按照约定向用人单位支付违约金""竞业限制的人员限于用人单位的高级管理人员、高级技术人员和其他负有保密义务的人员。竞业限制的范围、地域、期限由用人单位与劳动者约定，竞业限制的约定不得违反法律、法规的规定。在解除或者终止劳动合同后，前款规定的人员到与本单位生产或者经营同类产品、从事同类业务的有竞争关系的其他用人单位，或者自己开业生产或者经营同类产品、从事同类业务的竞业限制期限，不得超过二年"。

法律赋予企业与劳动者签订竞业限制的权利，同时企业也有义务从公平、合理的角度明确竞业限制的范围、时间、补偿条款等，单方面地增加劳动者的义务，或者变相减少企业承担的义务，都有可能导致竞业限制无效。

2. 入职环节

在人力资源管理中，在招聘环节对应聘人员既往学习、工作经验的背景调查是普遍存在的。同时，对于研发人员、生产人员、财务人员、销售人员等员工，极大概率掌握有原雇主的商业秘密，如技术信息、财务信息、客户信息等类型的商业秘密，同时也有可能签署过竞业限制协议或保密协议，这就会导致其入职后给企业带来侵犯商业秘密的风险，或是保守商业秘密而无法充分施展工作能力导致难以胜任相关工作。

按照《中华人民共和国专利法实施细则》的规定，员工离职后一年内作出的与本职工作相关的发明创造属于职务发明，专利权属于原单位。《中华人民共和国反不正当竞争法》《中华人民共和国劳动合同法》等都规定了员工离职后的竞业限制及保密责任。

因此，有必要在入职前的背景调查过程中了解这些情况，并将调查结果作为人员评价的一部分。这种调查和评价，不仅是对应聘人员胜任岗位能力的调查，也是对其知识产权风险的调查。人员入职调查应覆盖既往经历中竞业限制、涉及商业秘密情况、职务发明、知识产权管理等多个方面，必要时应要求入职人员作出相应的书面承诺，降低和避免带来侵犯他人商业秘密、职务发明权属、违反竞业限制的风险。

3. 离退环节

员工离退从广义上来讲，实际包括离开（包括辞职、辞退）、退休、调岗等，是所有企业都要面对的问题，由员工离退带来的知识产权流失风险、泄密风险是企业最主要的知识产权风险之一，因此员工离退环节的管理应作为企业知识产权风险管理的重要部分。

从法律角度来讲，用人单位作为劳动关系中有利地位的一方，有必要对离退员工进行知识产权相关事项的提醒，提醒内容应当包括以下四个方面：

（1）员工的保密责任，并且该责任不因时间而消失，除该商业秘密已经公开外；

（2）职务发明权属，离职后一年作出的与本职工作相关的发明创造属于职务发明，权属归原雇主；

（3）是否签订/执行竞业限制，明确竞业限制的期限、补偿方式、补偿金额、支付方式等；

（4）对竞业限制人员要求配合离职后行踪调查。

4. 激励环节

激励可以分为正激励和负激励。正激励就是对个体的符合组织目标的期望行为进行奖励，以使这种行为更多地出现，提高个体的积极性，主要表现为对员工的奖励和表扬等。负激励是对其行为的否定，目的在于制止其行为的继续。正激励和负激励作为两种相辅相成的激励类型，分别从不同的侧面对人的行为起强化作用。正激励是主动性的激励；负激励是被动性的激励，通过对人的错误动机和行为进行压抑和制止，促使其幡然悔悟，改弦更张。正激励与负激励都是必要而有效的，因为这两种激励方式的效果不仅会直接作用于个人，而且会间接地影响周围的个体与群体。通过树立正面的榜样和反面的典型，扶正祛邪，形成一种良好的风气，就会产生无形的正面行为规范，能够使整个群体的行为导向更积极、更富有生气，最终使企业管理尽善尽美。

《中华人民共和国专利法》第 15 条规定："被授予专利权的单位应当对职务发明创造的发明人或者设计人给予奖励；发明创造专利实施后，根据其推广应用的范围和取得的经济效益，对发明人或者设计人给予合理的报酬。国家鼓励被授予专利权的单位实行产权激励，采取股权、期权、分红等方式，使发明人或者设计人合理分享创新收益。"

因此，提倡在企业内部建立与知识产权相关的激励与绩效管理，调动企业内部员工的积极性和创造性，形成鼓励创新的良好氛围，提高企业竞争力，还可以作为筛选和引进科技人才、利用外部创意解决技术难题、树立良好企业形象的重要手段。通过完善的正激励制度，通过荣誉奖励、物质奖励相结合的方式，鼓励员工积极开展技术创新、管理创新，树立榜样效应，同时辅以适当的负激励措施，筑起人力资源管理的制度之墙。对有条件的企业，可以将知识产权激励与绩效管理纳入企业整体的绩效管理、职级管理中。

企业应当及时制定知识产权奖励制度，明确知识产权奖励类别、奖励形式、奖励标准等，鼓励员工开展发明创造。

【案例解析】

甲公司系一家 A 股主板上市公司，是国内生产电缆附件历史长、品种规格齐全的重点生产高压电缆附件的专业性骨干企业之一。第三人林某某、刘某曾分别于 2016 年 5 月 9 日、2015 年 7 月 13 日入职甲公司，从事研发岗位，在甲公司任职期间具体从事"绝缘防水履带项目"技术开发，又分别于2017年2月20日、2017年7月31日从甲公司处离职，并就职于乙公司。2017年8月13日，乙公司向国家知识产权局提交了一项申请号CN201711061634.8，名称为"一种自适应绝缘防水材料及其使用方法和用途"专利申请（以下简称"涉案专利申请"），发明人包括两第三人。

甲公司认为，涉案专利申请所述之发明创造系两第三人在离职后一年内作出，与其在甲公司从事的本职工作相关，属于在甲公司工作的职务发明，专利申请权利应归属甲公司。故甲公司向法院提起诉讼，请求：确认专利申请号CN201711061634.8，名称为"一种自适应绝缘防水材料及其使用方法和用途"的专利申请权归甲公司所有；乙公司承担本案诉讼费、保全费等合理费用。

判决结果：确认名称为"一种自适应绝缘防水材料及其使用方法和用途"的发明专利（专利申请号201711061634.8）申请权属于甲公司所有。案件受理费80元，由乙公司负担。

【案例解析】

王某中系宁波永贸时代进出口有限公司（以下简称永贸公司）前员工。双方于王某中入职时签订《劳动合同》及《商业秘密保护合同》各一份，约定：永贸公司的商业秘密包括且不限于特定的、完整的、部分的、个别的未披露的信息，包括且不限于涉及商业秘密的客户名单等信息；被告对原告的所有商业秘密承担保护义务，不得披露原告的商业秘密等，不得直接、间接、试图影响或者侵犯原告拥有的客户名单及其客户关系的商业秘密；若被告违反规定，应当向原告支付违约金50万元，当原告损失超过违约金时，被告除偿付违约金外，赔偿超过部分的实际损失。2017年1月23日，王某中离职，2月23日，王某中再次确认了其所知悉的永贸公司商业秘密的具体范围，并在客户名单（商业秘密）明细上签字确认。

宁波市鄞州区市场监督管理局调查后查明：王某中于2017年6月起开始从事与外贸经营业务，至查获时，分别与其在永贸公司任职期间主管的3位外商客户发生灯串、蜡烛等产品出口业务，经营额为294 813.12美元。永贸公司认为王某中的行为侵犯其商业秘密，遂诉至宁波市鄞州区人民法院，要求王某中立即停止侵权，赔偿经济损失60万元并承担维权费用6.1万元。2020年2月11日法院判决，王某中停止使用永贸公司客户房屋的行为，并赔偿永贸公司经济损失53.1万元（含合理费用）。

三、基础设施

> GB/T 29490—2023
>
> 7.1.3 基础设施
>
> 企业应确定、提供并维护所需的基础设施，以确保知识产权合规管理体系的运行。基础设施包括：
>
> a) 软硬件设备，如知识产权管理软件、数据库、计算机和网络设施等；
>
> b) 办公场所。

> GB/T 29490—2013
>
> 6.2 基础设施
>
> 根据需要配备相关资源，以确保知识产权管理体系的运行：
>
> a) 软硬件设备，如知识产权管理软件、数据库、计算机和网络设施等；
>
> b) 办公场所。

> 2023版标准重要修订内容小提示
>
> 修订："配备相关资源"修改为"确定、提供并维护所需的基础设施"。

【条款解读】

根据知识产权合规管理体系运行需要，应为知识产权合规管理相关部门配备办公场所及软硬件设备（知识产权管理软件、数据库、计算机和网络设施），保证管理体系的正常运行，并对设备进行定期的检修、测试、保养。

【应用要点】

企业软硬件设备的管理必要时可列出设备管理清单，重点在于与知识产权管理有关的管理软件、知识产权数据库等，在硬件设施方面，应配备知识产权管理所需的日常办公设备，如计算机、网络等。对涉及保密管理需求的环节和部位，如研发区域、生产区域、档案室、菌种库等，应通过设立门禁、加密系统、监控系统等手段，保证商业秘密的有效管理。确定以上软硬件设备是否可以有效支撑管理体系运行。

办公场所管理要配备固定的办公场所，同时对于涉及企业商业秘密的部门，应有固定且相对独立的办公场所。

四、财务资源

> GB/T 29490—2023
>
> 7.1.4 财务资源
>
> 企业应确定并提供财务资源，以有效实施知识产权合规管理体系。财务资源可用于：
>
> a) 知识产权申请、注册、登记、维持、检索、分析、评估、诉讼、培训和转移转化等事项；
>
> b) 知识产权管理机构运行；
>
> c) 知识产权激励。

> GB/T 29490—2013
>
> 6.3 财务资源
>
> 应设立知识产权经常性预算费用，以确保知识产权管理体系运行：
>
> a) 用于知识产权申请、注册、登记、维持、检索、分析、评估、诉讼和培训等事项；
>
> b) 用于知识产权管理机构运行；
>
> c) 用于知识产权激励；
>
> d) 有条件的企业可设立知识产权风险准备金。

> **2023 版标准重要修订内容小提示**
> 新增：财务资源用于转移转化。
> 修订："设立知识产权经常性预算费用"修改为"确定并提供财务资源"。

【条款解读】

企业为实现知识产权目标应确定并提供财务资源，以有效地支撑知识产权合规管理体系需要。财务部门应当协同知识产权部门根据企业知识产权目标，以及本企业财务制度相关规定，做好知识产权财务经费的管理工作。

为有效支撑知识产权管理体系需要，财务资源可用于知识产权申请、注册、登记、维持、检索、分析、评估、诉讼、培训和转移转化等事项；用于知识产权管理机构运行，如人员工资、软硬件设备等基础设施的采购与维护等；知识产权激励，如员工因知识产权创造、运用、保护所获得的奖励和/或报酬。

【应用要点】

企业知识产权管理部门每年应向财务预算部门申请知识产权经费预算，保证知识产权管理体系的运行，预算可用于知识产权申请、注册、登记、维持、检索、分析、评估、诉讼、培训和转移转化等事项，知识产权管理机构的运行，知识产权激励等。

五、信息资源

> GB/T 29490—2023
> 7.1.5 信息资源
> 企业应创建并保持成文信息，以规定以下方面所需的控制：
> a) 建立信息资源收集渠道，及时获取外部知识产权相关信息；
> b) 对信息进行分类筛选和分析加工，并加以有效利用；
> c) 企业宜建立知识产权信息数据库，并有效维护和及时更新；

d) 企业可运用专利信息资源，构建专利导航工作机制。

注：信息资源包括外部知识产权相关信息和内部知识。外部知识产权相关信息包括所属领域、竞争对手的知识产权信息以及标准、学术交流、专业会议、从外部相关方收集的信息和知识。内部知识包括经验、教训、未成文的知识和经验，以及改进的结果。

GB/T 29490—2013

6.4 信息资源

应编制形成文件的程序，以规定以下方面所需的控制：

a) 建立信息收集渠道，及时获取所属领域、竞争对手的知识产权信息；

b) 对信息进行分类筛选和分析加工，并加以有效利用；

c) 在对外信息发布之前进行相应审批；

d) 有条件的企业可建立知识产权信息数据库，并有效维护和及时更新。

2023版标准重要修订内容小提示

新增：企业可运用专利信息资源，构建专利导航工作机制。

修订：（1）"应编制形成文件的程序"修改为"创建并保持成文信息"。

（2）"所属领域、竞争对手的知识产权信息"修改为"外部知识产权相关信息"。

【条款解读】

信息资源是企业生存发展的重要战略资源，是提升企业创新与发展的重要支柱，是维持企业可持续性发展，赢得未来激烈市场竞争的有力武器。企业在创新与发展过程中，往往需要从各种渠道获取大量的信息资源，并对这些信息资源进行加工和处理。信息资源管理能力的高低，将极大影响研发人员的工作效率，最终影响创新质量。因此，在企业知识产权管理中，必须重视信息资源的高效管理；应根据知识产权目标，建立可以获取外部知识产权相关信息的信息收集渠道。标准注释指出，外部知识产权相关信息包括所属领域、竞争对手的知识产权信息以及标准、学术交流、专业会议、从外部相关方收集的信息和知识。因此，信息收集渠道应能满足知识产权目标所涉及的对上述信息获取的需求，如外部知识产权数据库、标准数据库、从学术交流平台和专业会议获取的知识产权信息等。

信息资源包括外部知识产权相关信息和内部知识。对信息进行分类筛选和分析加工，并充分利用，将有利于实现知识产权目标。

企业宜根据自己所处的行业领域、技术特点建立符合企业实际的知识产权信息数据库。例如，可以根据行业领域、技术特点所涉及的 IPC 专利分类号，将相关信息资源设置成单独的资源库，及时更新和有效维护，以提高创新人员的信息检索效率。

专利导航是在宏观决策、产业规划、企业经营和创新活动中，以专利数据为核心深度融合各类数据资源，全景式分析区域发展定位、产业竞争格局、企业经营决策和技术创新方向，服务创新资源有效配置，提高决策精准度和科学性的新型专利信息应用模式。

专利导航的主要目的是探索建立专利信息分析与产业运行决策深度融合、专利创造与产业创新能力高度匹配、专利布局对产业竞争地位保障有力、专利价值实现对产业运行效益有效支撑的工作机制，推动产业的专利协同运用，培育形成专利导航产业发展新模式。

对于企业来而言，开展专利导航工作主要有以下六个方面的作用：

（1）帮助企业有效地利用专利信息，缩短企业技术研发周期，节约科研经费，提高产品的研发效率，避免无效研发，控制成本；

（2）提高企业创新效率和水平，防范和规避企业知识产权风险，强化企业竞争力的专利支撑，提升企业创新驱动发展能力；

（3）减少企业的侵权风险；

（4）明确企业的竞争对手情况和市场情况；

（5）合理布局企业的知识产权，培育高价值专利；

（6）明确企业的知识产权管理思路和战略方向。

因此，企业在有以下需求时可以开展专利导航：

（1）有重点新品研发项目，但对拥有专利没有整体分析，不清楚产品侵权风险的，需要有效地利用专利信息，避免无效研发，确认研发路径，精准控制研发成本。

（2）需要明确竞争对手情况和市场情况，为未来市场进行预估。

（3）需要明确企业的知识产权管理思路和战略方向，对专利进行完善布局。

【应用要点】

企业应形成信息资源管理相关程序或制度文件，并在文件中对以下方面进行控制：

（1）建立信息收集渠道（如市场走访、知识产权信息服务机构、国内外知识产权信息公共网站、报刊、网站等），按照一定的频率和周期由相应的部门负责收集外部的知识产权信息；外部知识产权相关信息包括所属领域、竞争对手的知识产权信息以及标准、学术交流、专业会议、从外部相关方收集的信息和知识。

（2）对收集的信息进行分类筛选和分析加工，形成对企业的战略布局、研究开发、生产等活动具有指导意义的信息，并加以有效利用。

（3）企业可根据需要建立知识产权信息数据库，并有效维护和及时更新。知识产权信息数据库的形式可以是多样的，如 Excel 表格、专业的数据库等。

（4）企业可运用所收集的专利信息资源或建立的知识产权信息数据库资源，构建专利导航工作机制。

第二节　能　　力

> GB/T 29490—2023
>
> 7.2 能力
>
> 企业应：
>
> a) 确定与<u>企业知识产权合规管理体系运行相关人员</u>的任职条件，确定其所需具备的能力；
>
> b) 采取适当的教育、培训，提升与<u>知识产权合规管理体系运行相关人员</u>的能力；
>
> c) 采取措施使相关人员<u>获得知识产权检索、分析、评估等能力</u>；
>
> d) 采取措施，提升人员<u>履行知识产权合规义务的能力</u>；
>
> e) 保留适当的成文信息，作为人员能力的证据。

> GB/T 29490—2013
>
> 6.1.1 知识产权工作人员
>
> 明确知识产权工作人员的任职条件，并采取适当措施，确保从事知识产权工作的人员满足相应的条件。

> 6.1.2 教育与培训
>
> 组织开展知识产权教育培训，包括下述内容：
>
> a) 确定知识产权工作人员的教育培训要求，制定计划并执行；
>
> b) 组织对全体员工按业务领域和岗位要求进行知识产权培训，并形成记录；
>
> c) 组织对中、高层管理人员进行知识产权培训，并形成记录；
>
> d) 组织对研究开发等与知识产权关系密切的岗位人员进行知识产权培训，并形成记录。

> **2023 版标准重要修订内容小提示**
>
> 修订：(1)"知识产权工作人员"修改为"与企业知识产权合规管理体系运行相关人员"。
>
> (2) 将原来按培训对象开展培训修改为按培训内容开展，包括"获得知识产权检索、分析、评估等能力"与"履行知识产权合规义务的能力"。

【条款解读】

对企业知识产权合规管理体系运行相关人员的任职条件的设置应符合企业知识产权和管理体系运行的需要，并需采取各项措施保证相关人员能力水平达到运行企业知识产权合规管理体系以及不断提高运行水平和能力的需求。措施包括但不限于知识产权相关培训的开展，奖励（精神上或物质上）、招聘有经验的人员、外部第三方专业人员指导等方式。人员的能力是企业知识产权合规管理体系有效运行的有力保障和支撑。

为确保与企业知识产权合规管理体系运行相关人员具备相应的能力，应对其开展教育、培训活动，教育培训使其获得知识产权检索、分析、评估等能力和履行知识产权合规义务的能力。

【应用要点】

企业应当根据自身情况识别与企业知识产权合规管理体系运行相关人员，因地制宜地提出对与企业知识产权合规管理体系运行相关人员的任职要求，既不能盲目地追求高水平的人才，也不能随意安排人员担任。在实际工作中，可以通过培训、招聘或制定相关措施等方式满足任职要求，同时任职要求也应当与企业发展相适应并随之调整。与企业知识产权合规管理体系运行相关人员优先设置专职人员，也可由兼职人员担任，并在各部门设置兼职联络员。

教育与培训是企业日常人力资源管理中的基础，将知识产权教育与培训纳入企业整体的员工培训计划，有助于提高培训效率和节约资源。同时，知识产权培训作为提升企业核心竞争力的重要举措，对不同层次、不同类型的员工开展有针对性的培训，不仅能够提高员工的工作能力，还将极大地提高员工的获得感和成就感。

不同企业的体系运行相关人员不尽相同，一般以知识产权工作人员、研究开发人员为主，部分企业可能还包括技术工人、测试人员等。针对此类人员，培训内容应当更加丰富、全面，从知识产权获取、维护、保护、运用等不同阶段，到基础概念、专业技能、法律政策等不同角度。课程设置方面可以采取由易到难、由简到繁的方式，课程内容可以涵盖交底书撰写、检索分析、布局规划、海外申请等。

企业应当根据实际需求，结合外部资源达到预期的培训目标。外部资源可以来源于政府部门、代理机构、咨询机构、培训机构等，形式可以采用面授、网络培训等。对有条件的企业，可以在内部设立兼职讲师。

第三节 意 识

GB/T 29490—2023

7.3 意识

企业应确保与知识产权合规管理体系运行相关人员知晓：

a) 知识产权方针；

b) 知识产权目标；

c) 他们对知识产权合规管理体系有效性的贡献，包括改进绩效的益处；

d) 不符合知识产权合规管理体系要求的后果。

2023版标准重要修订内容小提示

本条款为新增条款。

【条款解读】

提升知识产权合规管理体系运行相关人员的意识，有助于更好实现管理体系绩效。知识产权合规管理体系运行相关人员充分理解企业的知识产权方针、目标，便于在本职工作中更好指引其开展具体的知识产权工作。

让知识产权合规管理体系运行相关人员了解自己对于运行知识产权合

规管理体系起着如何的作用，了解自身工作对知识产权合规管理体系的贡献，包括改进绩效的益处，可以提升其工作的主动性，能够起到对体系运行不断改进优化的作用。

知识产权合规管理体系运行相关人员充分了解不符合知识产权合规管理体系要求的后果，可以避免在工作中产生类似不符合情况，以免影响知识产权合规管理体系运行。

【应用要点】

意识教育和内部沟通是企业文化建设的一部分，企业需从核心价值观层面构建企业文化并固化和推广，通过提升高层、中层和基层管理人员及其他各类人员的知识产权合规意识进而提升公司的知识产权合规管理绩效。

对知识产权方针的认知不应当理解为需要熟记承诺或在企业控制下工作的人员保存有文件化的方针的副本，而是这些人员应当意识到方针的存在、目的及他们在实现承诺中所起的作用，包括他们的工作如何能影响组织履行其合规义务的能力。

对员工来说，除了能力提升方面的培训，还必须接受意识方面的培训，这涉及组织核心价值观的培训和养成，如方针目标、红线或底线意识的形成。必须使员工认识到满足相关方要求和法规要求的重要性，以及不能满足这些要求所造成的不良后果。

通过培训和内部信息交流，使员工提高知识产权合规意识，意识到自己从事活动与企业发展的关联性和重要性，鼓励员工参与管理和改进，进一步为实现管理目标作出贡献。培训的形式应多样化、有灵活性，研讨会也是一种有价值的培训。

通过培训和内部信息交流，企业内所有部门和每一个人都应知晓各自应承担的相关知识产权合规责任、管理目标、与他们的工作相关的知识产权合规风险，认识到保护知识产权是自己的事情，而不仅仅是知识产权工作人员的责任。每一位员工，必须清楚自己所做的每一项工作可能产生的负面影响，以及降低这些影响的控制措施和目标/指标，并在绩效考核的约束氛围中自觉实施。

企业应对新员工进行入职培训，其内容应包括企业在知识产权方面的战略定位和发展规划、管理方针和管理目标及其职责。

第四节 沟 通

> GB/T 29490—2023
> 7.4 沟通
> 企业应确保与知识产权合规管理体系相关的内部和外部的有效沟通。

> GB/T 29490—2013
> 5.4.3 内部沟通
> 建立沟通渠道，确保知识产权管理体系有效运行。

> **2023版标准重要修订内容小提示**
> 修订：原标准只是规定了内部沟通，新标准增加了外部沟通的要求。

【条款解读】

充分的沟通可以有效消除工作壁垒，起到事半功倍的效果。沟通包括内部和外部的沟通。在内部，知识产权合规管理体系需要全员参与，共同配合，因此加强各个部门、不同岗位的及时有效沟通，是确保知识产权合规管理体系有效运行的基本保障。外部沟通包括与政府、供应商、客户、竞争对手等的沟通，通过上述沟通可以更好地掌握外部需求，在开展知识产权合规管理体系运行过程中可以结合外部沟通的情况，更好规避知识产权合规风险，实现知识产权价值。

【应用要点】

沟通的内容主要与知识产权合规管理体系有效性相关，通常包括知识产权合规义务、相关方需求、知识产权合规管理体系绩效、职责与接口、变更等。沟通的信息应明确、清晰，易于双方取得一致的理解。

沟通的时机通常是在有接口需要协调或过程产生输出时，如专利申请前与研发人员的沟通；出现知识产权不合规事件时与当事人的沟通等。沟通可以是定期或不定期的，也可以是正式或非正式的。

沟通的对象分为内部或外部，可以是企业内部的上下级之间的纵向沟通或平行部门之间的横向沟通，也可以是与外部知识产权服务机构、顾客、供方、政府等有关相关方之间的沟通。确定适宜的沟通对象及权限能够使沟通便捷，并有利于达到预期的沟通结果。

沟通的方式可以是多种多样的，如口头沟通、文件传递、培训、例会、座谈会、专题会、内部勘误、新闻发布会、电话、网络会议等。企业内部和外部的沟通需要的方法可能不同，有时外部沟通可能需要更为正式的方式以及授权。

沟通的渠道应该明确、简捷、畅通，沟通的职责应明确。企业应明确最高管理者、各部门、各级人员的沟通需求和责任，确保内外部沟通及时、有效。同时，对于企业确定需要保密的信息，应有相应的权限和制度，涉及国家机密的信息应遵守国家法律法规要求。

第五节　成文信息

一、通　则

> GB/T 29490—2023
>
> 7.5.1 通则
>
> 企业的知识产权合规管理体系应包括：
>
> a) 本文件要求的成文信息；
>
> b) 企业所确定的、为确保知识产权合规管理体系有效性所需的成文信息。
>
> 注：不同企业的知识产权合规管理体系成文信息的复杂程度可能不同，取决于：
>
> ——企业的规模及其活动、过程、产品和/或服务的类型；

——过程及其相互作用的复杂程度；

——人员的能力。

GB/T 29490—2013

4.2.1 总则

知识产权管理体系文件应包括：

a）知识产权方针和目标；

b）知识产权手册；

c）本标准要求形成文件的程序和记录。

注：本标准出现的"形成文件的程序"，是指建立该程序，形成文件，并实施和保持。一个文件可以包括一个或多个程序的要求；一个形成文件的程序的要求可以被包含在多个文件中。

2023 版标准重要修订内容小提示

修订：原标准具体规定了体系文件的种类，新标准则分为两类"本文件要求的成文信息"与"企业所确定的、为确保知识产权合规管理体系有效性所需的成文信息"。

【条款解读】

标准要求企业形成知识产权合规管理体系所必需的成文信息，通过成文信息确定过程的有效运行，确保其过程已按策划进行、证实产品和/或服务符合知识产权合规管理体系要求。

2023 版标准用"保持成文信息"代替了原标准的"文件""形成文件的程序""知识产权手册"等，用"保留成文信息"代替了"记录"。

2023 版标准中"保持成文信息"的条款有：

4.3.2 知识产权合规管理体系范围

5.2 知识产权方针

6.2.1 知识产权目标策划

7.1.5 信息资源

7.5.2 知识产权手册

8.1.1 知识产权获取

8.1.2 知识产权维护

8.1.3.1 实施和使用

8.1.3.2 许可和转让

8.1.4.1 风险管理

8.1.4.2 争议处理。

2023版标准中"保留成文信息"的条款有：

4.5 知识产权合规义务

7.2 能力

8.1.1 知识产权获取

8.1.2 知识产权维护

8.1.4.1 风险管理 e)

8.2.5 销售和售后 c)

8.2.6 合同管理 a)

8.3.1 合规审查

8.3.3 调查过程

9.4.3 评审输出。

【应用要点】

2023版标准相较于2013版而言，淡化了文件和记录的要求，在管理体系的文件化方面赋予企业更多的弹性和灵活性，着重强调要建立的是一个文件化的管理体系，而不是一个文件体系。只有在用于沟通信息、提供所策划的活动完成的证据或经验分享时才有可能需要形成文件的信息，不能以认证为目的或为接受外部检查而将知识产权合规管理体系过度文件化。

形成文件的信息不是越多越好，而是应该与企业的规模、活动类型、过程、产品和服务、过程及其相互作用的复杂程度、人员的能力相适应。这些形成文件的信息包括书面文件、计算机硬盘或CD光盘中存放的文件，以及录音、录像、样板/示范、照片或图样等。典型的文件有政策性文件（如方针）、跨部门的流程性管理文件、操作规程/标准等操作性文件和报告、档案等证实性文件。

形成文件的信息通常包括企业内部产生的文件和源自外部的文件。内部文件包括从规章制度层面考虑建立的制度、办法、规定和实施细则，从企业标准化层面考虑建立的工作标准、管理标准和技术标准，如图样、规程、作业指导书、样板/示范、服务蓝图、工艺流程等，以及执行前述各类文件过程中所产生的各类记录、档案，同时企业还要考虑来自外部的文件，如适用的国际公约、规范、标准、法律法规和技术规格书等。

二、知识产权手册

> GB/T 29490—2023
>
> 7.5.2 知识产权手册
>
> 应创建知识产权手册并保持其有效性，具体内容包括：
>
> a) 涉及知识产权的机构设置、职责和权限；
>
> b) 知识产权合规管理体系过程之间相互关系的表述。

> GB/T 29490—2013
>
> 4.2.3 知识产权手册
>
> 编制知识产权手册并保持其有效性，具体内容包括：
>
> a) 知识产权机构设置、职责和权限的相关文件；
>
> b) 知识产权管理体系的程序文件或对程序文件的引用；
>
> c) 知识产权管理体系过程之间相互关系的表述。

> **2023版标准重要修订内容小提示**
>
> 修订：新标准删除了对"知识产权管理体系的程序文件或对程序文件的引用"的要求。

【条款解读】

企业应建立知识产权手册并保持其持续有效，手册内容中包含机构、职责权限等内容，相关内容同时需要符合"5.3 岗位、职责和权限"的要求，并且各环节之间的相互关系需要明确。

"知识产权的机构设置、职责和权限"是指知识产权手册中必须针对企业各部门相关的知识产权职责和权限进行阐述和规定。

"知识产权合规管理体系过程之间相互关系的表述"是指知识产权手册要覆盖标准中的知识产权合规管理体系、管理职责、资源管理、基础管理、经营管理、绩效评价各个过程,并明确各过程的内容。尤其是相互关联的过程如何运行,相关人员、信息、资料等如何传递,必须要在手册中明确。

【应用要点】

企业编写知识产权手册应涵盖的内容,要根据行业特点、企业特点、企业知识产权管理所处阶段以及2023版标准的相关内容进行编写,使知识产权管理手册成为增强企业员工知识产权意识、普及知识产权文化的重要工具。

三、创建和更新

> GB/T 29490—2023
>
> 7.5.3 创建和更新
>
> 在创建和更新成文信息时,企业应确保:
>
> a) 评审和批准,以保持适宜性和充分性;
>
> b) 相关要求明确;
>
> c) 标识和说明(如标题、日期、作者、文件编号)清晰,易于识别、取用和阅读。

> GB/T 29490—2013
>
> 4.2.2 文件控制
>
> 知识产权管理体系文件是企业实施知识产权管理的依据,应确保:
>
> a) 发布前经过审核和批准,修订后再发布前重新审核和批准;
>
> b) 文件中的相关要求明确;
>
> c) 按文件类别、秘密级别进行管理;
>
> d) 易于识别、取用和阅读;
>
> e) 因特定目的需要保留的失效文件,应予以标记。

> **2023 版标准重要修订内容小提示**
>
> 新增：标识和说明（如标题、日期、作者、文件编号）清晰。

【条款解读】

该条款要求是针对成文信息创建、更新的过程，其中成文信息创建更新时需要评审和批准，使其能够满足各部门的相关要求，同时成文信息的内容、要求明确，并通过标题、日期、作者、文件编号等标识和说明，方便人员调取相关信息进行识别、取用和阅读。

任何知识产权合规管理体系文件发布前，必须经过评审和批准；这些文件修订后再次发布前，必须再次经过评审和批准。为了确保文件发布前进行审核和批准的一致性，一般要建立企业的文件审核和批准以及发布流程。

"相关要求明确"是指任何知识产权管理体系文件中对有关内容以及作业要求等都应明确，以达到文件的有效指导作用。

"标识和说明（如标题、日期、作者、文件编号）清晰，易于识别、取用和阅读"是指对文件进行标题、日期、作者、文件编号方面的标识和说明，方便判定该文件是体系文件中的哪种文件，同时文件类别和秘密级别、文件的修改状态明确；不同层次的管理人员和作业人员很方便地找到该文件；文件中的文字清晰，运用表格、图像等形式方便阅读。

【应用要点】

企业在创建和更新形成文件的信息时，应决定形成文件信息所适用的标识、格式和媒介，以及如何评审和批准这些信息。

根据企业所运行的过程和体系的不同，在创建和更新形成文件的信息时所采用的方式和手段也不尽相同。企业可使用电子手段，包括允许编辑和批准，也可以使用硬拷贝系统，并以书面形式规定发布，评审和控制文件的职责。

对形成文件的信息的控制包括对其编制、批准、发放、使用、更改、再次批准、标识、回收和作废等全过程进行管理。在形成文件的信息发布前，应由授权的人员对其批准，确保文件充分性，文件的编制人员应对其符合性负责。文件的审核人员除了应对其符合性负责，还必须对其可操作性负责，文件的批准人应对其实施的后果负责。

企业应控制文件修改、发放、回收、标识以防止误用作废文件。对于作废/失效文件的非预期使用或使用不适用的有效文件所导致的不良后果，应该明确其责任的界定方法和原则。文件的发放对象应在每个文件发放前明确，以确保及时获得适用文件的有效版本。受控文件的流向应确保能够追溯。

四、成文信息的控制

> **GB/T 29490—2023**
>
> **7.5.4 成文信息的控制**
>
> 企业应控制知识产权合规管理体系及本文件要求的成文信息，以确保其：
>
> a) 在需要的场所和时间均可获得并适用；
>
> b) 得到充分的保护（例如：防止泄密、不当使用或完整性受损）。
>
> 为了控制成文信息，适用时，企业应实施以下活动：
>
> ——分发、访问、检索和使用；
>
> 注：对成文信息的"访问"可能意味着仅允许查阅，或者意味着允许查阅并授权修改。
>
> ——存储和保护，包括保持易读性；
>
> ——更改的控制（例如：版本控制）；
>
> ——保留和处置。
>
> 企业应识别其确定的知识产权合规管理体系策划和运行所需的来自外部的成文信息，并予以控制。

> **GB/T 29490—2013**
>
> **4.2.2 文件控制**
>
> 知识产权管理体系文件是企业实施知识产权管理的依据，应确保：
>
> a) 发布前经过审核和批准，修订后再发布前重新审核和批准；
>
> b) 文件中的相关要求明确；

c) 按文件类别、秘密级别进行管理；

d) 易于识别、取用和阅读；

e) 因特定目的需要保留的失效文件予以标记。

4.2.4 外来文件与记录文件

编制形成文件的程序，规定记录的标识、贮存、保护、检索、保存和处置所需的控制。对外来文件和知识产权管理体系记录文件应予以控制并确保：

a) 对行政决定、司法判决、律师函件等外来文件进行有效管理，确保其来源与取得时间可识别；

b) 建立、保持和维护记录文件，以证实知识产权管理体系符合本标准要求，并有效运行；

c) 外来文件与记录文件完整，明确保管方式和保管期限。

2023 版标准重要修订内容小提示
新增：（1）在需要的场所和时间均可获得并适用；
（2）得到充分的保护（例如：防止泄密、不当使用或完整性受损）。
（3）分发、访问、检索和使用；
（4）存储和保护，包括保持易读性；
（5）更改的控制（例如：版本控制）；
（6）保留和处置。

【条款解读】

本条款要求是如何对成文信息进行控制，成文信息应当在需要的时候可以获得并适用。

成文信息应当得到有效保护，防止泄密、受损等情况的发生，对成文信息分发、访问、检索和使用进行有效控制，保证成文信息的传递性、延续性、易读性和连贯性。

企业应识别其确定的知识产权合规管理体系策划和运行所需的来自外部的成文信息，并予以控制。

【应用要点】

知识产权合规管理体系涉及的成文信息发布后，企业为了确保这些成文信息可以在适当范围被及时获取，可以采取分发给需要此文件的部门、领域或人员，并进行记录的方式，以便更新或回收时可以追溯，还可以通过电子文件的访问控制对获取成文信息的权限和渠道进行管理。为了易于查找、方便使用，企业通常对成文信息进行编码、索引以利于访问和检索。

企业应在适宜的环境及防护条件下储存成文信息，防止因存储不当造成损坏或缺失。例如，纸质的成文信息要防止发霉变质、鼠啃虫咬、失火等情况发生，电子介质如磁盘、光盘要留有备份；中心机房需采取有效的技术防范措施，通过备份与恢复、病毒检测与消除等方式保障运行安全，采取访问控制、密码保护和 ID 登录等措施防范偶然或恶意破坏、更改。

成文信息更改时企业应按规定的程序进行，包括履行审批手续、变更版本、发放和收回等。

企业应根据产品和服务的特点、法律法规要求等，规定成文信息的保存时限，保存期间应按相关要求维护、存储和必要时检索，超出保存时限的成文信息，企业应规定过期的处置方式，包括回收、销毁等，有保密要求时应确保彻底销毁，严格审批和选择有销毁资质的单位进行销毁，防止信息不当披露。

电子化成文信息的控制措施通常应作为信息系统的一部分加以考虑，以确保保密性、防止数据丢失、不当使用和非预期修改。

如企业确定来自外部的成文信息对知识产权合规管理体系的策划和运行是必需的，则需恰当识别这些成文信息，并与其他成文信息一样得到控制。外部的成文信息可包括适用的法律法规、国家知识产权局等政府部门和上级机关下发的与知识产权合规管理体系有关的文件等。成文信息的控制措施，适用时包括分发、访问、检索和使用、存储和防护、变更控制、保留和处置的要求等。

当企业需要将相关成文信息提供给外部人员时，文件形式需符合其用途以及与外部人员的接口方式，尤其访问权限和非预期修改的控制等。

  对需要保留的成文信息应予以保护，防止损坏和非预期的更改。需要保留的成文信息是符合性证据，反映了知识产权合规管理体系运行的真实情况，未经允许是不得更改的。

第十一章 运　　行

"8. 运行"作为知识产权合规管理体系的一个重要组成部分，主要涉及知识产权的日常管理和运行内容，阐述了管理体系中的运行活动，主要包括企业的知识产权获取、维护、运用、保护、项目立项、研发、设计、创作、采购、生产和服务提供、销售和售后、合同管理，以及履行知识产权合规义务。该章内容旨在指导企业有效运行知识产权合规管理体系，履行知识产权合规义务，防范知识产权风险，实现知识产权价值。

第一节　知识产权基础管理

一、知识产权获取

（一）通　　则

> GB/T 29490—2023
> 8.1.1.1 通则
> 企业应创建并保持成文信息，以规定以下方面所需的控制：
> a) 根据知识产权目标，制定不同类型知识产权的获取计划，明确获取的方式或途径；
> b) 确保所获取的知识产权的数量和类型与企业的经营和发展相适应；
> c) 通过受让等途径获取知识产权，应在受让前开展知识产权尽职调查，评价知识产权的价值和权利的稳定性；

d) 建立必要的审核机制或工作流程，排除以下行为：

　　1) 非正常申请专利行为；

　　2) 不以使用为目的的商标恶意注册；

　　3) 不正当获取他人商业秘密；

　　4) 歪曲、篡改、剽窃他人作品；

　　5) 其他非法获取的情形；

e) 企业应保留有关知识产权获取的成文信息，并实施有效的管理。

GB/T 29490—2013

7.1 获取

应编制形成文件的程序，以规定以下方面所需的控制：

a) 根据知识产权目标，制定知识产权获取的工作计划，明确获取的方式和途径；

b) 在获取知识产权前进行必要的检索和分析；

c) 保持知识产权获取记录；

d) 保障发明创造人员的署名权。

2023 版标准重要修订内容小提示

新增：（1）确保所获取的知识产权的数量和类型与企业的经营和发展相适应；

（2）通过受让等途径获取知识产权，应在受让前开展知识产权尽职调查，评价知识产权的价值和权利的稳定性；

（3）建立必要的审核机制或工作流程，排除以下行为：

　　①非正常申请专利行为；

　　②不以使用为目的的商标恶意注册；

　　③不正当获取他人商业秘密；

　　④歪曲、篡改、剽窃他人作品；

　　⑤其他非法获取的情形。

（4）明确专利、商标、著作权、商业秘密、其他类型知识产权获取要求。

修订：(1) 制定不同类型知识产权的获取计划，明确获取的方式或途径；

(2) 企业应保留有关知识产权获取的成文信息，并实施有效的管理。

【条款解读】

知识产权的获取是指民事主体依法取得知识产权，依据权利的取得是否以权利人的意志为转移，知识产权的取得方式可以分为原始取得和继受取得，前者一般是指基于法律的直接规定，后者一般是指基于所有人和继受人之间的双方合意。

知识产权的原始取得，是指财产权第一次产生或者不依靠原所有人的权利而取得财产权。知识产权的原始取得与物权的原始取得不同，其权利产生的法律事实包括两个方面，即创造者的创造性行为和国家机关的授权性行为。

知识产权的继受取得，基于继受取得的原因大致分为两类。第一，合同转让。他人可以通过与知识产权人签订转让合同的方式取得知识产权。第二，继承。知识产权作为财产权的一种，也可以通过继承的方式取得，继承包括法定继承与遗嘱继承。

企业应编制程序文件规定知识产权获取的流程，以保证知识产权获取过程的合规性，企业应根据知识产权目标，结合企业在经营发展过程中对知识产权的实际需求，制订知识产权的获取计划，明确不同类型知识产权的获取方式或途径。知识产权获取方式或途径可以是自主研发取得或者继受取得等，确保获取的知识产权的数量和类型满足企业实际需要。例如，可以从制定获取计划之初、计划执行过程中、计划完成阶段关注获取的知识产权的数量和类型是否满足需要，进行充分和有效的管控。

通过受让等途径获取的知识产权，应在受让前开展知识产权尽职调查。知识产权尽职调查，是指在技术转移、许可等重大经营活动中，事先针对特定知识产权标的所进行的调查程序，主要涉及技术、法律及商业方面的调查与风险评估等。其目的为确保双方协商或谈判基础的正确，内容涵盖企业经营管理与实际运作的各个层面，只要交易双方认为重要或足以影响商业决策的事项，都可列为尽职调查的内容，从而有效评价知识产权的价值和权利的稳定性。

企业在知识产权获取前应建立必要的审核机制或工作流程，降低知识产权获取过程中出现禁止性行为的风险、避免资源浪费、提高知识产权获取的质量，排除非正常申请专利行为，不以使用为目的的商标恶意注册，不正当获取他人商业秘密，歪曲、篡改、剽窃他人作品，其他非法获取的情形。

企业应保留知识产权获取记录，获取记录可包括专利技术交底书、商标策划方案、检索分析报告、企业与代理机构交流文件、企业与国家知识产权局往来文件、软件著作权开发源代码等。企业应进行有效的管理，以利于追溯，在发生知识产权权属纠纷时，以上获取记录材料可以作为证据使用。

【应用要点】

企业要根据自身经营和发展的需求以及获取知识产权的类型建立文件化的程序，明确专利、商标、商业秘密、著作权等不同类型的知识产权获取的管理要求，在知识产权受让前开展知识产权尽职调查工作，评价知识产权的价值和权利的稳定性，建立必要的审核机制或工作流程，排除非正常申请专利行为，不以使用为目的的商标恶意注册，不正当获取他人商业秘密，歪曲、篡改、剽窃他人作品，及其他非法获取的情形。规范和记录相关知识产权获取的过程，保留有关知识产权获取的成文信息，并实施有效的管理。

制订获取计划，明确获取的方式或途径。企业要结合自身发展的需求和项目开发计划，根据知识产权目标分解结果，判断相关知识产权的获取能否为企业竞争力的提升作出贡献。合理制订知识产权获取的计划，避免知识产权获取的随机性和随意性。随着企业所处竞争环境的变化，及时调整工作计划。知识产权获取工作计划一般包括：知识产权的数量、类型，获取方式或途径是自主开发还是继受取得。获取计划的进度时间表，其中可包括研发开始前知识产权规划、研发过程中技术成果的产出和评审、技术交底书的撰写、专利申请前检索等主要时间节点。寻求保护的国家或地区，开展商标的注册，考虑是仅适用于目前所处行业和在研产品，还是适当拓展到其他相关行业和类似产品等。企业在制订专利获取的工作计划之前，至少要考虑以下几个因素。

（1）是否每项创新都要自主开发。对企业而言，为了形成产品差异化，树立竞争优势，自主创新仍然非常重要。自主创新可以是在开放式创新基础上的再创新，企业要善于吸收他人创新成果，通过委托第三方开发或者与第三方合作开发、共享技术平台、许可或者受让第三方知识产权、企业合并或并购等方式进行再创新，避免重复开发，使新产品更快、更好地投入市场。

（2）何时申请知识产权保护。由于某些产品研发周期较长，对延期申请专利更为有利。例如，对于技术和产业寿命周期较长、市场潜力较大并且第三方在短期内很难完成研究开发的技术方案，可以先在研发过程中采取技术秘密方式保护；在使用一段时间后，待批量生产阶段之前，再选择适当的时机申请专利，有效延长专利的保护期限，增加创新的实施收益。同时做好专利申请前的保密工作，尤其是在技术交流、研讨、评审、鉴定、展览等过程中，不能公开发明创造的内容。

（3）何种途径申请知识产权保护。例如，专利具有地域性的特点，企业要掌握主要竞争对手的研发、制造、销售的主要国家和地区，根据具体市场的知识产权保护水平，有针对性地布局专利。同时，根据专利的重要程度，采取不同的申请策略。对于一般专利，可以由发明人和知识产权工作人员撰写；对于核心专利或者在国外申请专利，可以委托外部代理机构中具有丰富经验的代理师撰写，保证专利撰写质量。

企业如果通过受让等途径获取知识产权，应在受让前开展知识产权尽职调查工作，有效评价知识产权的价值和权利的稳定性。知识产权尽职调查是对目标公司的知识产权进行全面性调查及系统性梳理，主要涉及技术、法律及商业层面的调查、与风险评估，是指在投资、并购、许可、转让等重大经营活动中，事先针先对特定知识产权标的所进行的调查程序，其目的系确保双方协商或谈判基础的正确，内容则涵盖企业经营管理与实际运作的各个层面，只要交易双方认为重要或足以影响商业决策的事项，都可列为尽职调查的内容。知识产权尽职调查一般包括知识产权资产的确认、知识产权稳定性分析、自由竞争分析和专利技术评估，目的是评估专利价值、规避风险、减少损失。通过系统化的梳理发现知识产权潜在风险点，评估这些风险点对于企业经营活动的影响，帮助交易双方有效地化解知识产权风险，实现利益最大化。

（二）专　利

> GB/T 29490—2023
>
> 8.1.1.2 专利
>
> 应满足以下要求：
>
> a）确保专利质量得到管控，适当时设定内部评价准则；
>
> b）在申请专利前进行必要的检索和分析，以评价获得专利权的前景以及可实现的价值；
>
> c）保障发明创造人员的署名权。

【条款解读】

企业应确保专利质量得到管控，有效提升专利质量，适当时可从技术交底书记载技术内容是否充分翔实，申请前检索是否全面精准，专利文本撰写是否全面概括等维度设定内部专利评价准则。

在专利申请前，企业应对其进行必要的检索和分析，例如，可专利性检索分析，主要目的是确定授权的可能性和可实现的价值，包括评价该专利的新颖性、创造性、实用性、商业前景等。同时还需要满足形式要件，要符合法律规定的主题，并且在提交申请之前确保说明书能够充分支持权利要求书，主权利能够包含必要技术特征等。

专利申请过程中，知识产权专员需要做好专利申请案件的全过程记录，包括对技术交底书的理解、技术对应性、与发明人沟通的技术要点、技术方案与检索的对比文件的区别说明、权利要求设计逻辑、预设的修改方案和答辩思路、审核修订要点等，为答复审查意见以及后续可能出现的无效应对、侵权诉讼准备好素材基础。例如，发明人需要对技术交底书予以充分阐述，明确发明如何解决现有技术存在的缺陷和技术问题，具体的技术方案，所达到的技术效果等。知识产权专员对专利申请文件的内容需要重点控制，有效控制权利要求书、说明书的撰写质量。知识产权专员作为发明人与专利代理师沟通的纽带，需要充分发挥自身的专业力量和沟通优势，从中传递发明人的技术意见以及专利代理师的专业意见和撰写思路等。

专利法明确规定，发明人或者设计人有在专利文件中写明自己是发明人或者设计人的权利，企业应保障发明创造人员的署名权。专利发明人署名制度旨在保护发明人的权益，确保他们获得应有的权利和荣誉，同时也为专利信息的透明性提供了重要保障，能够鼓励科技创新和发明的产生。通过给予发明人署名的权利，可以提高发明人的积极性和创造动力，激发他们更多地投入创新工作中。署名制度还能够确保发明人在专利权益分配中得到公正对待，同时能够提升其在学术和职业领域的声誉和发展机会等。

【应用要点】

企业应对专利质量进行控制，可从技术交底书记载技术内容是否充分翔实，申请前检索是否全面精准，专利文本撰写是否全面概括等维度进行评价。

专利技术交底书是知识产权专员和代理师理解发明构思、掌握发明实质的基础，因此发明人应当提炼发明点，提供充分的实施例，帮助技术人员建立专利思维。

在撰写专利申请文件之前，需要进行可专利性检索，这是专利撰写必不可少的步骤。由于发明人对现有技术、本申请解决的技术问题等的理解不一定符合专利授权要求，可专利性检索可以确定最接近的现有技术，比对技术方案中的共有技术特征和区别技术特征，进行初步的新颖性和创造性评判，并在此基础上确定独立权利要求的撰写方式。同时，通过检索和对比文件研读，可以进一步挖掘技术问题、技术特征和技术效果之间的关系和原理，对发明点进行重新梳理和确定，甚至可能重构本申请所要解决的技术问题。

专利申请文件的内容是要重点开展质量控制的对象，权利要求书、说明书是企业知识产权专员审核关注的重中之重。对于独立权利要求，知识产权专员需要审核其能否解决现有技术中存在的技术问题，是否缺少必要技术特征，在此基础上进一步考虑是否有能够上位概括、删除或者等同替换的技术特征，以独立权利要求有授权前景或授权方案、同时保留尽可能大的保护范围为评价基准。对于从属权利要求，知识产权专员需要注意保护层次和逻辑结构是否恰当、引证关系是否正确、是否保护实际方案、从成本角度是否存在可以删除的权利要求，以及考虑在实质审查阶段权利要求修改的可能预案。最后，需要从整体上把握，权利要求的表述是否清楚、简要，得到说明书支持。对于说明书，发明或实用新型名称可以适当模糊化处理，但需要与保护范围相适当。技术领域可以根据技术方案和检索结果等具体情况选择上位的技术领域、所属的技术领域或者明确限定细分的技术领域。背景技术需要考量现有技术的撰写内容和公开程度，比如引证专利的数量、是否列明专利公开号，以及提取内容的方式和程度，衡量反向教导与简单技术启示。发明内容中本申请解决的技术问题注意与背景技术的对应性。技术方案一般会选择与权利要求书实质一致的表述，以满足权利要求以说明书为依据的基本要求。有益效果可以选择在技术方案后总结陈述，还可以在技术方案中的对应技术特征处或者具体实施方式部分同时加以说明。具体实施方式需要注意实施例的选取，包括对权利要求的支持、技术方案的合理性。总体而言，说明书需要公开充分，对发明或实用新型作出清楚、完整的说明，以所属技术领域技术人员能够实现为准，同时防止不必要的公开。

知识产权获取前的检索和分析，根据知识产权获取方式和途径不同，检索和分析的要求也有所不同。检索流程控制点的设置，检索和分析的质量和水平，是企业知识产权管理水平的重要体现。例如，在专利申请前，对专利文献以及非专利文献中现有技术的检索和分析，有利于发明人撰写出高质量的专利技术交底书；根据上述检索分析结果，专利代理人适当修改权利要求和说明书的内容，有利于获得合理、稳定的专利保护范围。

企业要采取适当措施，保障发明人的署名权以及获得奖励和报酬等合法权益，保护员工发明创造的积极性。例如，某些企业建立的职务发明前审批制度就是一种有效的方式，即由相关责任部门对职务发明的发明日期、技术内容、发明人等信息进行审批确认，避免发明人在相关发明是否为职务发明、发明人署名权等方面产生纠纷。

（三）商　　标

> GB/T 29490—2023
>
> 8.1.1.3 商标
>
> 应满足以下要求：
> a) 针对商标重要程度、使用范围和保护需求开展分析，进行商标策划；
> b) 对拟注册的商标进行查询和分析；
> c) 监测已注册和提交注册申请的商标，其指定的使用范围是否已覆盖企业现有及未来的业务范围。

【条款解读】

企业应结合经营发展需求、品牌影响力、品牌保护策略等，对商标重要程度、使用范围和保护需求开展分析，进行商标策划。商标策划是企业品牌建设过程中的重要一环，通过合理的商标策划可以帮助企业打造独特而有吸引力的品牌形象。商标策划方案需要综合考虑行业竞争状况、目标客户需求和企业定位，以确保商标的独特性和市场适应性。

商标的注册和保护是确保商标有效性和知名度的重要步骤，也是企业维护品牌权益和市场地位的重要手段。商标注册前企业应对拟注册的商标进行检索分析，从而判断在特定商品或服务上是否存在相同或相近的在先申请或已注册的商标，减少商标注册被驳回的概率，避免不必要的时间和金钱上的浪费。相同商标是指构成商标的要素完全相同，商标在整体上不存在差别或者只存在细微差别，相同商标包括相同的文字商标、相同的图形商标和相同的组合商标。近似商标，是指两个商标在"音""形""义（意）"上有所相同或近似，或者其商标各要素组合后的整体结构相似，足以使消费者产生误认、混淆。企业需要对已注册和提交注册申请的商标开展监测工作，确保其指定的使用范围已覆盖企业现有及未来的业务范围。

【应用要点】

企业应当针对商标重要程度、使用范围和保护需求开展分析，进行商标策划，商标设计要具有标识性、宣传性、适应性、艺术性。企业在具体设计中要讲究以下策略：创意独特、激发联想，尽量做到构思新巧，名称动听，独具一格，具有寓意，引发人联想；简洁明快、引人注目，易看、易记、易理解，音韵美，构图新颖，色调高雅；紧扣产品，严守法规，商标要符合产品的性质特征，同时要严格遵守商标法。

企业商标注册要注意运用以下策略：抢先申请，为了预防相关企业抢注商标，企业采取抢先申请策略，以免被他人侵权。按时续展，我国商标有效期一般为10年，企业必须准确地掌握时机，按时续展，以免被他人抢注。防御注册，据国际商标协议和我国商标法，要对商标的相近音域或图形的商标进行防御性注册。

在商标注册前，企业应对拟注册的商标进行检索分析，从而判断在特定商品或服务上是否存在相同或相近的在先申请或已注册的商标，减少商标注册被驳回的概率。

企业开展商标监测工作，是对商标注册及商标注册后保护的一道监控程序，是为了避免他人申请注册的商标同自己已有的商标相同或类似，起到保护、监控和后续维护商标权的作用。

商标监测是企业维护商标权利的主要方式。企业通过商标监测，可以查询到他人与自己近似商标的注册情况。这样既可以防止他人恶意抢注商标，也可以及时阻止他人"傍名牌"来影响企业的品牌形象。商标监测还可以及时了解到企业指定的使用范围是否已覆盖企业现有及未来的业务范围。

监测注册商标的申请、使用情况，能够有效帮助企业及时掌握自身商标的动态，如商标应当续展、遭遇驳回、被异议、被争议、被撤销、被异议复审等，从而及时采取正当的应对措施以维护其商标权利。

监测他人的侵权行为，主要针对新公告的申请注册商标有无与企业商标相同或近似的监测，避免恶意抢注现象发生。帮助企业尽早发现他人申请的相同或近似商标，随时采取应对措施，将危害降到最低。

商标监测了解竞争对手的经营战略，了解竞争对手的商标使用情况，洞悉行业的发展动向，以便及时调整自己的经营策略。

（四）商业秘密

> GB/T 29490—2023
> 8.1.1.4 商业秘密
> 应满足以下要求：
> a) 通过遴选、密级划分等方式确定商业秘密的范围、保密事项等；
> b) 应明确商业秘密的接触范围、流转要求和存证方式。

【条款解读】

商业秘密是指不为公众所知悉、具有商业价值并经权利人采取相应保密措施的技术信息、经营信息等商业信息。商业秘密是企业的创新成果和重要经营信息，是最重要的无形资产之一，也是企业核心竞争力，关系到企业的生存和发展，商业秘密管理是企业管理的重要组成部分。商业秘密的法律认定是商业秘密保护的逻辑起点。商业秘密的认定标准包括秘密性、价值性和保密性三要件。企业应定期对技术信息及经营信息等进行分析，梳理员工掌握的隐性知识，使其转化成具有价值性、实用性的显性知识，遴选出商业秘密，确定密级，确定商业秘密的范围、保密事项等。

企业应根据确定的商业秘密信息，确定商业秘密的主责部门与接触范围，并根据确定的商业秘密信息确定商业秘密的流转方式，如借阅、使用、上报、下发、提供给第三方等。存证方式的确定应考虑涉密载体管理条件、商业秘密的密级与载体情况等。

【应用要点】

（1）企业应确定商业秘密信息的保密范围。企业所拥有的，能为企业带来经济利益，具有实用性且不为竞争对手所掌握的技术信息和经营信息都可以列入企业的保密范围。企业应根据自己的实际情况予以划定，在生产和经营中，某一信息泄露后会造成下列后果之一的，应列入商业秘密范围：影响企业生产和发展的事项；影响企业营销活动的事项；影响企业技术进步的事项；使企业在商业竞争中处于被动或不利地位的事项；使企业经济利益受到损害的事项；影响企业对外交流和商业谈判顺利进行的事项；影响企业的稳定和安全的事项；影响企业对外承担保密义务的事项。

（2）企业须确定商业秘密的密级和保密期限。商业秘密的密级和保密期限应按照定性和定量相结合的原则来确定，具体范围、标准由企业自行决定，依据的因素包括技术秘密的生命周期长短、技术成熟程度、潜在的价值大小、市场需求度等。企业可参考保密法中国家秘密的分级方式，对商业秘密实行分级管理。如可分为绝密、机密和秘密三级，其中绝密级商业秘密是最重要的商业秘密，泄露会使企业的利益遭受特别严重的损害；机密级商业秘密是重要的商业秘密，泄露会使企业利益遭受严重的损害；秘密级是一般的商业秘密，泄露会使企业的利益遭受损害。商业秘密的期限则应根据信息所属的密级，以及信息具体的性质和特点予以确定。

（3）在商业秘密的载体上标明密级和保密期限。商业秘密信息一经确定密级和保密期限后，企业即应在商业秘密的载体上做出明显并易于识别的标志。这样做的目的，一是起到识别作用，以此告知保密义务人应对此信息承担保密义务；二则是警告不法分子，一旦其有泄露、使用该信息的行为，将被追究相应的法律责任。企业还应根据已划分好的商业秘密的范围、密级和保密期限，并考察企业内部的人事管理、制度安排等确定商业秘密的知悉范围和权限，以便在发生泄密、侵权事件时，能够很快地追究泄密者或者侵权者的法律责任。同时，也可以作为企业已对商业秘密采取了合理的保护措施提供有力的证明。

企业应根据商业秘密的内容和密级，确定商业秘密的主责部门、接触范围及流转要求。对于涉及商业秘密的文件，通过书面审核流程或带有时间戳的电子审核流程，使其受控，必要时，可以将涉密载体委托司法机关认可的第三方机构进行存证。针对不同的商业秘密及其流转要求，明确采取的必要技术措施，包括但不限于软硬件加密、物理空间隔离等，并保留实施技术措施的证据。对于同业经营的股东行使知情权获取公司商业秘密的，应当调查其获取目的、评估是否可能造成公司合法利益损失，确定各级别商业秘密维护、变更、解密的机制和流程。

（五）著作权

> GB/T 29490—2023
>
> 8.1.1.5 著作权
>
> <u>应满足以下要求：</u>
>
> a）适时办理作品登记；
>
> b）明确职务作品、委托作品、合作作品等著作权及与著作权有关的权利的权属；
>
> c）保留作品创作过程的记录；
>
> d）保障作品作者的署名权。

【条款解读】

著作权登记能够帮助著作权人确定作品著作权的归属，避免在今后因为著作权归属的问题产生纠纷；在发生著作权人被侵权需要证明自己的权利时，登记的事项可作为拥有著作权的初步证明；有利于作品、软件的许可、转让，有利于软件作品的传播和经济价值的实现等，企业应适时办理作品登记。

企业应明确职务作品、委托作品、合作作品等著作权及与著作权有关的权利的权属。依据《中华人民共和国著作权法》的规定，自然人为完成法人或者非法人组织工作任务所创作的作品是职务作品，著作权由作者享有，但法人或者非法人组织有权在其业务范围内优先使用。主要是利用法人或者非法人组织的物质技术条件创作，并由法人或者非法人组织承担责任的工程设计图、产品设计图、地图、示意图、计算机软件等职务作品，报社、期刊社、通讯社、广播电台、电视台的工作人员创作的职务作品，法律、行政法规规定或者合同约定著作权由法人或者非法人组织享有的职务作品，作者享有署名权，著作权的其他权利由法人或者非法人组织享有。受委托创作的作品，著作权的归属由委托人和受托人通过合同约定，合同未作明确约定或者没有订立合同的，著作权属于受托人。

作品创作过程中产品的样品、原稿、书稿草稿、草图、照片底片应由企业进行存储保管，以利于追溯，发生知识产权权属纠纷时，以上获取记录材料可以作为证据使用。

依据《中华人民共和国著作权法》的规定，署名权即表明作者身份，在作品上署名的权利，企业应当保障作品作者的署名权。

【应用要点】

著作权，分为著作人格权与著作财产权。其中著作人格权的内涵包括公开发表权、姓名表示权及禁止他人以扭曲、变更方式，利用著作损害著作人名誉的权利。著作财产权是无形的财产权，是基于人类知识所产生的权利。受著作权法保护的作品主要包括文字作品，口述作品，音乐、戏剧、曲艺、舞蹈、杂技艺术作品，美术、建筑作品，摄影作品，视听作品，工程设计图、产品设计图、地图、示意图等图形作品和模型作品，计算机软件，符合作品特征的其他智力成果。开展著作权登记能够帮助著作权人确定作品著作权的归属，避免在今后因为著作权归属的问题产生纠纷。

(六) 其他类型知识产权

> GB/T 29490—2023
> 8.1.1.6 其他类型知识产权
> 其他类型知识产权获取应按照相关法律法规及其他要求执行。

【条款解读】

对于地理标志、植物新品种、集成电路布图设计等其他类型知识产权获取，企业需按照相关法律法规及其他要求执行。

【应用要点】

地理标志，作为一种独特的知识产权，不仅代表了某一地区的自然和文化特色，也是消费者选择产品的重要依据。随着全球化的深入发展，地理标志面临越来越多的挑战，如何有效地保护地理标志，成为一个亟待解决的问题。

地理标志的价值在于其独特性和稀缺性。它不仅体现了某一地区的自然资源和生产工艺，还承载了该地区的历史、文化和传统。

随着市场竞争的加剧和消费者对品质的追求，一些不法商家开始冒用或仿冒地理标志，以次充好、以假乱真，严重损害消费者的利益和地理标志的声誉。这种行为不仅侵犯了原产地企业的合法权益，也破坏了市场秩序，影响了消费者对地理标志产品的信任度。

因此，加强地理标志保护显得尤为重要。首先，政府应建立健全地理标志法律法规体系，明确地理标志的定义、注册程序、使用规则等，为地理标志的保护提供法律依据。同时，加大执法力度，打击侵权假冒行为，维护市场秩序和消费者权益。

其次，加强地理标志的宣传推广。通过各种渠道向消费者普及地理标志知识，提高消费者对地理标志产品的认知度和鉴别能力。同时，鼓励企业加强品牌建设，提升产品品质和服务水平，增强消费者对地理标志产品的信任度和忠诚度。

最后，加强国际合作也是地理标志保护的重要措施。各国应共同制定国际标准和规则，加强信息交流和技术合作，共同打击跨国侵权假冒行为，维护全球地理标志的统一性和权威性。

总之，地理标志保护具有维护地域特色与消费者权益的双重使命。我们需要从多个方面入手，加强法律法规建设、宣传推广、国际合作等方面的工作，切实保护好地理标志这一宝贵的知识产权资源。只有这样，才能让更多的人了解和认识到地理标志的价值，让地理标志成为推动经济发展、促进文化交流的重要力量。

随着生物技术的不断发展，植物新品种的培育已成为农业科技创新的重要方向，保护植物新品种需要构建多元化的保护体系。通过完善法律法规、建立健全登记制度、鼓励企业自主研发和技术创新以及加强国际合作与交流等措施，切实保护好植物新品种这一宝贵的知识产权资源。只有这样，才能激发企业的创新活力，推动农业科技进步和可持续发展。

集成电路布图设计保护的是布图设计的全部或者其中任何具有独创性的部分。对布图设计的保护，不延及思想、处理过程、操作方法或者数学概念等。集成电路布图保护是一种法律手段，用于防止未经授权的复制或使用他人的集成电路布图设计。企业可进行集成电路布图保护，确认可保护性，确保集成电路布图符合可保护性要求，即它必须是原创的，不属于公有领域，并且具有一定的独创性。申请布图设计登记，向相关国家或地区的知识产权局提交集成电路布图设计登记申请，准备必要的文件，包括布图设计的详细描述、布局图、申请人信息等。

二、知识产权维护

> GB/T 29490—2023
>
> 8.1.2 知识产权维护
>
> 企业应创建并保持成文信息，以规定以下方面所需的控制：
>
> a) 建立知识产权分类管理档案，进行日常维护；
>
> b) 知识产权权属变更与放弃；
>
> c) 宜进行知识产权相关会计信息披露；
>
> d) 宜建立知识产权会计核算档案，有条件的企业定期对知识产权的成本和知识产权的产出效益进行核算；
>
> e) 宜对涉及知识产权的产品和/或服务的资料加以保管，包括宣传、广告、促销、包装、说明书等；
>
> f) 宜进行知识产权分级管理；
>
> g) 应保留有关知识产权维护的成文信息，并实施有效的管理。

> GB/T 29490—2013
>
> 7.2 维护
>
> 应编制形成文件的程序,以规定以下方面所需的控制:
>
> a) 建立知识产权分类管理档案,进行日常维护;
>
> b) 知识产权评估;
>
> c) 知识产权权属变更;
>
> d) 知识产权权属放弃;
>
> e) 有条件的企业可对知识产权进行分级管理。

> **2023 版标准重要修订内容小提示**
>
> 新增:(1)宜进行知识产权相关会计信息披露;
>
> (2)宜建立知识产权会计核算档案,有条件的企业定期对知识产权的成本和知识产权的产出效益进行核算;
>
> (3)宜对涉及知识产权的产品和/或服务的资料加以保管,包括宣传、广告、促销、包装、说明书等;
>
> (4)应保留有关知识产权维护的成文信息,并实施有效的管理。
>
> 修订:宜进行知识产权分级管理。

【条款解读】

知识产权维护过程管理是企业知识产权工作的基础,是提升企业知识产权核心竞争力的关键。随着企业专利、商标、著作权、商业秘密等知识产权数量的增多,知识产权维护过程管理逐渐受到重视。

知识产权日常维护工作包括:建立知识产权分类管理档案,对知识产权进行分类管理,知识产权分类管理档案主要包括专利档案、商标档案、著作权档案、商业秘密档案等,是企业档案的重要组成部分。企业由专人进行管理,应准确地记录不同类型知识产权维护状态。例如,专利档案主要包括专利申请、审批、授权、维护、转让和许可过程中形成的各种文件;商标档案主要包括商标注册、使用、管理活动过程中形成的各种文件;著作权档案包括作品创作及著作权维护与转让过程中形成的各种文件;商业秘密档案主要包括商业秘密遴选过程中的技术图纸、产品配方、制作工艺、管理诀窍、客户信息、销售策略等。

在知识产权权属变更、放弃过程，企业应对其进行有效控制，应对知识产权开展评估工作，评估知识产权的价值、潜在的风险以及法律合规性等。

企业可根据《知识产权相关会计信息披露规定》，按照类别对确认为无形资产的知识产权（以下简称无形资产）相关会计信息进行披露。

对于使用寿命有限的无形资产，企业应当披露其使用寿命的估计情况及摊销方法；对于使用寿命不确定的无形资产，企业应当披露其账面价值及使用寿命不确定的判断依据。

企业可以根据实际情况，自愿披露下列知识产权（含未作为无形资产确认的知识产权）相关信息：（1）知识产权的应用情况，包括知识产权的产品应用、作价出资、转让许可等情况；（2）重大交易事项中涉及的知识产权对该交易事项的影响及风险分析，重大交易事项包括但不限于企业的经营活动、投融资活动、质押融资、关联方及关联交易、承诺事项、或有事项、债务重组、资产置换、专利交叉许可等；（3）处于申请状态的知识产权的开始资本化时间、申请状态等信息；（4）知识产权权利失效的（包括失效后不继续确认的知识产权和继续确认的知识产权），披露其失效事由、账面原值及累计摊销、失效部分的会计处理，以及知识产权失效对企业的影响及风险分析；（5）企业认为有必要披露的其他知识产权相关信息。

知识产权是企业价值的重要组成部分，对企业而言，可以建立会计核算档案，有条件的企业定期对知识产权的成本和知识产权的产出效益进行核算。首先，知识产权的价值在企业资产中占据重要地位，合理核算和管理知识产权将有助于准确计量企业的财务状况和绩效。其次，知识产权的核算还可以提供有关企业竞争力和市场地位的重要信息，为企业决策提供科学依据。因此，知识产权的核算与管理对于企业的可持续发展至关重要。知识产权会计核算的方法包括以下三种：（1）视为无形资产计量法，知识产权通常被视为无形资产进行核算。根据会计准则，无形资产应当以成本进行初始计量，并按照其预期发生收益的能力进行摊销。因此，企业可以按照实际支出的成本对知识产权进行会计核算，并将其分摊到相应的期间。（2）市场价值计量法，企业可以根据市场价值进行知识产权的计量。市场价值是指在特定市场条件下，对知识产权进行交易所能获取的价格。通过了解市场对类似知识产权的评估和交易情况，企业可以大致确定自己的知识产权价值，并进行相应的会计处理。（3）利润计算法，是一种推测性方法，基于知识产权对企业未来利润的影响进行计量。通过估计知识产权对企业未来销售额和利润的增长，企业可以计算出其对应的价值，并进行会计核算。

企业可对知识产权的宣传、广告、促销、包装、说明书相关资料进行保管，以证实知识产权有效实施或使用。

知识产权保护分级管理是基于不同类型和重要性的知识产权，将其分为不同等级，并采取相应的保护措施，分级之后就是对不同类型、不同级别的专利进行差异化管理，这种差异化管理应当贯穿知识产权的全生命周期，即从提案/申请阶段、审查阶段至授权后的维护，也包括知识产权无效、诉讼、许可、转让等运营活动的特殊节点。

【应用要点】

企业对知识产权进行分类管理是确保知识产权得到有效保护和合理运用的关键。企业可以采用如下知识产权分类管理策略：识别和评估知识产权，对企业内部所有的知识产权进行全面审查，包括专利、商标、版权、商业秘密等。评估每项知识产权的价值、重要性以及对企业业务的贡献程度；建立分类体系，根据知识产权的类型、用途、生命周期和商业价值等因素，建立详细的分类体系。例如，可以按照核心技术、辅助技术、品牌资产、创意作品等类别进行分类；制定管理政策，为不同类别的知识产权制定相应的管理政策，包括保护措施、使用规范、授权许可、更新维护等。明确责任分工，指定专门的知识产权管理部门或人员负责日常管理工作；建立监控系统，设立知识产权监控系统，定期监测市场动态，及时发现潜在的侵权行为。利用专利数据库、商标数据库等工具，跟踪知识产权的使用情况和竞争对手的动态；持续改进，定期对知识产权管理体系进行审查和改进，确保其适应企业发展和市场变化的需要。根据企业战略调整知识产权的分类和管理策略；记录和报告，建立完善的知识产权记录系统，记录每项知识产权的详细信息、状态、使用情况等。定期向管理层报告知识产权的管理状况，包括新增、到期、侵权等情况；企业应根据自身的具体情况和需求，灵活运用上述策略，建立适合自己的知识产权分类管理体系。这有助于企业更有效地保护和利用知识产权，支持企业的长期发展和竞争优势。

在知识产权权属变更、放弃过程，企业应对其进行有效控制。知识产权权属变更和放弃是企业知识产权管理的重要环节，需要严格地控制和记录。企业可采取以下措施加以控制：建立知识产权权属变更、放弃流程，企业应该建立知识产权权属变更、放弃的流程，并确保这些流程在专利、商标管理制度、程序中有所体现。如果在手册或知识产权管理总则中提到了变更、放弃流程，那么在表单记录中也应该有详细的变更、放弃流程描述；审批记录和手续记录，对于知识产权权属变更，企业应当保留官方审批记录和企业变更手续记录，以便于追踪和审查；审批记录和评估记录，对于知识产权权属放弃，企业应当保留官方审批记录和放弃评估记录。评估记录表明在放弃权利前启动了评估程序，涉及评估程序的运用；内部审核和改进，企业应该定期进行内部审核，以确保知识产权权属变更和放弃的流程得到适当的执行，并且符合相关的法律法规要求。对于发现的问题，应提出改进措施；通过这些控制措施，企业可以确保知识产权权属变更和放弃过程的透明性、合规性和可追溯性，从而有效保护企业的无形资产。

知识产权在企业财务报表中的地位日益凸显。为了提供透明、准确的财务信息，企业应当遵循相关会计准则，对知识产权进行充分的披露。企业知识产权相关会计信息披露时应关注以下几点：无形资产的确认与计量，企业应按照适用的会计准则，对无形资产进行确认和计量。披露无形资产的初始确认金额、后续计量方法（成本模式或重估模式）、使用寿命估计、摊销方法和摊销期限；知识产权的获取成本，披露知识产权的获取成本，包括购买价格、直接归属的交易费用以及为获取或维护知识产权所发生的其他相关成本；知识产权的摊销与减值，披露无形资产的摊销政策，包括摊销方法（直线法、加速摊销法等）和摊销期限。对于可能存在减值迹象的知识产权，披露减值测试的方法、减值损失的金额及其对财务报表的影响；知识产权的使用权与许可收入，对于通过许可协议获得的知识产权使用权，披露相关的会计处理，包括许可收入的确认时点和金额。对于许可他人使用自己的知识产权，披露许可条款、收入确认方法和预期的收入流；知识产权的研发支出，对于研发支出，区分研究阶段和开发阶段的支出，并按照适用的会计准则进行资本化或费用化。披露资本化的研发支出的金额、相关的无形资产的预期使用寿命和摊销政策；知识产权的法律诉讼与争议，披露与知识产权相关的任何重大法律诉讼或争议的情况，包括诉讼的性质、涉及的知识产权、可能的财务影响以及当前的诉讼状态；知识产权的续展与维护费用，披露知识产权续展和维护费用的金额，以及这些费用对企业财务状况和经营成果的影响；知识产权的市场与技术变化，分析知识产权所在市场的变化趋势和技术发展，评估其对企业未来现金流的潜在影响；知识产权的披露频率与时效性，确保知识产权相关信息的披露及时、准确，至少在年度报告中提供完整的披露。对于重大变化或新获取的知识产权，应及时进行披露；通过上述披露要点，企业可以向利益相关者提供关于其知识产权的全面、透明的信息，帮助他们理解知识产权对企业价值和财务状况的影响。

建立知识产权会计核算档案是企业管理知识产权资产的重要环节。企业应考虑以下一些关键步骤和因素：根据《会计档案管理办法》，会计档案应包括会计凭证、会计账簿、财务会计报告以及其他具有保存价值的会计资料，对于知识产权会计核算档案，可包括知识产权的获取、使用、转让和处置等相关文档；档案的分类和登记，知识产权会计核算档案表格可以帮助企业对知识产权进行全面系统地分类、登记和记录，准确反映企业拥有的知识产权的种类、数量、性质、使用状况等；法律保护和风险管理，通过建立完善的会计核算档案表格，企业可以保护和维护知识产权的合法权益，减少知识产权被侵权的风险；内部管理和外部沟通，会计核算档案表格对于企业的内部管理和外部沟通具有重要意义，可以用于动态管理和监控知识产权，及时调整和优化知识产权的布局和使用策略；合规性，企业在建立知识产权会计核算档案时，还需要确保遵守相关的法律法规，如《中华人民共和国会计法》中对会计凭证、会计账簿、财务会计报告和其他会计资料建立档案的要求；通过建立和管理知识产权会计核算档案，企业不仅能够更好地管理和利用自身的知识产权，还能实现知识产权的价值最大化，增强企业的竞争力。

在企业的知识产权管理中，对涉及知识产权的宣传、广告、促销、说明书等材料的妥善保管是非常重要的。这些材料不仅可以作为知识产权使用和管理的证据，还能在知识产权纠纷中发挥关键作用。企业应该确保所有与知识产权相关的宣传、广告、促销、说明书等材料都有清晰的记录和存档，以便在需要时能够迅速提供相关证据。同时，企业还应该定期检查和更新这些材料，确保它们的准确性和时效性。

知识产权分级管理是指企业根据知识产权的重要性、价值、成熟度和风险等因素，对知识产权进行分级，并采取不同的管理措施以优化资源配置、提高管理效率和保护知识产权的管理方法。这种管理方法有助于企业更好地掌握和利用其知识产权资产，促进创新，增强竞争力。企业可以采取以下方式开始知识产权分级工作：基于知识产权的价值分析，建立分级管理机制。其包括从法律、技术、市场等多个维度对知识产权进行价值评估，形成知识产权分级清单；根据分级清单，确定不同级别知识产权的处置方式与状态控制措施。例如，对于高价值的知识产权，可能需要更严格的保护和管理措施。

三、知识产权运用

（一）实施和使用

> GB/T 29490—2023
>
> 8.1.3.1 实施和使用
>
> 企业应创建并保持成文信息，以规定以下方面所需的控制：
>
> a) 促进知识产权的实施和使用，<u>开展实施场景、成熟度、所需配套条件等方面的调查</u>，对于已实施和使用的知识产权，企业可评估知识产权对企业的贡献；
>
> b) <u>被许可实施和使用知识产权时，应清楚许可实施的类型，在相应的范围内进行实施</u>；
>
> c) 明确知识产权实施和使用的管理要求，建立知识产权实施和使用（包括但不限于专利、商标、地理标志、著作权及与著作权有关的权利）的管理过程，监控知识产权的合规实施和使用；
>
> d) <u>宜对知识产权（专利）密集型产品进行备案管理</u>。

> GB/T 29490—2013
>
> 7.3.1 实施、许可和转让
>
> 应编制形成文件的程序，以规定以下方面所需的控制：
>
> a) 促进和监控知识产权的实施，有条件的企业可评估知识产权对企业的贡献；
>
> b) 知识产权实施、许可或转让前，应分别制定调查方案，并进行评估。

> **2023 版标准重要修订内容小提示**
>
> 新增：（1）被许可实施和使用知识产权时，应清楚许可实施的类型，在相应的范围内进行实施；
>
> （2）宜对知识产权（专利）密集型产品进行备案管理。

> 修订：（1）促进知识产权的实施和使用，开展实施场景、成熟度、所需配套条件等方面的调查，对于已实施和使用的知识产权，企业可评估知识产权对企业的贡献；
>
> （2）明确知识产权实施和使用的管理要求，建立知识产权实施和使用（包括但不限于专利、商标、地理标志、著作权及与著作权有关的权利）的管理过程，监控知识产权的合规实施和使用；

【条款解读】

知识产权的实施和使用是其无形资产的价值实现过程，实施和使用方式主要包括权利人直接实施和使用知识产权，以及知识产权许可、转让、信托、拍卖、质押、商业特许经营等。在实施和使用知识产权前，应从市场、实施所需的相关设备、设施、场地、人员、资金等实施条件方面进行可行性分析，对已实施和使用的知识产权可从市场占有率、经济收入、商誉等角度进行贡献价值评估。

许可时，要明确许可的类型（普通许可、独占许可、排他许可）并按照法律规定和相关合同等文件的要求在其范围内合理使用，不得超范围使用。

制定知识产权实施和使用知识产权的相关文件，设置相关部门并配置相关人员，进行知识产权实施和使用的管理，形成知识产权实施和使用记录，使该过程可追溯，从而监控并证实知识产权实施过程的合规使用。

开展专利密集型产品备案工作，可以引导产业集聚更多高水平、高质量专利，加大对企业核心产品的专利保护，促进高价值专利培育，推动专利向产品端、产业端转化实施，加快培育专利密集型产业的进一步发展，促进国家经济结构优化。

【应用要点】

企业在实施和使用知识产权之前，首先需要进行市场可行性分析。了解市场上类似知识产权的情况，评估竞争态势，以及分析市场对该知识产权的需求和潜在价值。这些分析有助于确定知识产权的市场吸引力和商业潜力。技术可行性分析包括知识产权所涉及的技术和创新的深入了解。需要分析知识产权的技术水平、独创性和市场竞争力，同时，还需要考虑技术方案的可靠性、知识产权保护、技术标准和自主可控性等因素。对于关键技术，还需要分析其取得方式的可靠性。设备方案的选择应当考虑所需主要设备（含软件）的规格、数量、性能参数、来源和价格；需要论述设备与技术的匹配性和可靠性，以及设备对工程方案的设计技术需求。对于关键设备，还需要进行单台技术经济论证，说明设备调研情况。人员可行性分析，涉及实施知识产权所需的人力资源。需要评估是否有足够的专业人员来支持知识产权的实施，以及是否需要额外的培训来提升团队的技能和知识水平。资金可行性分析是评估实施知识产权所需的总投资额度，以及预计的收入、成本和利润。需要考虑未来收益和风险，进行财务模型分析，以确保项目的经济合理性和盈利前景。实施和使用知识产权前的可行性分析是一个多方面的过程，需要综合考虑市场、技术、设备、人员、资金、法律等多个因素，以确保知识产权能够成功实施并带来预期的效益。

被许可实施和使用知识产权时，企业需要了解许可实施的类型，因为这将决定企业在多大程度上使用该知识产权。知识产权许可通常分为三类：（1）独占许可，允许被许可人在约定的时间和地域内独家使用知识产权，许可人本人和其他任何人都不得使用或再次许可给他人使用。（2）排他许可，允许被许可人在约定的时间和地域内使用知识产权，同时许可人本人也可以使用，但不得再许可给其他人使用。（3）普通许可，允许被许可人在约定的时间和地域内使用知识产权，同时许可人自己也可以使用，并且可以继续许可给其他人使用。根据许可类型，企业应该在许可合同所约定的范围内实施和使用知识产权。这可能包括特定的地理区域、时间段以及使用方式。了解知识产权许可类型并在相应的范围内实施和使用知识产权，是确保合法合规的关键。

企业应建立知识产权实施和使用的管理过程，监控知识产权的合规实施和使用。监控知识产权的合规实施是确保企业在知识产权管理方面遵守相关法律法规和内部政策的重要过程，包括对企业内部的知识产权创造、使用、保护和管理活动进行监督，以避免侵权行为和确保知识产权的合法利用。

专利密集型产品备案是国家为了贯彻落实《知识产权强国建设纲要（2021—2035 年）》和《"十四五"国家知识产权保护和运用规划》而开展的一项重要工作。这项工作旨在通过备案和认定"两步走"的方式，备案认定一批具有较强知识产权竞争力的专利密集型产品，从而培育发展专利密集型产业，推动企业产品竞争力提升，有效实施专利密集型产业培育政策，科学引导企业推进高价值专利转化。专利密集型产品是指那些在产品开发、制造、销售等环节中，使用了多项专利技术，尤其是发明专利，并且在市场上具有一定知名度和影响力的产品。这些产品通常在相关产业中具有较高的专利密集度，体现了企业的技术创新能力和市场竞争力。

企业进行专利密集型产品备案需要遵循一定的流程和条件。首先，企业需要在中国境内注册登记，具备独立法人资格，并拥有一定数量的知识产权。其次，备案产品应满足基本条件，例如，属于国家统计局发布的《知识产权（专利）密集型产业统计分类（2019）》中的产业，且为企业主营产品；产品上至少拥有一项有效专利，且专利不存在权属纠纷；已取得较好的市场经济效益。企业通过国家专利密集型产品备案认定公共平台进行备案，需要填报产品基本信息和经济数据，确认产品所使用专利情况和其中的核心专利。

专利密集型产品备案的流程主要包括：企业注册并登录备案平台，进行企业实名认证和填报企业基本信息；然后上传营业执照、诚信承诺书等相关证明材料；经过平台的审核，企业可以进行专利产品备案，填报产品基本信息、经济数据，并声明所使用专利的情况；最后，平台会对备案信息进行审核，通过后即备案成功。企业应在每年第一季度对已备案的专利产品信息进行修改、更新、确认，以确保能够参与该年度专利密集型产品的认定工作。

专利产品备案不仅是企业展示自身科技创新能力的一种方式，也是获取政府支持和政策优惠的重要途径。备案成功的企业可以获得认定编码、标识二维码和认定证书，这些都可以作为消费者决策的参考，并在相关项目申报中作为产品技术先进性和专利市场效益的有力证明。开展专利密集型产品备案对于企业、产业乃至国家层面的创新发展都具有重要意义。企业通过备案可以得到国家级的认可，这不仅有助于提升企业形象，还能带来一系列的政策支持和市场优势，这项工作有助于构建良好的知识产权生态，推动经济高质量发展。

（二）许可和转让

> GB/T 29490—2023
> 8.1.3.2 许可和转让
> 企业应创建并保持成文信息，以规定以下方面所需的控制：
> a) 知识产权许可或转让前，应制定许可或转让方案，根据相关方要求开展或自行开展知识产权评估，并履行相关审查、备案或登记程序；适当时，可自愿进行知识产权开放许可；
> b) 知识产权进行许可时，可对许可使用中的增值部分进行预先评估或约定归属；
> c) 国有企业的知识产权，在转让时应遵循国有资产的管理规定，避免国有资产流失。

【条款解读】

企业应制定转让或许可的知识产权方案并进行综合评估，确定转让或许可费用，签订书面合同，转让知识产权权属的情况应及时进行著录项变更；知识产权许可流程按照《专利实施许可合同备案管理办法》《商标使用许可合同备案办法》进行办理。根据企业经营发展情况，以书面形式提出专利实施开放许可声明，专利开放许可是专利普通许可的特殊形式，是指权利人在获得专利权后自愿向国家专利行政部门提出开放许可声明，明确许可使用费，由国家专利行政部门予以公告，在专利开放许可期内，任何人可以按照该专利开放许可的条件实施专利技术成果。专利开放许可声明应理解为要约，并且需要明确许可使用费支付方式等，该专利开放许可声明经国务院专利行政部门登记并公告后，任何单位或者个人实施该专利并以书面方式通知专利权人的行为,可理解为构成承诺。专利开放许可应属于一般许可范畴,应为自愿行为而非排他或独占许可。但专利开放许可并不能简单等同于普通许可,因为,当专利开放许可声明经国务院专利行政部门登记并公告后,专利权人将无权再选择被许可人和更改许可条件,这与普通许可中,专利权人可通过协商谈判自主决定是否许可、向谁许可及其许可条件有所不同。

知识产权进行许可时,有可能形成知识产权增值的情况,可对增值部分进行预先评估或约定归属,例如,在商标、专利(特别是外观设计)、著作权(特别是人物形象、美术作品等)许可使用期间,因被许可人的使用行为及其大量的广告宣传等因素,促使商标增值,商标许可使用中增值部分的权益归属可以在许可合同中提前约定。

国有企业的知识产权转让按照《企业国有资产交易监督管理办法》的规定执行,企业国有资产交易应当遵守国家法律法规和政策规定,有利于国有经济布局和结构调整优化,充分发挥市场配置资源作用,遵循等价有偿和公开公平公正的原则,在依法设立的产权交易机构中公开进行。

【应用要点】

企业在进行知识产权许可或转让之前,应该制定详细的许可或转让方案。方案应该包括许可或转让的目的、范围、期限、条件以及可能涉及的费用等关键要素。方案的制定应该基于企业的实际情况和战略目标,同时考虑到相关方的要求和利益。开展知识产权评估工作,企业根据相关方的要求,可自行或者委托第三方专业机构对知识产权进行评估。评估的目的是确定知识产权的价值、市场潜力、竞争状况以及可能的风险。评估结果将直接影响许可或转让的条款和价格。企业在适当的时候,可以选择进行知识产权的开放许可。开放许可意味着企业允许更多的第三方在特定的条件下使用其知识产权。这种做法可以促进技术的传播和应用,增加企业的影响力,同时也可能带来额外的收入来源。

企业在知识产权许可过程中,对许可使用中产生的增值部分进行预先评估或约定归属,这样可以确保知识产权所有者在许可关系中合理地分享到因许可产生的额外收益，同时也能够激励被许可人创造更大的价值。企业可在许可协议中，明确约定增值部分的归属，包括增值部分的计算方法、归属比例、支付时间和条件等。此外，还应当考虑如何处理因市场变化导致的增值部分归属调整问题。

国有企业在转让知识产权时，需要遵循国有资产的管理规定，以避免国有资产流失。根据《企业国有资产交易监督管理办法》，企业一定金额以上的知识产权等资产对外转让，应当按照企业内部管理制度履行相应决策程序后，在产权交易机构公开进行。如果涉及国家出资企业内部或特定行业的资产转让，确需在国有及国有控股、国有实际控制企业之间非公开转让的，由转让方逐级报国家出资企业审核批准。国有企业在转让知识产权时，不仅需要遵循相关的法律法规，还需要确保转让过程的公开、公平和公正，以保护国家和其他各方的合法权益，同时避免国有资产流失。

（三）投融资

> GB/T 29490—2023
>
> 8.1.3.3 投融资
>
> 企业投融资工作应满足以下要求：
>
> a) 企业开展投融资活动［例如：风险投资、首次公开发行股票（IPO）］前，对投融资活动对象涉及的知识产权开展尽职调查，评估其风险和价值；
>
> b) 在境外投资前，针对相关知识产权法律、政策及其执行情况，进行风险分析。

> GB/T 29490—2013
>
> 7.3.2 投融资
>
> 投融资活动前，应对相关知识产权开展尽职调查，进行风险和价值评估。在境外投资前，应针对目的地的知识产权法律、政策及其执行情况，进行风险分析。

第十一章 运　行

> **2023版标准重要修订内容小提示**
>
> 修订：（1）企业开展投融资活动［例如：风险投资、首次公开发行股票（IPO）］前，对投融资活动对象涉及的知识产权开展尽职调查，评估其风险和价值；
>
> （2）在境外投资前，针对相关知识产权法律、政策及其执行情况，进行风险分析。

【条款解读】

对投融资活动对象涉及的知识产权开展尽职调查，包括但不限于知识产权有效性及权属状况（质押、许可、转让）、有无知识产权纠纷、专利数量、专利技术布局、区域布局、专利技术先进性等，从而综合评判其价值和风险状况。在风险投资过程中，知识产权尽职调查的主要意义在于了解调查对象、为谈判提供筹码以及梳理交易的前提条件和实施细节等，可以有效控制目标公司的核心技术、品牌权属不清、许可到期、出现重大纠纷、被限制使用或者发生其他重大不利变化等风险。知识产权尽职调查的环节包括确认知识产权的范围，核查知识产权的权属、有效性和使用情况，审查相关的合同，以及了解法律风险等。具体步骤可以包括发送尽职调查清单、建立资料库、发送补充清单、访谈关键人员、撰写报告等。知识产权作为企业科创能力的直接证明与具体体现，在企业IPO过程中也占据着越来越重要的地位。

企业在IPO前应当开展知识产权尽职调查工作，其目的主要在于：第一，确认企业完整地享有相关知识产权的权属，从取得方式再到持有使用都是合法有效的；第二，确认有关知识产权，尤其是核心知识产权不存在纠纷诉讼或者产权不明晰的问题。

境外投资时，涉及知识产权项目的需针对相关知识产权法律、政策及执行情况、行业纠纷等进行调查和风险分析。

【应用要点】

在投融资活动中，企业需要对其拥有或计划获取的知识产权进行全面评估，包括专利、商标、版权和商业秘密等，涉及知识产权的创造、申请、保护、运用和商业化过程。

  企业在投融资前，投资者通常会进行尽职调查以评估目标公司的知识产权资产，包括确认知识产权的有效性、保护范围、所有权以及是否存在侵权风险。同时企业准确地评估知识产权的价值对于确定投资金额和结构也至关重要。企业可以聘请专业的知识产权顾问或评估师来完成，投融资活动中，企业需要特别注意知识产权的侵权风险，应建立监控机制，定期检查市场上是否有侵犯其知识产权的行为，并及时采取法律行动。投融资活动中的知识产权管理不仅关系企业的财务表现，也影响企业的市场地位和竞争优势。因此，企业应重视在投融资活动中的知识产权管理，并将其作为投融资决策的重要考虑因素。

  在境外投融资活动中，涉及知识产权的创造、运用、保护和管理活动。为了帮助企业更好地防范海外投资的知识产权风险，及时妥善地解决知识产权纠纷，商务部发布了《境外企业知识产权指南（试行）》。该"指南"适用于中国企业境外投资合作活动中的知识产权相关行为，并提供了一系列管理建议和措施。在进入海外市场前，企业应充分了解同类企业在国外的知识产权状况、所在国家或地区法律制度以及该国知识产权诉讼环境。

  在境外投资中，企业应根据所在国家或地区的知识产权保护法律，及时申请专利、商标或版权等相关证书。同时，企业还应密切关注并及时应对侵权行为，采取合法措施保护自己的知识产权。如果出现纠纷和争议，企业可以根据合同中的约定选择仲裁机构进行争议解决，也可以根据相关法律向法院提起诉讼。

  （四）企业重组

> GB/T 29490—2023
>
> 8.1.3.4 企业重组
>
> 企业重组工作应满足以下要求：
>
> a）企业合并或并购前，开展知识产权尽职调查，根据合并或并购的目的设定对相关方知识产权状况的调查内容，并进行知识产权评估；

b）企业出售或剥离资产前，对相关知识产权开展调查和评估，分析出售或剥离的知识产权对企业未来竞争力的影响。

GB/T 29490—2013

7.3.3 企业重组

企业重组工作应满足以下要求：

a）企业合并或并购前，应开展知识产权尽职调查，根据合并或并购的目的设定对目标企业知识产权状况的调查内容；有条件的企业可进行知识产权评估。

b）企业出售或剥离资产前，应对相关知识产权开展调查和评估，分析出售或剥离的知识产权对本企业未来竞争力的影响。

2023版标准重要修订内容小提示

修订：企业合并或并购前，开展知识产权尽职调查，根据合并或并购的目的设定对相关方知识产权状况的调查内容，并进行知识产权评估。

【条款解读】

在企业合并或并购活动中对所涉及的知识产权开展尽职调查。例如，对专利调查可从以下几个方面开展：（1）对目标企业的专利有效性进行调查；（2）调查权属是否存在瑕疵；（3）技术覆盖度调查，主要是避免不必要的专利纠纷以及分析该专利的潜在价值；（4）市场风险调查，判断有无被侵权风险，从而综合评估判断其价值和潜在风险。

企业出售或剥离资产前，对待出售或剥离的知识产权开展调查和评估，评估确定知识产权的市场价值，评估知识产权对企业的经济效益和盈利能力的影响，评估知识产权的技术创新程度和与竞争对手的竞争优势，评估知识产权的法律保护范围和风险，评估还包括被出售或剥离的知识产权的买家与企业的关联性，综合评价其对企业未来竞争力的影响。

【应用要点】

企业在进行合并或并购前，开展知识产权尽职调查可以帮助企业有效评估目标公司的知识产权资产和潜在的法律风险，确保知识产权在交易完成后能够顺利过渡并为新实体带来价值。企业开展知识产权尽职调查的内容可包括：确定知识产权范围，首先需要明确哪些类型的知识产权将被纳入尽职调查的范畴内，如专利、商标、著作权、商业秘密等；收集知识产权信息，收集目标公司拥有的所有知识产权证书、注册记录、许可协议、诉讼文件等相关文档；审查知识产权的有效性，检查每项知识产权的状态、有效期限、续展情况以及是否存在未支付的费用。对于专利而言，还应关注其创新性、实用性和实用性；评估知识产权的价值，分析知识产权对目标公司业务的贡献程度及其在市场上的竞争力。考虑其潜在的商业化前景和许可收入的可能性；识别潜在的侵权风险，调查目标公司的知识产权是否侵犯第三方的权利，或者是否有第三方侵权的指控。同时，也要确认目标公司自身是否面临侵权诉讼；审查许可和合作协议，详细审查与知识产权相关的所有许可协议和合作协议，了解其条款、条件、期限和地域限制。特别注意任何可能影响新实体运营的排他性或优先权条款；知识产权管理体系，评估目标公司的知识产权管理体系，包括内部政策、流程、培训和保护措施，以确保知识产权得到妥善管理和维护；合规性检查，确保目标公司的知识产权活动符合相关国家或地区的法律法规要求，避免因违规而产生的法律后果；准备尽职调查报告，将上述发现整理成详细的尽职调查报告，供决策者参考。报告中应包含知识产权的总体评估、存在的问题及建议的解决方案。

企业出售或剥离资产的过程中，对相关知识产权进行调查可以帮助企业了解其知识产权的价值、潜在的法律问题以及这些知识产权对企业未来竞争力的影响。企业开展知识产权调查和评估可包括：确定知识产权的范围，首先要明确哪些知识产权与即将出售或剥离的资产相关联，包括专利、商标、著作权、商业秘密等；评估知识产权的价值，对这些知识产权的市场价值、技术价值和战略价值进行评估。可以委托专业的知识产权评估师来完成；检查知识产权的法律状态，确认这些知识产权是否处于有效状态，是否存在侵权诉讼或者其他法律纠纷，以及是否已经获得所有必要的授权和许可；考虑知识产权的转移问题，如果知识产权是被剥离的一部分，那么需要考虑如何转移这些知识产权，包括转让协议的条款、知识产权的归属问题以及后续的维护和管理；分析对未来竞争力的影响，评估出售或剥离这些知识产权后，对企业长期发展和市场地位可能产生的影响，包括竞争优势的变化和潜在的市场机会。

（五）标准化

> GB/T 29490—2023
>
> 8.1.3.5 标准化
>
> 参与标准化工作应满足以下要求：
>
> a) 企业参与标准化组织前，了解标准化组织的知识产权政策；将包含专利和专利申请的技术方案向标准化组织提案时，按照知识产权政策要求披露并作出许可承诺；
>
> b) 牵头制定标准时，组织制定标准工作组的知识产权政策和工作程序。

> GB/T 29490—2013
>
> 7.3.4 标准化
>
> 参与标准化工作应满足以下要求：
>
> a) 参与标准化组织前，了解标准化组织的知识产权政策；将包含专利和专利申请的技术方案向标准化组织提案时，应按照知识产权政策要求披露并作出许可承诺；
>
> b) 牵头制定标准时，应组织制定标准工作组的知识产权政策和工作程序。

> **2023版标准重要修订内容小提示**
>
> 修订：企业参与标准化组织前，了解标准化组织的知识产权政策；将包含专利和专利申请的技术方案向标准化组织提案时，按照知识产权政策要求披露并作出许可承诺。

【条款解读】

参加标准化组织前了解知识产权政策并执行，如知识产权信息披露义务以及按照公平、合理无歧视的原则进行专利许可，牵头制定标准时，制定知识产权政策和工作程序。

参与标准化工作，可能会涉及标准必要专利。标准必要专利是指包含在国际标准、国家标准和行业标准中，且在实施标准时必须使用的专利，也就是说，标准化组织在制定某些标准时，部分或全部标准草案由于技术上或者商业上没有其他可替代方案，无法避免要涉及专利或专利申请。当这样的标准草案成为正式标准后，实施该标准时必然要涉及其中含有的专利技术。

【应用要点】

企业参与标准化工作时，为了确保提交技术方案遵守标准化组织的知识产权政策，企业应详细了解知识产权政策，在参与标准化工作之前，首先需要详细了解所参与的标准化组织的知识产权政策。这些政策可能包括专利信息披露要求、许可原则以及其他相关的知识产权管理规定；进行专利信息披露，根据标准化组织的要求，如果企业的技术方案包含已有的或正在申请的专利，企业需要在提案中披露这些专利信息，通常可包括专利的详细描述、申请日期、法律状态等，以便标准化组织和其他利益相关方了解潜在的知识产权问题；做出许可承诺，在某些情况下，标准化组织可能要求提案者就其专利技术做出许可承诺。企业需要同意在一定条件下允许其他人使用该专利技术，确保技术的公平使用。

当企业牵头制定标准时，企业应组织制定标准工作组的知识产权政策和工作程序。因为标准制定过程中可能会涉及知识产权的问题，尤其是当标准包含专利技术时，为避免潜在的知识产权冲突和确保标准的顺利推进，制定相应的政策和程序非常重要。企业应了解现有的知识产权政策，在开始制定新的标准之前，应先了解相关的知识产权政策，包括国家层面、行业层面以及标准化组织的知识产权政策；制定知识产权政策，基于已有的政策和标准制定的具体需求，制定适合标准工作组的知识产权政策，可包括关于专利信息披露、许可承诺、知识产权的使用和管理等方面的规定；制定工作程序，确定如何在标准制定过程中应用这些政策，包括如何处理专利申请、如何协调不同利益相关者之间的知识产权问题，以及如何确保政策执行。

四、知识产权保护

（一）风险管理

> GB/T 29490—2023
>
> 8.1.4.1 风险管理
>
> 企业应创建并保持成文信息，以规定以下方面所需的控制：
>
> a) 采取措施，避免或降低生产经营活动中所涉及的设备、软件、作品和/或作品元素侵犯他人知识产权的风险；
>
> b) 应定期监控产品及工艺可能涉及他人知识产权的状况，分析可能发生的纠纷及其对企业的损害程度，提出防范与应对预案；
>
> c) 应将知识产权纳入企业风险管理范围，对知识产权风险进行识别、分析和监测，采取相应风险控制措施；
>
> d) 建立涉密人员、涉密载体、涉密设备、涉密区域、涉密信息的管理要求，并按要求开展商业秘密管理工作；
>
> e) 对外信息披露前，开展必要的知识产权合规、保密审查，并保留成文信息；
>
> 注1：企业结合风险发生的时间、频次、影响因素及后果等方面开展知识产权风险分析，并根据可能造成的影响及其后果的严重程度，将风险进行相应的分级，对不同级别的风险采取适当的方式加以预防和应对。
>
> 注2：商业秘密管理的推荐性实践见附录A。

> GB/T 29490—2013
>
> 7.4.1 风险管理
>
> 应编制形成文件的程序，以规定以下方面所需的控制：
>
> a) 采取措施，避免或降低生产、办公设备及软件侵犯他人知识产权的风险；

b) 定期监控产品可能涉及他人知识产权的状况，分析可能发生的纠纷及其对企业的损害程度，提出防范预案；

c) 有条件的企业可将知识产权纳入企业风险管理体系，对知识产权风险进行识别和评测，并采取相应风险控制措施。

2023 版标准重要修订内容小提示

修订：（1）采取措施，避免或降低生产经营活动中所涉及的设备、软件、作品和/或作品元素侵犯他人知识产权的风险；

（2）应定期监控产品及工艺可能涉及他人知识产权的状况，分析可能发生的纠纷及其对企业的损害程度，提出防范与应对预案；

（3）应将知识产权纳入企业风险管理范围，对知识产权风险进行识别、分析和监测，采取相应风险控制措施；

（4）建立涉密人员、涉密载体、涉密设备、涉密区域、涉密信息的管理要求，并按要求开展商业秘密管理工作；

（5）对外信息披露前，开展必要的知识产权合规、保密审查，并保留成文信息。

【条款解读】

知识产权风险管理是企业风险管理中的重要方面之一，企业知识产权风险管理，首先要服务于企业的整体战略目标，要与企业发展阶段相适应，与企业在市场的定位相协调。

企业知识产权风险可从企业内部管理和外部环境两个维度梳理：企业内部管理涉及研发、采购、生产、销售等各环节可能面临的知识产权风险；外部环境涉及合作单位、竞争对手、宏观政策、法律法规变化等。

知识产权风险管理要做到未雨绸缪，企业需要对知识产权风险有预见性，提前做好风险排查并对未来可能发生的危机做好防范与应对预案，根据风险造成的影响、后果严重程度、频次等风险级别，选取适当的措施对风险进行管控，保证企业知识产权风险管理的有效性，避免漏洞，最大程度降低风险。

重点关注企业生产、办公室设备、软件、作品或作品元素，项目立项、研发，产品生产、销售、采购等生产经营活动因侵犯或涉嫌侵犯他人知识产权而导致的侵权风险。

对于企业而言，新技术、新产品是企业的核心竞争力；对于新上市产品或在售产品，企业面临的知识产权风险主要包括未做产品/工艺知识产权风险排查，导致产品/工艺侵犯他人在先权利。因此，企业应定期监控产品及工艺可能涉及他人知识产权的状况，分析可能发生的纠纷及其对企业的损害程度，提出防范与应对预案。

企业知识产权风险管理需要建立一套完备的体系，使企业知识产权风险得到全面有效的控制，开展商业秘密的管理，建立涉密人员、涉密载体、涉密设备、涉密区域、涉密信息的管理要求。

针对涉密人员的管理，企业应关注人员入职、试用期、在职、离职等环节中的商业秘密管理情况，在人员入职时将商业秘密保护纳入考察范围，录用有直接竞争关系企业的现任员工或离职2年以内的员工时，需要特别关注商业秘密合规、规避法律风险；对试用期的员工设置试用期人员不能参加重要机密会议或者核心研发任务、不能接触商业秘密文件档案的权限；对于在职员工应明确涉密岗位及人员清单，对岗位变动人员采取签署保密协议、清退原岗位保管和使用的涉密载体、涉密设备等措施；对离职员工进行必要的保密提醒，必要时可以启动竞业限制。

针对涉密设备与载体管理，企业应关注涉密设备与载体全生命周期管理（制作、收发、流转、复制、保存、维修及销毁），对自动化信息化程度较高的企业，关注网络环境的安全性和保密性管理措施（账号权限管理、涉密账号和密码登记、备案、发放、变更、加密方式存储等）。

针对涉密区域的管理，涉密区域是涉密载体集中产生、存放、处理，涉密会议和涉密活动集中举办，涉密公务事务和科研生产活动集中进行的场所，是保密防护和管理的重点。

针对涉密信息管理，涉密信息是企业保密文件的信息内容，企业应当明确所涉及的商业秘密、技术秘密的涉密信息，并规定涉密信息的保密等级、期限和传递、保存及销毁的要求。

对外信息披露前，企业应做好知识产权合规、保密风险审查工作，首先，企业应当审查所要披露的信息是否涉及企业商业秘密或技术秘密，而不宜对外披露。其次，审查所披露的信息是否会侵犯他人在先已取得的合法权利，例如，企业网站、公众号等对外宣传文案所使用的字体是否会侵犯他人著作权，所使用的图片或者照片是否会侵犯他人肖像权等。

【应用要点】

企业为了避免或降低生产经营活动中所涉及的设备、软件、作品和/或作品元素侵犯他人知识产权的风险，可以采取以下措施：建立完善的知识产权管理体系，制定相应的控制措施，确保生产经营活动中使用的所有元素都不会侵犯他人的知识产权；依法使用著作权，企业在使用他人作品时，应确保符合合理使用或法定许可使用的条件，并及时进行著作权登记。在进行著作权转让和许可时，应审查著作权的权属，并要求提供权属证明。同时，在企业的宣传资料、商标、商品包装等方面提高著作权意识，严格审查以避免侵权。加强管理，杜绝盗版，企业应加强对员工使用软件的管理，禁止未经授权安装和使用盗版软件。一旦发现使用盗版软件，应立即卸载并与软件版权人联系，寻求和解。合理选择救济途径，当企业面临知识产权侵权指控时，应合理选择解决纠纷的途径，如协商、行政投诉、仲裁或诉讼。在维权过程中，应注意诉讼时效和证据的收集与固定。

企业应定期监控产品和工艺是否可能侵犯他人知识产权，分析可能发生的纠纷及其对企业的损害程度，提出防范预案，企业可通过以下途径开展监控工作：专利检索，通过专业数据库进行检索，以确定是否有与企业的产品或工艺相似的已授权专利或已公开正在申请中的专利；商标查询，对相关的商标信息进行查询，确保企业的产品名称、标识或其他商业标志不侵犯他人的商标；著作权检查，如果产品包含软件代码、文本、图像或音乐等内容，需要确保不侵犯第三方的著作权；持续监控，知识产权是动态变化的，新的权利不断被授予，旧的权利可能会过期或被宣告无效,因此,定期更新监控;风险评估,一旦发现潜在的侵权风险,应进行详细的风险评估,并考虑采取相应措施,如改变设计、获取许可或应对诉讼;制定详细的应对预案,一旦发现侵权行为或收到侵权指控,能够迅速采取行动,包括咨询律师、评估侵权范围、准备回应诉讼文件和探索和解方案。

企业将知识产权纳入企业风险管理范围,有助于企业提前识别和预防潜在的知识产权风险,企业可采取相应的风险管理措施:建立知识产权管理制度,企业应制定知识产权管理制度,将知识产权管理作为企业资产管理的重要组成部分,对知识产权的创造、评估、申请、保护、运用等通过制度进行明确规定;加强知识产权保护,企业应积极申报知识产权,构建企业知识产权防御体系;知识产权尽职调查,企业在受让知识产权时,必须对拟受让的知识产权进行全面的知识产权尽职调查,包括对知识产权的有效性、权利范围、法律状态、风险情况等进行全面的调查和分析,以确保受让的知识产权是合法、有效的,并且不会侵犯他人的知识产权;知识产权保护嵌入企业管理环节,企业应将知识产权保护嵌入各个管理环节,确保在产品开发、市场推广、采购等方面都能有效地管理和保护知识产权。

企业应有效开展商业秘密管理工作,应明确:涉密人员管理要求,建立健全涉密人员管理制度,明确涉密人员的权利、岗位责任和要求,并对涉密人员履行职责情况开展经常性的监督检查。涉密载体管理要求,包括制作国家秘密载体时,应由机关、单位或经保密行政管理部门保密审查合格的单位承担,制作场所应符合保密要求。收发国家秘密载体时,应履行清点、编号、登记、签收手续。传递国家秘密载体时,应通过机要交通、机要通信或其他符合保密要求的方式进行。复制国家秘密载体或摘录、引用、汇编属于国家秘密的内容时,应按照规定报批,不得擅自改变原件的密级、保密期限和知悉范围。保存国家秘密载体的场所、设施、设备应符合国家保密要求。涉密设备管理要求,应包括制定保密设备使用规定,明确使用范围、操作规程、维护保养等方面的要求。同时,应确保涉密设备的安全可控，并对设备的使用情况进行监督检查。涉密区域管理要求，包括将涉及绝密级或较多机密级、秘密级国家秘密的机构确定为保密要害部门，将集中制作、存放、保管国家秘密载体的专门场所确定为保密要害部位，并按照国家保密规定和标准配备、使用必要的技术防护设施、设备。涉密信息管理要求，包括严格控制知悉范围，自觉保守涉密信息，并在涉密信息系统的密级、主要业务应用、使用范围和使用环境等发生变化时，及时向保密行政管理部门报告，并采取相应措施。

企业在对外披露信息前开展知识产权审查工作，有助于确保企业不侵犯他人在先已取得的知识产权，同时也能避免因信息披露不当而导致的法律风险。知识产权审查有助于企业在商业合作、投资、融资等业务活动中保护自己的核心利益和竞争优势，降低商业秘密侵权风险，促进企业的可持续发展。

企业可从以下几个方面开展知识产权审查：首先，应确定审查范围，明确哪些信息需要进行知识产权审查，如技术、工艺、新产品等是否涉及公司的商业秘密或准备申请专利的技术。其次，开展信息收集，收集与待发布信息相关的所有知识产权资料。对收集到的信息进行分析，根据分析结果评估潜在的知识产权风险，如果存在风险，提出相应的修改建议或处理措施。最后，将分析后的信息方案提交给相关部门或管理层进行最终批准，确保信息披露的安全性和合法性。

（二）争议处理

> GB/T 29490—2023
>
> 8.1.4.2 争议处理
>
> 企业应创建并保持成文信息，以规定以下方面所需的控制：
>
> a) 及时发现和监控知识产权被侵犯的情况，适时提出应对方案，运用自力救济、行政和司法救济等途径保护知识产权；
>
> b) 在处理知识产权纠纷时，评估通过协商、诉讼、仲裁、调解等不同处理方式对企业的影响，选取适宜的争议解决方式。

> GB/T 29490—2013
>
> 7.4.2 争议处理
>
> 应编制形成文件的程序,以规定以下方面所需的控制:
>
> a) 及时发现和监控知识产权被侵犯的情况,适时运用行政和司法途径保护知识产权;
>
> b) 在处理知识产权纠纷时,评估通过诉讼、仲裁、和解等不同处理方式对企业的影响,选取适宜的争议解决方式。

> **2023 版标准重要修订内容小提示**
>
> 修订:(1) 及时发现和监控知识产权被侵犯的情况,适时运用行政和司法途径保护知识产权;
>
> (2) 在处理知识产权纠纷时,评估通过诉讼、仲裁、和解等不同处理方式对企业的影响,选取适宜的争议解决方式。

【条款解读】

企业应根据行业和产品特点,分析评估知识产权风险程度,确定监控知识产权被侵权情况的频次,并及时评估监控和应对方案的有效性。当发生知识产权被侵权时,评估选取最优的处理方式,将被侵权损失降到最低,可通过自力救济、行政和司法救济等途径保护知识产权。

自力救济是一种在特定情况下保护自己合法权益的措施,是指在个人的合法权益受到侵害,情况紧迫且不能及时获得国家机关保护时,为了保护自己的合法权益,可以在必要范围内采取扣留侵权人的财物等合理措施进行自行救济。

行政救济是相对人对于违法和不当的行政行为,向行政机关请求矫正的一种救济。实施救济的主体为行政机关,是监督行政活动的一种方式。

司法救济是指当宪法和法律赋予人们的基本权利遭受侵害时,人民法院应当对这种侵害行为作有效的补救,对受害人给予必要和适当的补偿,以最大限度地救济他们的生活困境和保护他们的正当权益,从而在最大程度上维护基于利益平衡的司法和谐。

在处理知识产权纠纷时，企业应按照相关程序选取适宜的争议解决方式，降低对企业的经营和声誉的影响。

【应用要点】

企业应及时发现和监控知识产权被侵犯的情况，可以采取以下措施进行监控：首先，建立知识产权监控系统，利用专业的知识产权管理工具和平台，定期监控市场上可能涉及侵犯知识产权的产品和服务；其次，加强内部员工知识产权保护意识，确保所有员工了解知识产权的重要性，并在发现侵权行为时能够及时上报给知识产权管理部门；最后，与其他企业或行业协会合作，共享知识产权侵权信息，共同打击侵权行为。

适时采取自力救济、行政和司法救济等途径保护知识产权，在采取上述措施时，需要注意以下几点：第一，证据收集，包括侵权行为的证明、侵权产品的样本、经济损失的计算依据等；第二，法律咨询，在采取措施之前，最好咨询专业的知识产权律师，以确保所采取的措施符合法律规定，避免不必要的法律风险；第三，时效性，知识产权侵权案件通常有一定的诉讼时效，因此在发现侵权行为后，应尽快采取措施，以免错过维权的最佳时机。

企业在处理知识产权纠纷时，应选取适宜的争议解决方式，协商是解决知识产权纠纷的一种非正式方式，通常在双方都希望保持良好关系的前提下进行；诉讼是通过法院系统解决知识产权纠纷的正式方式；仲裁是另一种正式的争议解决方式，通常比诉讼更快，成本也相对较低；调解是一种非正式的争议解决方式，通常由第三方中立人士协助双方达成共识；在选择适当的争议解决方式时，企业应该考虑以下因素：（1）争议的性质，如果争议涉及技术细节内容，可能需要专业知识，这时调解可能更为合适。（2）时间紧迫性，如果需要快速解决问题，协商或调解可能是更好的选择。（3）成本预算，诉讼通常成本最高，如果预算有限，可以考虑协商或调解。（4）保密性需求，如果希望保密处理，可以选择仲裁或调解。（5）对方的态度，如果对方不愿协商或提出无理要求，可能需要考虑诉讼或仲裁。最终，企业应该根据自身的具体情况和目标，权衡各种方式的利弊，选择最适合的争议解决方式。

第二节 经营管理

一、立 项

> GB/T 29490—2023
>
> 8.2.1 立项
>
> 立项阶段的知识产权管理包括：
>
> a) 分析项目所涉及的知识产权信息，例如：各类关键技术的专利数量、地域分布和专利权人信息、<u>商标权利人信息</u>、<u>作品和/或作品元素的著作权及与著作权有关权利的信息</u>等；
>
> b) 通过知识产权分析及市场调研相结合，明确项目对应<u>产品和/或技术</u>潜在的合作伙伴和竞争对手；
>
> c) 进行知识产权风险评估，并将评估结果、防范预案作为项目立项与整体预算的依据；
>
> d) <u>针对重大项目，宜要求与项目组人员签署保密协议，明确具体保密内容、范围等</u>。

> GB/T 29490—2013
>
> 8.1 立项
>
> 立项阶段的知识产权管理包括：
>
> a) 分析该项目所涉及的知识产权信息，包括各关键技术的专利数量、地域分布和专利权人信息等；
>
> b) 通过知识产权分析及市场调研相结合，明确该产品潜在的合作伙伴和竞争对手；
>
> c) 进行知识产权风险评估，并将评估结果、防范预案作为项目立项与整体预算的依据。

> **2023 版标准重要修订内容小提示**
>
> 新增：（1）商标权利人信息、作品和/或作品元素的著作权及与著作权有关权利的信息等。
>
> （2）针对重大项目，宜要求与项目组人员签署保密协议，明确具体保密内容、范围等。
>
> 修订："产品"修改为"产品和/或技术"。

【条款解读】

知识产权检索对研发项目立项具有至关重要的作用，为规避侵权风险、避免重复研发，要针对项目关键技术点进行信息检索和分析，针对不同类型项目要开展相应适用的知识产权分析。例如，技术类研发项目重点关注专利数量、地域分布和专利权人及商标权利人等信息，而作品设计类项目，需重点关注著作权、著作权权利人及商标权利人等信息。

通过对知识产权信息的分析及结合市场调研，有助于确定是否存在可进行技术合作的对象以及该项目研发上的竞争对手，在开展研发决策时，可以制定不同的研发策略。

项目是否存在知识产权风险是项目能否进入市场的决定性因素，因此在立项阶段就要开展知识产权风险评估，根据检索分析的结果，制定防范预案，通过针对公开的知识产权信息分析，最终决定是否能够立项，并作为项目整体预算的依据。

重大项目知识产权管理要求更为严格，研发过程中要做好商业秘密保护工作，特别是对参与项目的人员，宜要求与项目组人员签署保密协议，明确具体保密内容、范围等。

【应用要点】

企业在实施该条款时，应对该项目研究中关键的创新点开展深入检索，保存检索记录，同时对这些检索信息进行分析，分析的内容需包括该研究内容的各关键技术的专利数量、地域分布和专利权人分布，还应包括无效专利的专利权过期时间、专利无效及侵权诉讼进展等相关信息。

在检索分析基础上，通过与市场调研相结合，明确研究项目潜在的合作伙伴和竞争对手,在立项报告中涉及该项目的立项依据,应纳入知识产权风险评估,以及根据评估的结果制定防范预案。

在具体实施过程中,还要注意公司内部制定的相关管理制度,也要充分得到执行,如需要申请、签字等流程的实施。

企业内部应明确重大项目相关管理要求,对涉及公司核心技术、可能会造成公司商业秘密流失的重大项目,应提高相关保密管理要求,包括但不限于与项目组人员签署保密协议,明确具体保密内容、范围等。

二、研发、设计、创作

> GB/T 29490—2023
>
> 8.2.2 研发、设计、创作
>
> <u>研发、设计、创作</u>阶段知识产权管理包括:
>
> a) 应对项目涉及的知识产权信息、相关文献及其他公开信息进行检索,对技术发展状况、知识产权状况、竞争对手状况等进行分析,<u>评估知识产权风险,将分析结果、防范预案作为研发、设计、创作的依据</u>;
>
> b) 制定研发策略或设计创作方案时,开展知识产权布局规划;督促研发、设计、创作人员妥善记录、及时报告研发、设计、创作成果,并对成果进行评估和确认,明确保护方式和权属,适时形成知识产权;
>
> c) 定期监控研发、设计、创作活动相关的知识产权,适时调整研发策略和内容,避免或降低知识产权侵权风险;
>
> d) <u>在项目的重要节点,应及时开展商业秘密遴选、分级等工作。</u>

> GB/T 29490—2013
>
> 8.2 研究开发
>
> 研究开发阶段的知识产权管理包括:
>
> a) 对该领域的知识产权信息、相关文献及其他公开信息进行检索,对项目的技术发展状况、知识产权状况和竞争对手状况等进行分析;
>
> b) 在检索分析的基础上,制定知识产权规划;

c) 跟踪与监控研究开发活动中的知识产权，适时调整研究开发策略和内容，避免或降低知识产权侵权风险；

d) 督促研究人员及时报告研究开发成果；

e) 及时对研究开发成果进行评估和确认，明确保护方式和权益归属，适时形成知识产权；

f) 保留研究开发活动中形成的记录，并实施有效的管理。

2023版标准重要修订内容小提示

新增：（1）评估知识产权风险，将分析结果、防范预案作为研发、设计、创作的依据。

（2）在项目的重要节点，应及时开展商业秘密遴选、分级等工作。

修订："研究开发"修改为"研发、设计、创作"。

【条款解读】

相对于立项前的检索分析，研发、设计、创作阶段的检索分析具有以下特点：第一，范围更广泛，除了检索知识产权信息，还要检索相关文献和其他公开信息；第二，检索分析更全面和宏观，通过对相关文献和其他公开信息的检索，可以分析了解项目涉及的技术发展状况，通过对知识产权信息的检索可以分析知识产权状况和竞争对手状况。检索分析一方面可以用于评估知识产权风险，将分析结果、防范预案作为研发、设计、创作的依据，避免重复研发的风险；另一方面可以为研发项目提供公知技术信息，便于规划研发路线。

在制定研发策略或设计创作方案时，应根据研发策略或设计、创作方案情况，开展知识产权布局规划，全面覆盖研发及创作方案，研发过程及上市后，及时根据知识产权规划开展布局工作。

为更好保留研发过程记录，在研发过程中应及时督促研发、设计、创作人员妥善记录、及时报告研发、设计、创作成果，如果成果产出，要第一时间对成果进行评估和确认，明确保护方式和权属，适时形成知识产权，及时运用知识产权手段保护创新成果。

研发过程中的知识产权风险伴随项目研发全过程，不可能通过一次知识产权分析就能百分之百规避项目涉及的知识产权风险，因此，在研发过程中仍然需要定期监控研发、设计、创作活动相关的知识产权，如果出现潜在的侵权风险，应适时调整研发策略和内容，避免或降低知识产权侵权风险。

项目研发应作为企业商业秘密管理的重中之重，通过商业秘密保护的方式，在研发方案策划阶段对保护要求进行策划，在产出成果等重大节点，应进一步遴选商业秘密内容、确定密级。

【应用要点】

企业应对研发、设计、创作全过程进行管理控制。首先，要开展对项目涉及的知识产权信息、相关文献及其他公开信息进行检索，对技术发展状况、知识产权状况、竞争对手状况等进行分析，评估知识产权风险，将分析结果、防范预案作为研发、设计、创作的依据。

其次，在研发、设计、创作阶段的检索分析基础上，应制定知识产权规划。企业知识产权管理人员和研究开发人员应建立知识产权布局思维，知识产权在研发、设计、创作阶段是可以进行提前规划布局的，而不是研发结束后由研发工程师或者项目主管自主决定是否申请专利。这种规划有广义和狭义之分。广义的规划包含项目的知识产权工作机制的设计、项目的知识产权预期产出和分布、项目中知识产权风险控制以及项目所涉及的知识产权的借鉴等。狭义的规划主要就是不同权利形态的知识产权的预期产出和布局，对知识产权申请的技术方向、申请国家和地区、申请时机、申请类型、申请方式等进行规划。

最后，在研发、设计、创作中还应定期监控知识产权情况，以免出现知识产权风险未及时关注，而导致后续研发、设计、创作成果完成后无法实施，因此通过定期监控知识产权信息，可以适时调整研发策略和内容，避免或降低知识产权侵权风险。对研发、设计、创作成果应及时评估和确认，明确保护方式和权益归属，对于何时形成知识产权是企业根据自己的规划和评估后"适时"形成的。在项目的重要节点，应及时开展商业秘密遴选、分级等工作，及时保护项目相关的商业秘密。

【案例解析】

青岛某技术公司专注于智能电表检测装置、智能电表生产线、遥控器检测装置、遥控器生产线的研发、生产和销售。截至审核日，受审核方拥有专利有效专利 40 件，其中发明专利 15 件，实用新型 25 件。

在审核过程中发现，研发人员在项目研发时没有进行专利、科技文献等的检索，审核组在审核现场做了检索，检索出多件文献与其某项目直接相关，这些检索到的文献在研发初期能给企业提供较好的技术启示，可以缩短研发周期，且企业针对该项目后续的专利申请与检索到的专利有相似的技术点，基于前期未进行项目相关的文献检索，也没有做好知识产权保护规划，致使后续的专利申请不能很好地体现创新点。

国内一些公司研发人员在进行研发工作时会陷入闭门造车的情况，从 0 到 1 是比较困难的，但是经过充分的文献检索，基本都会找到一些现有的技术基础文件，站在别人的工作成果基础上进行举一反三会更加容易，也能缩减研发周期，节省研发费用，且能更清楚项目技术与现有技术的区别特征，更好地制定专利保护方案，因此，企业在研发时应尽可能地进行较为全面、精准的专利、科技文献的检索，在检索分析的基础上制定更科学的知识产权保护方案和风险规避方案。

【案例解析】

2016 年 6 月，路虎公司在北京市朝阳区法院起诉江铃汽车，认为江铃汽车的陆风 X7 侵犯路虎的外观设计专利权和设计图的著作权，外观设计专利号为 ZL201130436459.3，申请时间为 2011 年 11 月 24 日。江铃汽车否认侵权，并称陆风 X7 具有自主的外观设计专利，专利号为 ZL201330528226.5，申请时间为 2013 年 11 月 6 日。

随后，路虎和江铃双方都向国家知识产权局专利复审委员会提起专利无效请求，企图无效对方的外观设计专利。最终，双方的专利都被判无效。

陆风 X7 的专利被判无效是因为路虎的车型销售在先，陆风的专利申请在后。无效陆风的外观设计专利最重要的证据就是路虎公开销售的揽胜极光车型，路虎是 2010 年上市的，而陆风的外观设计专利是 2013 年才申请的。最终专利复审委员会裁定陆风 X7 的外观设计与揽胜极光车型外观近似，该专利被无效。

路虎的专利被无效是因为在申请专利之前已经将自己的车型公开。路虎的外观设计申请时间为 2011 年 11 月 24 日，而在 2010 年 12 月 21 日广州国际车展上，路虎已经将揽胜极光公开展览，相当于在车型公开后近一年的时间才申请专利。根据专利法规定，在承认的国际展览上公开展示相关产品，申请专利可以有 6 个月的宽限期，但是路虎汽车在 11 个月后才申请专利，已经过了宽限期。路虎自己的公开展览导致该外观设计专利被无效了，该外观设计就彻底无法挽救了。

三、采　购

GB/T 29490—2023

8.2.3 采购

企业对外部提供的过程、产品和/或服务进行控制，采购阶段的知识产权管理包括：

a) 应识别拟采购产品和/或服务的知识产权情况，必要时收集相关知识产权信息并要求供方提供知识产权权属证明；对于拟采购产品和/服务存在知识产权风险的，应在相应风险消除或采取有效的风险应对措施后进行采购；

b) 应做好供方信息、进货渠道、进价策略等信息资料的管理和保密工作；

c) 宜遴选有资质的、具有专业能力的机构和人员提供知识产权服务；对服务内容、质量等进行评价并建立反馈调整机制；

d) 同等条件下宜优先采购依本文件建立知识产权合规管理体系的供方的产品和/或服务。

> GB/T 29490—2013
>
> **8.3 采购**
>
> 采购阶段的知识产权管理包括：
>
> a) 在采购涉及知识产权的产品过程中，收集相关知识产权信息，以避免采购知识产权侵权产品，必要时应要求供方提供知识产权权属证明；
>
> b) 做好供方信息、进货渠道、进价策略等信息资料的管理和保密工作；
>
> c) 在采购合同中应明确知识产权权属、许可使用范围、侵权责任承担等。

> **2023 版标准重要修订内容小提示**
>
> 新增：（1）对于拟采购产品和/服务存在知识产权风险的，应在相应风险消除或采取有效的风险应对措施后进行采购。
>
> （2）宜遴选有资质的、具有专业能力的机构和人员提供知识产权服务；对服务内容、质量等进行评价并建立反馈调整机制。
>
> （3）同等条件下宜优先采购依本文件建立知识产权合规管理体系的供方的产品和/或服务。
>
> 修订："产品"修改为"产品和/或服务"。

【条款解读】

企业在采购产品和/或服务过程中，可能存在因采购的产品和/或服务侵权他人知识产权，而导致企业产生侵权、研发、设计、创作项目无法继续开展、产品无法如期交付等风险。因此，在采购过程中就要做好知识产权管理工作。

企业在开展采购之前，应对涉及的产品和/或服务进行识别，分析得出哪些产品和/或服务涉及的知识产权侵权风险高，从而在采购过程中有针对性地收集相关知识产权信息并要求供方提供知识产权权属证明，了解所采购产品和/或服务的知识产权状况，对于拟采购产品和/服务存在知识产权风险的，应在相应风险消除或采取有效的风险应对措施后进行采购，以避免采购到侵权的产品和/或服务。

采购过程中涉及的供方信息、进货渠道、进价策略等信息都属于企业的商业秘密，一旦泄露会给企业造成巨大的经济损失，因此，对于相关信息资料应做好管理和保密工作，控制相关信息的接触人员、存储设备、存放区域等。

企业在开展知识产权管理工作过程中，可能会委托第三方开展知识产权服务，第三方知识产权服务就成为企业内部知识产权管理的一环，为提升企业的知识产权管理能力，必然就要加强对提供知识产权服务的机构和人员的管理。

2023版标准以知识产权合规为宗旨，从企业的知识产权获取、维护、运用、管理以及企业的研发、采购、生产、销售等过程，将知识产权合规管理融入企业生产经营的各个环节，以保障企业经营过程中规避知识产权风险。因此，依据2023版标准建立知识产权合规管理体系的企业，其产品和/或服务相对于没有依据该标准建立知识产权合规管理体系的企业，其侵权风险更低，因此在采购过程中可以在同等条件下，优先采购依据2023版标准建立知识产权合规管理体系的供方的产品和/或服务。

【应用要点】

采购涉及知识产权的产品和/或服务，企业的常见做法是调查供方该产品是否涉及知识产权，如涉及则要求供方提供相关的商标注册证书、专利证书、软件著作权证书等。还有一种方式是，企业在合格供方评价的基础上，针对经常采购的大宗产品进行预先的知识产权信息收集工作，以提高工作效率。上述两种知识产权信息的收集方式适用于不同规模的企业，采购方应从自己的管理实际出发来进行选择。关于"供方提供权属证明"，需要注意的是如果供方不是厂商，而是经销商或代理商，应要求对方提供授权证明。

针对供方信息、进货渠道、进价策略等信息可根据实际情况区分为纸件与电子文档，由专人妥善保管。负责采购业务的人员要与企业签订保密协议，将采购信息区分密级，实施有效管理。实际工作中，有的企业将相关的采购信息设定密级，放置于文件袋中（纸件），文件袋封面注明密级或者在文件上加盖密级章。此外，对于供应商的管理，也应加强知识产权信息收集工作。通过调查该供应商的知识产权诉讼历史，了解该供应商的知识产权风险概况。在调查时，并非仅仅以该供应商为单一调查对象，而是要对行业内与该供应商有关的竞争对手合并调查，通过调查，也可以摸清在该行业中，谁是知识产权强者，谁是弱者，谁将来有可能发动知识产权诉讼，将这些易于发动知识产权诉讼的经营主体列入"高知识产权风险制造者"名单中。

知识产权服务质量决定创新产出的质量，因此企业在选择知识产权服务机构和人员时，应认真遴选。首先，要选择有资质的机构和人员，特别是针对专利代理服务，可通过国家知识产权局网站查询专利代理机构资质和专利代理师资质情况，以免遇到"黑代理"，给企业造成损失；其次，服务过程中要加强服务质量管理，可建立反馈调整机制，如有不适宜的情况，及时进行调整，也可以引入第三方评价机制，对服务机构开展评价。

企业在选取合格供方采购产品和/或服务时，可以优先采购依2023版标准建立知识产权合规管理体系的供方的产品和/或服务，因为2023版标准以知识产权合规为主线，从企业的生产经营、知识产权基础管理两条线开展全面知识产权合规管理，依据该标准建立知识产权合规管理体系，可以在较大程度上规避知识产权风险，因此采购这种供方的产品和/或服务的知识产权风险较低，可以规避侵权风险。

四、生产和服务提供

GB/T 29490—2023

8.2.4 生产和服务提供

生产和服务提供阶段的知识产权管理包括：

a) 鼓励生产和服务提供过程中涉及产品、生产设备或工艺方法、服务规范或流程的技术改进与创新，并及时评估、确认，必要时明确保护方式；

b）规范生产和服务提供过程中的<u>工艺文件、图纸、原料配方、技术路线、内部指令、服务规范、源程序代码、创意等的使用管理，采取适当保密措施</u>。

GB/T 29490—2013

8.4 生产

生产阶段的知识产权管理包括：

a）及时评估、确认生产过程中涉及产品与工艺方法的技术改进与创新，明确保护方式，适时形成知识产权；

b）在委托加工、来料加工、贴牌生产等对外协作的过程中，应在生产合同中明确知识产权权属、许可使用范围、侵权责任承担等，必要时应要求供方提供知识产权许可证明；

c）保留生产活动中形成的记录，并实施有效的管理。

2023版标准重要修订内容小提示

新增：采取适当保密措施。

修订：（1）"生产"修改为"生产和服务"。

（2）"产品与工艺方法"修改为"产品、生产设备或工艺方法、服务规范或流程"。

（3）"明确保护方式，适时形成知识产权"修改为"必要时明确保护方式"。

（4）"记录"修改为"工艺文件、图纸、原料配方、技术路线、内部指令、服务规范、源程序代码、创意等"。

【条款解读】

在生产和服务提供的过程中所产生的技术改进与创新也是知识产权产生与管理的重要组成部分。生产和服务提供过程中涉及的技术改进与创新的对象包括产品、生产设备或工艺方法、服务规范或流程等，当有技术改进与创新产生时，企业要及时开展评估、确认，以对产生的技术改进与创新采取合理的保护方式，包括但不限于申请专利、注册商标、列为企业商业秘密等。

生产和服务提供过程中涉及的工艺文件、图纸、原料配方、技术路线、内部指令、服务规范、源程序代码、创意等都属于企业的商业秘密，必须要采取适当的保密措施，包括但不限于限制接触人员、存储设备、存放区域等。

【应用要点】

很多企业都有对生产过程中技术相关的"小改革"进行记录并对有关技术人员予以表彰嘉奖的管理实践。在此基础上，企业可以将原有的对于技术革新的管理与知识产权评估相结合，评估的对象包括但不限于新的技术方案、"小改革"、合理化建议等，通过组织专业人员对上述内容进行评估，以确定是否可以形成知识产权，并根据企业的经营策略，选择适当的时机与方式予以实现。

生产过程的记录应完整保留，无论记录的形式是纸件还是电子文档均要进行有效管理，以实现生产活动的可追溯性。工艺文件、图纸、原料配方、技术路线、内部指令、服务规范、源程序代码、创意等记录在多数企业均有完整保留、有效管理的要求。在此基础上，应强调与知识产权形成、实施有关的记录的规范管理。

【案例解析】

某钢铁公司为最大限度地调动全体职工参与企业经营管理的积极性和创造性，形成人人参与、持续改善的良好局面，为实现公司效益最大化目标提供源泉和保障，制定了《全员合理化建议管理办法》。

公司成立全员合理化建议评价委员会。主任由公司总工程师担任，委员由公司各职能部室一把手担任。评委会分专业下设评审小组。各二级单位、部室成立全员合理化建议评价小组。组长由主抓技术的副厂长（副部长）担任，组员由各有关科室负责人组成。

公司计划2024年提交175件发明专利申请、125件实用新型专利申请，其中很大一部分来源于公司及其下属的各二级单位收集的合理化建议。截至2024年7月，该公司下属焦化厂已征集合理化建议306项，已采纳125

项，并从中形成 5 项实用新型专利申请；炼铁部收集合理化建议 200 余项，其中 2 月收集 36 项，5 月收集 69 项，从中形成 1 项发明专利申请，4 项实用新型申请。

钢铁行业虽然是一个相对传统的行业，但是在社会不断发展、环保要求日益严格、国家对经济发展方式不断提出更新更高要求的大背景下，其发展方式也已经逐渐摆脱传统的粗放规模发展，向更多地依赖技术创新、知识产权竞争的方向前进。

该公司在知识产权方面取得了良好的成绩，并多次获得荣誉，其中合理化建议收集、评估起到了支撑性的作用。

五、销售和售后

> GB/T 29490—2023
>
> 8.2.5 销售和售后
>
> 销售和售后阶段的知识产权管理包括：
>
> a) 产品和/或服务对外宣传、参展、销售或以其他方式提供前，对产品和/或服务所涉及的知识产权状况、目标市场的知识产权保护环境以及竞争对手的知识产权情况进行全面审查和分析，评估知识产权风险及其对企业的损害程度，向最高管理者或管理者代表发出警示性信息，提出防范与应对预案；
>
> b) 向境外提供产品和/或服务前，还应调查目的地的知识产权法律、政策及其执行情况，了解行业相关诉讼，分析可能涉及的知识产权风险；适时在目的地进行知识产权申请、注册和登记；对向境外提供的涉及知识产权的产品和/或服务宜运用相应的边境保护措施；
>
> c) 建立产品销售市场监控程序，采取保护措施，及时跟踪和调查相关知识产权被侵权情况，建立和保持相关记录；
>
> d) 产品和/或服务升级或市场环境发生变化时，及时进行跟踪调查，调整知识产权策略和风险规避方案，适时形成新的知识产权。

《企业知识产权合规管理体系 要求》（GB/T 29490—2023）理解与实施

> GB/T 29490—2013
>
> 8.5 销售和售后
>
> 销售和售后阶段的知识产权管理包括：
>
> a) 产品销售前，对产品所涉及的知识产权状况进行全面审查和分析，制定知识产权保护和风险规避方案；
>
> b) 在产品宣传、销售、会展等商业活动前制定知识产权保护或风险规避方案；
>
> c) 建立产品销售市场监控程序，采取保护措施，及时跟踪和调查相关知识产权被侵权情况，建立和保持相关记录；
>
> d) 产品升级或市场环境发生变化时，及时进行跟踪调查，调整知识产权策略和风险规避方案，适时形成新的知识产权。
>
> 7.4.3 涉外贸易
>
> 涉外贸易过程中的知识产权工作包括：
>
> a) 向境外销售产品前，应调查目的地的知识产权法律、政策及其执行情况，了解行业相关诉讼，分析可能涉及的知识产权风险；
>
> b) 向境外销售产品前，应适时在目的地进行知识产权申请、注册和登记；
>
> c) 对向境外销售的涉及知识产权的产品可采取相应的边境保护措施。

> **2023 版标准重要修订内容小提示**
>
> 新增：（1）目标市场的知识产权保护环境以及竞争对手的知识产权情况。
>
> （2）评估知识产权风险及其对企业的损害程度，向最高管理者或管理者代表发出警示性信息。
>
> 修订：（1）"产品"修改为"产品和/或服务"。
>
> （2）"销售"修改为"对外宣传、参展、销售或以其他方式提供"。

【条款解读】

产品和/或服务对外宣传、参展、销售活动中很容易产生知识产权侵权或泄露企业商业秘密等情况,因此在产品和/或服务对外宣传、参展、销售或以其他方式提供前,要对产品和/或服务所涉及的知识产权状况、目标市场的知识产权保护环境以及竞争对手的知识产权情况进行全面审查和分析,评估知识产权风险及其对企业的损害程度。如果经过分析认为可能存在侵犯他人知识产权或造成企业知识产权损失的情况,应及时向最高管理者或管理者代表发出警示性信息,提出防范与应对预案,以规避相应的知识产权风险。

随着共建"一带一路"的发展,我国越来越多企业的业务也延伸到共建"一带一路"国家及地区,企业拓展业务时,知识产权合规管理工作要抢先一步,因为不同国家有不同的知识产权法律、政策,与我国的法律、政策不尽相同,如果不提前进行调研,很可能会陷入侵权的被动局面。企业向境外提供产品和/或服务前,应调查目的地的知识产权法律、政策及其执行情况,了解行业相关诉讼,分析可能涉及的知识产权风险,在确定没有知识产权风险或制定相应的防范预案后,才适合在相应的国家开展相关业务。随着企业在目标市场业务的扩大,在关注不侵犯他人知识产权的前提下,还应该注意保护自身的知识产权,因此就要适时在目的地进行知识产权申请、注册和登记,对向境外提供的涉及知识产权的产品和/或服务宜运用相应的边境保护措施。

市场是知识产权侵权的主要发生地,如要及时了解自身的产品和/服务是否存在被侵权的情况,企业应建立产品销售市场监控程序,采取保护措施,及时跟踪和调查相关知识产权被侵权情况,建立和保持相关记录。

产品和/或服务升级或市场环境发生变化,就可能意味着新的风险与机遇的产生,有可能产生新的侵权风险,也有可能产生新的知识产权,因此当产品和/或服务升级或市场环境发生变化时,企业应及时进行跟踪调查,调整知识产权策略和风险规避方案,适时形成新的知识产权。

【应用要点】

实践中，很多企业的风险意识很强，将产品的知识产权保护和风险规避贯穿产品从立项研发到销售的全流程。因此，对于产品销售环节要做的知识产权工作，一般不会完全交给销售部门来独立完成，而是由企业的其他部门协同销售部门进行。比如有的企业，在研发阶段，就进行了规避设计，降低了风险；销售前，再次由研发部门或者知识产权主管部门联合销售部门进行检索与分析，制定相关的方案。根据产品的性质及应用的领域，有的采取直销、自行安装产品的方式，有的采取与经销商签订保密协议的方式作为保护方案之一。

产品宣传中，应避免侵犯他人的知识产权，也应遵守相关的法律（如《广告法》）中知识产权的相关规定。如果企业自行制作宣传广告，应对于宣传的内容（文字、图案、影像、音乐）进行审核，避免侵犯他人知识产权。如果宣传内容由专业的设计公司制作，应通过合同条款要求制作方承担相关责任，规避侵权风险。对于宣传中的文字、图案、影像、音乐应明确知识产权权属及使用范围，避免日后产生纠纷。参与会展前，应进行充分的知识产权检索和分析，了解会展主办方处理知识产权纠纷的机构及相关管理办法。此外，投标也是一种重要的销售前的商务活动，答标人员要有充分的知识产权保护意识，应侧重对竞争对手知识产权的充分了解和己方知识产权优势的宣传。无论产品宣传、会展还是投标，都应注意不要轻易泄露己方产品的技术要点。

企业可以通过网络检索、参与会展、销售及售后人员拜访客户、代理及经销商拜访客户等多种方式结合对市场进行监控，及时跟踪和调查知识产权被侵权情况。涉外贸易中的市场监控，可以委托境外代理商进行。一旦发现被侵权的情况，应及时完整地保留相关证据。

企业对产品进行升级时，应参照产品立项、研发的过程对其进行知识产权管理。在充分检索、全面分析的基础上防范知识产权风险，同时，应注意挖掘、保护新形成的知识产权。

企业涉及境外贸易活动时，应高度关注知识产权情况。首先，要规避知识产权风险，因此在向境外提供产品和/或服务前，应调查目的地的知识产权法律、政策及其执行情况，了解行业相关诉讼，分析可能涉及的知识产权风险，尽可能事先做好相应的知识产权风险规避工作。其次，为更好地保护自己的知识产权不受侵犯，也要做好境外知识产权保护工作，适时在目的地进行知识产权申请、注册和登记；对向境外提供的涉及知识产权的产品和/或服务宜运用相应的边境保护措施。

六、合同管理

> GB/T 29490—2023
>
> 8.2.6 合同管理
>
> 加强合同中的知识产权管理，包括：
>
> a) 应对合同或要约中有关知识产权条款进行合规审查，并保留成文信息；
>
> b) 检索与分析、预警、申请、诉讼、侵权调查与鉴定、管理咨询等知识产权对外委托业务合同，应约定知识产权权属、保密等内容；
>
> c) 委托开发或合作开发合同，应约定知识产权权属、保密、许可及利益分配、后续改进的权属和使用、侵权责任承担等；
>
> d) 由外部供方提供过程、产品和服务时，应视合同性质对知识产权权属、许可使用范围、商业秘密保护、知识产权侵权责任、救济方式、免责条款等内容进行约定；
>
> e) 在委托加工、来料加工、贴牌生产等对外协作合同中明确保密、知识产权权属、许可使用范围、侵权责任承担等；
>
> f) 开展销售活动时，宜在合同中明确保密、知识产权权属、许可使用范围、侵权责任承担等；
>
> g) 承担涉及国家重大专项等政府支持项目时，应了解项目相关的知识产权管理规定，并按照要求进行管理。

> GB/T 29490—2013
>
> **7.5 合同管理**
>
> 加强合同中知识产权管理：
>
> a) 应对合同中有关知识产权的条款进行审查，并形成记录。
>
> b) 对检索与分析、预警、申请、诉讼、侵权调查与鉴定、管理咨询等知识产权对外委托业务应签订书面合同，并约定知识产权权属、保密等内容；
>
> c) 在进行委托开发或合作开发时，应签订书面合同，约定知识产权权属、许可及利益分配、后续改进的权属和使用等；
>
> d) 承担涉及国家重大专项等政府支持项目时，应了解项目相关的知识产权管理规定，并按照要求进行管理。
>
> **8.3 采购**
>
> c) 在采购合同中应明确知识产权权属、许可使用范围、侵权责任承担等。
>
> **8.4 生产**
>
> b) 在委托加工、来料加工、贴牌生产等对外协作的过程中，应在生产合同中明确知识产权权属、许可使用范围、侵权责任承担等，必要时应要求供方提供知识产权许可证明。

> **2023版标准重要修订内容小提示**
>
> 新增：开展销售活动时，宜在合同中明确保密、知识产权权属、许可使用范围、侵权责任承担等。
>
> 修订：(1)"合同"修改为"合同或要约"。
>
> (2)"审查"修改为"合规审查"。
>
> (3)"知识产权权属、许可及利益分配、后续改进的权属和使用等"修改为"知识产权权属、保密、许可及利益分配、后续改进的权属和使用、侵权责任承担等"。
>
> (4)"知识产权权属、许可使用范围、侵权责任承担等"修改为"知

识产权权属、许可使用范围、商业秘密保护、知识产权侵权责任、救济方式、免责条款等"。

（5）"知识产权权属、许可使用范围、侵权责任承担等"修改为"保密、知识产权权属、许可使用范围、侵权责任承担等"。

【条款解读】

合同是民事主体之间设立、变更、终止民事法律关系的协议。知识产权条款，是合同各方关于在合同可能涉及的知识产权的归属、使用、赔偿等进行约定的相关条款总称。企业相关人员在设计和审批合同过程中，需要充分考虑合同类型、合作目的、涉及纠纷可能性等要素，确定是否有必要对知识产权条款进行约定，同时根据目的来确定知识产权条款约定的具体内容。

为避免出现合同导致的知识产权风险，在合同签订之前应对合同或要约中有关知识产权条款进行合规审查，并保留审查记录。

在委托开发或合作开发过程中，为避免事后产生知识产权纠纷，需要提前在合同中明确知识产权权属、保密、许可及利益分配、后续改进的权属和使用、侵权责任承担等。

当外部供方提供过程、产品和服务时，企业应关注是否存在知识产权风险，可以通过在合同中约定知识产权权属、保密、许可使用范围、救济方式、免责条款、侵权责任等方式进行规避。

在委托加工、来料加工、贴牌生产等对外协作过程中，很容易导致企业的知识产权流失或卷入侵权纠纷，应该在合同中明确保密、知识产权权属、许可使用范围、侵权责任承担等，以保护企业的利益。

企业在开展销售活动时，应根据所销售的对象进行分析，根据销售对象是否存在知识产权风险，可适当在合同中明确保密、知识产权权属、侵权责任承担等。

当企业承担国家重大专项等政府支持项目时，要提前了解项目相关的知识产权管理规定，并按照要求进行管理，以免在项目开展过程或项目结题时，不能满足委托方的要求。

【应用要点】

企业应建立合同审查机制，规避合同中的知识产权风险，可以通过纸质或线上审批途径开展。纸质途径可以建立合同审查表，其中要记录合同名称、审批内容、审批人、审批时间等事项。线上审批可通过 ERP、OA 等方式开展，应保留审批事项、审批人、审批时间的信息。

知识产权代理合同是指知识产权代理组织承受托付人的托付为托付人处理知识产权申请或处理其他知识产权业务并向托付人收取代理费用的合同。知识产权代理合同中，明确委托业务服务范围、双方在实体及程序上的权利义务、双方在权利成果上的归属、保密义务及其他争议解决与法律适用等内容。

委托开发或合作开发类的合同，明确规定各方投入技术的知识产权事项约定，包括知识产权权利归属、许可对方使用的方式和范围、权利维护、各方保密责任等，还应对研发成果的知识产权事项进行约定，包括权利归属、许可对方使用的方式和范围、各方保密义务、对外转让或许可的约定及许可收益的分配、后续改进的权属和使用等。

在采购合同中，目前普遍采用供应商责任最重的条款，例如，凡采购产品在将来发生的一切知识产权纠纷皆由供应商承担责任。这种条款是供应商要为其产品提供完全的、毫无保留的知识产权保证。另一种方式是不在合同中订立条款，而是与每个供应商签订知识产权免责声明，声明的内容与前述方式相同。这种情况下签订的采购合同应强调该声明为合同的附件。定制开发采购中，除了上述由供方承担侵权责任的条款，应特别明确知识产权权属、许可使用范围。此外，对于该供应商提供产品的外包装上的标识的合规性也应在合同中予以强调，如注册商标、著作权标识的使用等。在有的案例中，虽然供应商与权利人签署了商标许可协议，但该供应商在使用商标时，没有按照权利人提供的样例使用，篡改了商标的图形，权利人后来诉该供应商违约，这样的风险也一样会传导到该供应商的客户身上。因此，如果涉及类似的情况，建议在采购合同中强调供方对相关标识的合规使用，并要求供方承担非合规使用的责任。

外协生产合同中知识产权条款的确定，应明确相关的技术方案由谁提供，以确定委托加工产品的知识产权权属及后续改进设计的知识产权权属及利益。同时，合同中也应明确双方各自所承担的知识产权风险。企业作为受托方，如果涉及委托方商标标识的使用，也应主动了解委托方对于商标使用的相关要求，避免不规范使用而产生知识产权纠纷。

当对外提供产品或服务时，为避免知识产权流失，应加强对销售合同的管理，根据合同情况，可以在合同中约定保密、知识产权权属、侵权责任承担等知识产权条款。

承担涉及国家重大专项等科技项目时，要先明确项目相关的知识产权管理规定，并按照规定的要求对项目中的知识产权进行管理。

【案例解析】

国内某民营企业，主营产品为陈列展示照明类灯具以及灯光控制系统。企业成立之初，为世界知名品牌代工，随着公司的发展，逐年加大研发费用投入比例，新产品开发逐渐得到客户认可。新产品研发完成后交付客户，客户采纳新产品设计方案后签署协议，协议约定知识产权归属客户所有，产品设计图纸、工艺参数等均需交付客户。企业评估认为客户虽未单独支付研发费用，但可通过客户持续下单实现盈利收入，同意知识产权权属约定。后通过市场调查发现，客户有将企业产品设计方案提供给国内其他代加工厂的情况，盈利收入大打折扣，但因协议中已约定知识产权归属客户，无法对客户及其他代加工厂追责。

代工企业若不重视自主知识产权的保护，就会落入"为他人做嫁衣"的窠臼。该企业成立初期因知识产权意识淡薄，自我保护意识不强，在市场竞争中丧失主动权。痛定思痛，意识到知识产权对企业发展的重要性后，该企业加强对自主知识产权的保护，并且发展创建自有品牌，现已拥有超过58000平方米的厂房面积，具备大规模生产能力，可为全球客户提供灯光整体解决方案。

第三节 知识产权合规管理

一、合规审查

> 8.3.1 合规审查
> 企业应基于知识产权合规义务的履行,在知识产权基础管理(见8.1)过程和经营管理(见8.2)过程中实施必要的审查,并保留成文信息。
> 注:专利、商标、著作权、商业秘密典型禁止性行为见附录B。

【条款解读】

企业合规审查,是指为保证企业经营管理活动的合规性,对企业的经营管理活动是否合规进行审核检查,包括对违规整改、合规持续改进情况的审查。它不仅是执法机关、司法机关(我国现阶段主要是检察机关)在办理案件中,对企业合规整改情况考察的重要手段,而且是企业在主动合规过程中,确保合规管理效果的重要内容。企业在知识产权管理过程中,需要及时有效地对履行知识产权合规义务进行审查,了解企业知识产权合规情况,确保知识产权管理过程符合知识产权合规义务。

【应用要点】

企业应结合知识产权基础管理(8.1)和知识产权经营管理(8.2),开展知识产权合规义务的审查工作。

合规审查对象可以从以下几个方面考虑:

(1)重点领域审查。对企业管理过程中容易发生知识产权合规风险和产生合规问题的领域和环节进行重点审查。

(2)热点领域审查。如垄断审查和不正当竞争审查。

(3)重大事项审查。对企业发展和经营管理活动中的重大事项进行知识产权合规审查,如上市、股权变动、企业改制改革、重要投资、重大项目开发运营、重要合同签订、海外合作等。

知识产权合规审查程序可以包括以下几项：

（1）企业各部门自查。在企业合规审查过程中，应先对企业知识产权合规情况进行全面审查，全面审查是企业合规审查的基础工作，可先组织各业务部门、各管理职能部门对其负责的范围进行全面自查，并将自查情况报合规管理部门汇总。

（2）专业部门审查。在全面审查的基础上，针对企业知识产权合规的重点、热点和专门领域，由相关专业部门，如技术、市场、采购、生产等部门进行审查，并提出专业意见。

（3）法务部门（或法务顾问）审查。重大知识产权合规风险往往都是对法律禁止性规定的违反，法务部门（或法务顾问）的审查是企业知识产权合规审查的重要环节。各部门自查和专业部门审查的结果和意见汇总后，可交企业法务部门进行法律审查，提出法律意见。

二、提出疑虑

> 8.3.2 提出疑虑
>
> 企业应确立、实施和维护一个报告过程，以鼓励和促进（在有合理理由确信信息真实的情况下）报告试图、涉嫌或实际存在的违反知识产权合规义务的行为。
>
> 该过程应：
> ——在整个企业内可见并可访问；
> ——对报告保密；
> ——接受匿名报告；
> ——保护报告者免于遭受打击报复；
> ——便于人员获得建议。

【条款解读】

举报是指举报可疑的不法行为或不法行为风险的行为。研究和经验表明，很大部分不法行为是通过企业内部或接近企业的人员的报告引起受影响组织的注意的。

建立及时有效的举报过程，可以减少企业知识产权风险，提高知识产权创新效率，维护企业产品或服务形象。企业应尽最大能力保护好举报人。考虑开发匿名或保密的举报人机制。

【应用要点】

企业应建立安全的举报环境，保证举报体系有效运行，可采用以下措施：

（1）制定有效措施，鼓励各种形式的举报行为。

（2）在企业办公场所设立举报箱、举报电话（或录音电话），或者告知员工举报传真、电子邮箱等，同时采取措施或者方式让员工能够方便地获得举报途径。

（3）对实名举报人员信息的保密至为重要。在保证相关区域符合安全规定的前提下，举报箱设立的地点，应避免电子探头监控。条件允许情况下，可以分别设立实名举报箱和匿名举报箱。对于电话和传真，应采取相应手段以保护举报者信息外泄。对于发生泄密和打击报复事件的应开展追责工作。

（4）对于负责企业举报信息收集及调查处理工作的部门或岗位人员，应确保其工作的保密性和独立性，对上级主管部门或领导垂直负责，尽量脱离本级企业的权利制约。

三、调查过程

> 8.3.3 调查过程
>
> 企业应开发、确立、实施并维护过程，以评估、评价、调查有关涉嫌或实际的知识产权不合规情形的报告，并作出结论，定期向最高管理者或管理者代表报告调查的次数和结果。这些过程应确保能公平、公正地作出决定。
>
> 调查过程应由具备相应能力的人员独立进行，且避免利益冲突。
>
> 企业应视情况利用调查结果改进知识产权合规管理体系（见第10章）。
>
> 企业应保留有关调查的成文信息。

【条款解读】

企业需要有效地管理知识产权，有效管理的一个特点是具有功能良好的机制，以便及时、彻底地调查对本组织、其人员或有第三方不当行为的任何指控或怀疑。这包括组织的相应文件、采取的一切处分或补救措施。

有效的调查机制能确认不当行为的根源、知识产权管理的漏洞和责任缺失的原因，包括管理者和治理机构之间的责任缺失。缜密的根源分析涉及不合规的程度和普遍性，牵涉的人员的数量和水平，以及严重性、持续时间和频率。

企业应确保调查是公正和独立的，并能够确立关于调查的报告机制，包括报告调查结果的级别。

【应用要点】

企业应明确启动调查的原因和频次，以评估、评价、调查有关涉嫌或实际的知识产权不合规情形的报告，并作出结论。调查一般分为以下几个步骤：

（1）制定调查方案。调查工作启动前，需要对举报内容或待调查内容进行初步分析，明确调查工作的范围，并制定行之有效的调查方案。调查方案一般包括调查目标分析、调查范围、调查方法、团队工作分工、调查工作进度安排等。

（2）进行初步调查。对于目前初步掌握的资料进行研阅，同时对公开信息及法律法规、行业标准等进行检索，以尽快确定、调整调查方向。产生文件包括检索报告、调查方案（更新及调整）。

（3）出具风险识别清单。基于前期工作，初步形成调查目标涉及的主要法律问题及风险识别结果，并出具知识产权风险识别清单，该清单应包括风险识别内容及初步结论。产生工作文件包括知识产权合规风险识别清单。

（4）出具不合规情形报告。待知识产权合规风险识别清单确定后，撰写全面的调查报告，报告应当包括调查的事实情况及依据、法律法规及政策现状、存在的合规问题分析及评估。

第十二章　绩效评价

本章节主要涉及知识产权合规管理体系的绩效评价。绩效评价是对知识产权合规管理体系、合规管理过程、合规管理绩效进行评价的活动，主要包括分析与评价、内部审核、管理评审。绩效评价的目的是检查检验知识产权合规管理体系的有效性，发现管理活动中存在的问题，优化管理制度、措施、程序和业务流程，旨在确保企业知识产权合规管理体系的有效运行，提升企业的知识产权保护能力和核心竞争优势。

第一节　通　　则

GB/T 29490—2023

9.1 通则

企业应策划并实施下列所需的监控和审查：

a) 评价知识产权合规管理体系的绩效；

b) 确保知识产权合规义务被履行。

GB/T 29490—2013

9.1 总则

策划并实施以下方面所需的监控、审查和改进过程：

a) 确保产品、软硬件设施设备符合知识产权有关要求；

b) 确保知识产权管理体系的适宜性；

c) 持续改进知识产权管理体系，确保其有效性。

第十二章 绩效评价

> **2023 版标准重要修订内容小提示**
> 新增：（1）评价知识产权合规管理体系的绩效；
> （2）确保知识产权合规义务被履行。

【条款解读】

"通则"是对"绩效评价"的解释，即绩效评价要做什么，该条款给出了两方面的要求：一是策划并实施"评价知识产权合规管理体系的绩效"活动所需的监控和审查；二是策划并实施"确保知识产权合规义务被履行"活动所需的监控和审查。具体监控和审查可以通过"9.2 分析与评价""9.3 内部审核""9.4 管理评审"予以实现。

【应用要点】

企业针对知识产权管理体系的绩效可以从以下几个方面进行评价：

（1）评价体系是否包含知识产权合规管理的相关条款，以及这些条款是否被有效执行，如领导重视、全员参与的基本原则是否得到贯彻；（2）评价体系是否涵盖企业所有类型的知识产权，如专利、商标、著作权、地理标志、商业秘密等，并且是否对这些类型的知识产权都有明确的管理要求；（3）评价体系是否采用了国际标准化组织（ISO）提出的管理体系国际标准通用框架"高层结构"（HLS），以确保结构的完整性和系统性；（4）评价体系是否设定了具体的绩效指标，并对这些指标进行了量化分析，以便跟踪和衡量知识产权管理的效果；（5）评价体系是否包含改进机制，以确保知识产权管理体系可不断地适应变化的环境和挑战，实现持续改进；（6）评价体系是否考虑了人力资源的合理配置，确保从事知识产权工作的人员具有适当的任职要求和培训，以支持知识产权管理体系的有效运行；（7）评价管理体系是否建立了有效的内部沟通渠道，确保知识产权管理体系的信息能够及时传达给所有相关人员，并得到反馈；（8）评价管理体系是否包含定期的管理评审，以评估知识产权管理体系的适宜性和有效性，并根据评审结果进行必要的改进。

通过综合评价，可以对企业知识产权合规管理体系的绩效进行全面的了解和判断，有效提高知识产权合规管理的效率和效果。

第二节　分析与评价

> GB/T 29490—2023
>
> 9.2 分析与评价
>
> 企业应根据获得的适当的数据和信息进行分析并形成结果，利用分析结果评价：
>
> a) 知识产权价值实现的符合性；
> b) 知识产权合规管理体系的绩效和有效性；
> c) 策划是否得到有效实施；
> d) 知识产权合规的监测结果；
> e) 应对风险和机遇所采取措施的有效性；
> f) 外部供方的绩效；
> g) 知识产权合规管理体系改进的需求。

> GB/T 29490—2013
>
> 9.3 分析与改进
>
> 根据知识产权方针、目标以及检查、分析的结果，制定和落实改进措施。

> **2023 版标准重要修订内容小提示**
>
> 新增：(1) 知识产权价值实现的符合性；
> (2) 知识产权合规管理体系的绩效和有效性；
> (3) 策划是否得到有效实施；
> (4) 知识产权合规的监测结果；
> (5) 应对风险和机遇所采取措施的有效性；
> (6) 外部供方的绩效；
> (7) 知识产权合规管理体系改进的需求。

第十二章 绩效评价

【条款解读】

"企业应根据获得的适当的数据和信息进行分析并形成结果"中所记载的数据和信息是指体系运行过程所形成的证据记录。

知识产权价值可以理解为"运用知识产权实现短期和长期、显性和隐性、财务和非财务的价值"。

知识产权合规管理体系的绩效是对知识产权目标、工作业绩完成程度的评价。

策划是否得到有效实施,是指企业所策划的知识产权合规管理体系是否得到有效的实施,体系运行是否具有有效性以及适宜性。

对知识产权合规监测的结果进行评价,主要评价知识产权合规管理体系是否满足要求和承诺。

应对风险和机遇所采取措施的有效性,主要评价在面对知识产权风险或遇到机遇时是否采取有效的措施规避风险或抓住机遇。

外部供方的绩效,是对外部供方目标管理完成程度情况的评价。

知识产权合规管理体系改进的需求,对应"10. 改进"要求。

【应用要点】

企业根据获得的体系运行的有效证据以及记录进行分析,利用分析结果评价以下几个方面的效果:

知识产权价值实现的符合性。企业应根据市场法、成本法和收益法等方法来评估知识产权的价值,并与企业的实际运营和市场表现相结合,以确保知识产权价值的实现符合预期目标。例如,可以通过比较交易价格、市场份额、市场潜力等因素来推断知识产权的实际价值。

知识产权合规管理体系的绩效和有效性。企业应建立知识产权管理体系,并实施、运行及持续改进,以保持其有效性。其包括理解企业知识产权管理需求,制定知识产权方针和目标,在业务环节获取、维护、运用和保护知识产权,监控和评审知识产权管理效果,以及根据检查结果持续改进知识产权管理体系。

策划是否得到有效实施。企业应通过策划知识产权管理体系,确保其在业务环节得到有效实施。这涉及统一部署经营、科技创新和知识产权战略，使三者互相支撑、互相促进，并确保最高管理者的支持和参与。

知识产权合规的监测结果。企业应定期对知识产权合规情况进行监测，并根据监测结果进行分析。这包括对知识产权的申请、授权、侵权行为等方面进行跟踪，以及对知识产权管理体系的适宜性和有效性进行评审。

应对风险和机遇所采取措施的有效性。企业应评估其应对知识产权风险和机遇所采取措施的有效性，包括防范知识产权风险、保障投资安全、提高生产效率、增加经济效益等方面。通过持续实施并改进知识产权管理体系，企业可以激励创造知识产权，促进技术创新，全面保护知识产权，支撑企业持续发展，并提升企业核心竞争力。

外部供方的绩效。企业应评估外部供方在知识产权方面的绩效，特别是在知识产权创造、保护、运用和管理方面。这可能涉及外部供方提供的技术、产品或服务是否符合知识产权的合规要求，以及它们是否能够支持企业的知识产权战略。

知识产权合规管理体系改进的需求。企业应识别知识产权合规管理体系中的改进需求，并根据这些需求进行相应的调整和优化。这可能包括更新标准名称、强化合规要素、扩大覆盖范围等，以适应知识产权保护全面加强、企业知识产权意识普遍提升、知识产权竞争日趋激烈的发展态势。

第三节　内部审核

一、审核策划

> GB/T 29490—2023
> 9.3.1　审核策划
> 企业应：
> a) 策划、制定、实施和保持审核方案，包括频次、方法、职责、策划要求和报告；

> b）规定每次审核的目标、准则和范围；
> c）选择审核员并实施审核，以确保审核过程客观公正。

【条款解读】

审核方案是针对特定时间段所策划并具有特定目标的一组（一次或多次）审核。需要实施内部审核的企业应策划、制定、实施和保持审核方案。审核方案涉及的范围应基于企业的规模以及知识产权合规管理体系的实际情况。应优先配置审核方案所确定的资源，包括内审员等。

【应用要点】

企业开展知识产权合规管理体系内部审核是确保企业知识产权管理体系符合相关标准和法律法规要求的重要保障。企业应做好以下几个方面：（1）确定审核的目的、范围和准则，企业首先需要明确内部审核的目标，如验证知识产权管理体系的有效性、识别改进点；界定审核的范围，包括哪些部门、流程或项目将被审核；制定审核准则，基于国家标准《企业知识产权合规管理体系　要求》或其他相关的知识产权管理要求等。（2）确定审核的可行性，评估企业是否具备进行内部审核的资源和能力，包括人力、财力和信息技术支持。（3）成立审核组，指定审核组组长和组员，选择具有相应知识和经验的人员担任审核组组长，组建审核小组，确保小组成员之间的专业互补。（4）编制审核计划，详细规划审核的时间表、方法和所需资源。（5）现场审核和编写审核报告，进行现场审核，收集证据，记录发现的问题，并编写审核报告。报告应包含审核发现、建议的改进措施和后续跟踪的安排。（6）审核后的改进，根据审核报告采取必要的改进措施，并对知识产权合规管理体系进行持续监控和评估。

二、审核实施

> GB/T 29490—2023
>
> 9.3.2 审核实施
>
> 企业应依据策划的要求开展内部审核，以确保知识产权合规管理体系：

> a) 符合本文件的要求；
> b) 符合企业自身对知识产权合规管理体系的要求；
> c) 得到有效实施和保持。

【条款解读】

"符合本文件的要求"，即按照2023版标准要求的策划或实施情况进行管理；

"符合企业自身对知识产权合规管理体系的要求"，即与企业执行相关知识产权合规管理体系要求的初衷相符，具体是与企业知识产权方针、目标相适应；

"得到有效实施和保持"，即标准要求覆盖全面且有效。

【应用要点】

企业知识产权合规管理体系内部审核是企业对其知识产权管理体系进行自我评估和审查的过程，企业应依据审核策划的要求开展内部审核，以确保知识产权管理体系的有效运行和符合标准要求，符合企业自身对知识产权合规管理体系的要求，并能够用于监控和不断完善知识产权合规管理体系的有效运行。

三、审核重点

（一）通则

> GB/T 29490—2023
>
> 9.3.3.1 通则
>
> 企业应确定内部审核的重点，包括：
> a) 是否发生或潜在存在侵犯他人知识产权的行为或风险，及知识产权被侵犯的情况；
> b) 知识产权合规义务及履行情况，不合规监测结果；
> c) 前次审核中发现问题的改进情况；
> d) 不同类型知识产权进一步考虑相关事项（见9.3.3.2~9.3.3.5）。

> GB/T 29490—2013
> 9.2 内部审核
> 应编制形成文件的程序，确保定期对知识产权管理体系进行内部审核，满足本标准的要求。

> 2023 版标准重要修订内容小提示
> 新增：（1）审核策划内容；
> （2）不同类型知识产权审核重点。

【条款解读】

"通则"部分主要从风险、合规情况、改进情况、不同类型知识产权四个方面进行考虑：是否发生了侵犯他人知识产权的行为；是否存在潜在的侵犯他人知识产权的风险；是否存在他人侵犯我方知识产权的行为；是否存在他人疑似侵犯我方知识产权的情况；是否对发生的侵权或被侵权情况进行分析，并采取了合适的处理方式。

此处的合规包含符合法律法规、行业规定、行政规定，符合客户要求等：在审核时需要关注合规情况，并对合规情况进行评价；对不合规进行分析，并持续跟踪；是否对客户要求、合同完成情况进行评价；对不合规是否进行分析、改进，并在后续持续地跟踪；所采取措施是否减少或杜绝不合规情况的发生。

前次审核主要包括内部审核、第三方认证机构审核、第二方客户评价、相关部门审核等：需要对前次审核情况进行分析，判断问题是否仍然存在，进一步对问题的改进情况进行评价；对涉及内部审核、第三方认证机构审核、第二方客户评价、相关部门审核中发现的问题、解决方式进行跟踪评价；采取哪些措施减少或杜绝问题情况的再次发生。

按照知识产权类型进行不同的分析，对其进行风险评估和管控。此外，还应考虑出现不同类别的知识产权侵权或被侵权时，企业采取的应对措施。

【应用要点】

企业应按照《企业知识产权合规管理体系　要求》所要求的审核重点

内容开展内部审核工作，审核内容主要包括：是否发生或潜在存在侵犯他人知识产权的行为或风险，以及知识产权被侵犯的情况；知识产权合规义务及履行情况，不合规监测结果；前次审核中发现问题的改进情况；专利、商标、商业秘密、著作权不同类型知识产权需进一步要考虑的审核重点。

（二）专　　利

> GB/T 29490—2023
> 9.3.3.2 专利
> 内部审核中专利的审核重点包括：
> a) 重要技术或产品是否适时通过申请专利予以保护；
> b) 是否存在非正常申请专利行为；
> c) 是否存在专利标识标注不规范的情况。

【条款解读】

针对专利，重要技术或产品可能来源于研发或生产过程中的改进。在成果产出后，企业应及时确定是否以专利形式进行保护；还应注意对于研发或生产过程中的成果的战略布局，对技术点的挖掘，针对不同技术点可采取不同的保护方式；此外，针对重要的技术或产品可通过购买的方式获得其专利权，或通过许可的方式获取其使用权。

将国家知识产权局下发的关于非正常专利申请产生情况与企业申请的专利进行比较，避免非正常专利申请，一旦涉及非正常专利申请，应对其进行评价，决定是否需要提起申诉。在日常申请中，准备好申诉资料，一旦专利技术被认为是非正常申请，可快速提交申诉资料。申诉资料包括研发记录、获取的荣誉或比赛等级证书、专利申请后的销售记录、生产记录等。

企业在产品上标注专利信息时，应根据《专利标识标注办法》（局令第63号），不能私自编造专利信息或者专利信息标注不规范。针对权利人名义的改变，可评估是否对专利权人进行变更；可以关注自主专利实施情况、专利稳定性、专利转让、专利许可等的评估；还可以关注对公司主营业务或未来业务产生影响的他人专利的购买、许可等的评估；可对专利侵权或被侵权情况进行评价。

（三）商　　标

> GB/T 29490—2023
>
> 9.3.3.3 商标
>
> 内部审核中商标的审核重点包括：
>
> a）是否针对企业需求申请注册商标；
> b）是否存在不以使用为目的的商标恶意注册；
> c）是否存在商标的不规范使用。

【条款解读】

商标包括境内商标和境外商标，针对主营商标及时分类别进行注册。其中包括境外贸易目的地和正在开拓市场或者未来业务规划地的商标的注册，防止被他人抢注。需关注注册商标是否已经覆盖主营业务，是否对未来将要开拓的行业进行了商标布局，商标类别是否丰富，是否进行了防御性的商标注册。此外，除了注册，还可以关注转让、许可，需要对自主商标许可或转让进行评价；对需要转进或取得他人许可的商标进行评价。此外，涉及为境外客户贴牌代工的，需要对客户商标在中国境内的注册情况进行评估，防止进出海关时被扣押。

商标注册时需对商标的使用实施情况进行评价，避免存在不以使用为目的的商标恶意注册。同时，在商标注册时应避免国旗、国徽等禁止性标志。

商标使用需要符合商标法规定，需关注是否对商标使用情况进行评价，包括在宣传册中使用时是否存在改变商标形状、将正在注册中的商标加注®标识，是否将驰名商标用于广告宣传。此外，还需要对他人是否侵犯企业商标或者疑似侵权情况进行评价；企业是否对初审公告期的商标进行监控、对近似商标提出异议。

当商标权人名义和地址发生变化时，需评估是否进行相应的变更。

（四）商业秘密

> **GB/T 29490—2023**
>
> **9.3.3.4 商业秘密**
>
> 内部审核中商业秘密审核重点包括：
> a) 是否建立确认商业秘密的机制；
> b) 是否存在商业秘密泄密的风险；
> c) 商业秘密的保护措施是否完善。

【条款解读】

建立商业秘密保护机制，包含确认商业秘密种类、范围等，对商业秘密定期进行价值评估，将需要保护的信息纳入商业秘密保护，将不再需要保护的信息解除商业秘密保护。此机制包含定密和脱密的条件、方法等。

企业应关注是否存在泄密的风险，可关注：涉密人员的识别，员工是否签订保密协议；涉密信息，在对外合作或发文时是否涉及商业秘密的审查；涉密区域，是否有门禁、访客通道等；涉密设备是否专员管理等。此外还需要关注是否发生泄密的事件，处理措施等。

基于商业秘密的特殊属性，企业应采取措施来保护商业秘密：通过有效措施进行商业秘密的管控，其手段包括软件和硬件，如加密软件等。企业还需要关注外来人员、外来事务、对外采购或技术合作等对企业商业秘密的影响。

（五）著作权

> **GB/T 29490—2023**
>
> **9.3.3.5 著作权**
>
> 内部审核中著作权的审核重点包括：
> a) 是否适时登记著作权；
> b) 是否及时发现和监控著作权及与著作权有关的权利被他人侵犯的情况；
> c) 是否存在侵犯他人著作权及与著作权有关的权利的情况。

【条款解读】

著作权主要包括作品和软件，企业根据成果选择合适的类型进行登记保护。目前登记的方式主要有国家版权中心登记、省级版权中心登记等。

企业应关注是否建立发现、监控、应对的流程和制度。通过网络或市场监控自主著作权是否被他人侵犯。发现被侵权时是否经过评估，采取合适的方式进行处理。

企业应关注是否建立流程、制度监控侵犯他人著作权情况。排查内部办公软件使用情况，是否存在侵权情况，是否收到过律师函件，采取怎样的处理措施。在微信公众号、视频号、官网、宣传册等宣传活动中使用的图片、字体、音乐等是否存在侵权情况，对侵权情况进行评价。

此外，企业还需要关注外来人员、外来事务等对著作权的影响。

第四节　管理评审

一、评审要求

> GB/T 29490—2023
>
> 9.4.1 评审要求
>
> 最高管理者应依据策划的要求开展管理评审，以确保知识产权合规管理体系的适宜性、充分性和有效性，<u>与企业的战略方向保持一致</u>。

> GB/T 29490—2013
>
> 5.5.1 评审要求
>
> 最高管理者应定期评审知识产权管理体系的适宜性和有效性。

> 2023 版标准重要修订内容小提示
>
> 修订：最高管理者应依据策划的要求开展管理评审，以确保知识产权合规管理体系的适宜性、充分性和有效性，与企业的战略方向保持一致。

【条款解读】

管理评审作为对整个体系运行的阶段性总结，以及与管理层充分沟通交流的窗口，通过管理评审，既可以让管理层对整个体系的运行情况有系统性的了解，也可以通过管理层实现资源的有效配置，以更好地帮助体系运行。因此，管理评审对于维持体系的长期有效运行具有极其重要的作用。本条款作为管理评审的总体要求，核心重点在于两个方面：一是强调管理评审的发起者应该是最高管理者，知识产权部门在管理评审过程中可以作为协助单位；二是强调确保知识产权合规管理体系与企业战略方向保持一致。这里的有一个变量，就是企业战略方向。这个变量是应该受到企业的内外环境影响而实时变化的，因此与企业战略方向保持一致，也是强调体系运行必须符合企业的发展需求。

同时，还应正确理解"应依据策划的要求开展管理评审"中的策划含义，即管理评审进行前应当有相应的策划，包含评审计划、各部门输入项准备、评审时间等工作。

【应用要点】

企业开展管理评审工作是企业知识产权合规管理体系有效运行的一个重要过程，能够确保管理体系的适宜性、充分性和有效性，并且与企业的战略方向保持一致。其中最高管理者在这一过程中扮演着至关重要的角色，因为他们负责确保知识产权管理体系得到有效运行和所需的资源，以便能够达到预期的效果。同时，管理评审工作有助于企业发现现有管理体系的不足之处，并提出改进措施，从而确保知识产权合规管理体系的适宜性、充分性和有效性。

二、评审输入

GB/T 29490—2023

9.4.2 评审输入

输入应包括：

a) 以往管理评审所采取的措施；

b) 与知识产权合规管理体系相关的内外部事项的变化，包括知识产权合规义务及变更情况；

c) 下列有关知识产权合规管理体系绩效和有效性的信息，包括其趋势：

1) 相关方的反馈；

2) 知识产权目标的实现程度；

3) 不合格、不合规及纠正措施；

4) 审核结果；

d) 资源的充分性；

e) 改进的机会；

f) 应对风险和机遇所采取措施的有效性。

GB/T 29490—2013

5.5.2 评审输入

评审输入应包括：

a) 知识产权方针、目标；

b) 企业经营目标、策略及新产品、新业务规划；

c) 企业知识产权基本情况及风险评估信息；

d) 技术、标准发展趋势；

e) 前期审核结果。

2023版标准重要修订内容小提示

新增：（1）以往管理评审所采取的措施；

（2）与知识产权合规管理体系相关的内外部事项的变化，包括知识产权合规义务及变更情况；

（3）下列有关知识产权合规管理体系绩效和有效性的信息，包括其趋势：

①相关方的反馈；

②知识产权目标的实现程度；

> ③ 不合格、不合规及纠正措施；
>
> （4）资源的充分性；
>
> （5）改进的机会；
>
> （6）应对风险和机遇所采取措施的有效性。

【条款解读】

管理评审输入项是确保整个评审有效性的基石，本条款对输入项进行了区分，共计列明了6个方面的输入。

其中，a）条款是对过去管理评审中采取措施的完成情况进行验证，保证管理评审措施的有效性。b）条款主要提到内外部事项的变化，具体的内外部环境因素的定义可参考"4.1 理解企业及其环境"中的定义。其中知识产权合规义务可参考"4.5 知识产权合规义务"理解知识产权合规义务和变更情况的定义。c）条款提到了4个方面的管理体系绩效和有效性信息，包括：1）为相关方的反馈，这里的相关方泛指与企业有各种各样关系的个人和企业，包括经济利益关系、商业关系、合作关系、行政关系、竞争关系等，涵盖内外部，如顾客、投资人、员工、社区居民等个人，供货商、银行、行业主管部门、工会、合作伙伴、竞争对手，或志愿者、公益企业等。多方面的关于知识产权合规管理的反馈都可以进行收集。2）为知识产权目标的实现程度，这里主要涉及对于上年度知识产权分解目标的考核情况，以及长期目标、中期目标的完成情况。3）为不合格、不合规及纠正措施，这里主要指的是最近一次内部审核中发现的体系运行问题和后续的整改完成情况。4）为审核结果，主要指的是最近一次内部审核（或者最近一次外审）的审核结果。d）条款提及了资源的充分性，主要指本标准"7.1 资源"中的人力资源、基础设施、财务资源、信息资源等是否能满足现有体系管理需要。e）条款是前期体系运行过程中发现的改进机会，作为输入项的一部分，以期通过管理评审顺利转化为评审输出。f）条款提到了应对风险和机遇所采取措施的有效性，主要是要求梳理在本次运行周期内对于风险和机遇所采取的措施起到了何种作用，是否发挥了积极影响等，便于后续针对各种风险和机遇采取更加行之有效的措施。

【应用要点】

企业知识产权合规管理体系的管理评审是对管理体系的适宜性和有效性进行定期审查，管理评审的输入包括以下几个方面：以往管理评审所采取的措施；与知识产权合规管理体系相关的内外部事项的变化，包括知识产权合规义务及变更情况；有关知识产权合规管理体系绩效和有效性的信息，包括其趋势：相关方的反馈，知识产权目标的实现程度，不合格、不合规及纠正措施，审核结果，资源的充分性，改进的机会，应对风险和机遇所采取措施的有效性。

以上信息应在企业知识产权管理评审过程中被考虑，以便对知识产权管理体系的有效运行进行全面评估和改进。

三、评审输出

> GB/T 29490—2023
>
> 9.4.3 评审输出
>
> 输出应包括：
>
> a) 知识产权方针、目标所需的变更；
>
> b) <u>知识产权合规管理体系所需的变更；</u>
>
> c) 资源需求。
>
> 企业应保留成文信息，作为管理评审结果的证据。

> GB/T 29490—2013
>
> 5.5.3 评审输出
>
> 评审输出应包括：
>
> a) 知识产权方针、目标改进建议；
>
> b) 知识产权管理程序改进建议；
>
> c) 资源需求。

> **2023 版标准重要修订内容小提示**
> 新增：(1) 知识产权合规管理体系所需的变更；
> (2) 企业应保留成文信息，作为管理评审结果的证据。
> 修订：知识产权方针、目标所需的变更。

【条款解读】

本条款明确了管理评审的三方面输出项，从结构来看分为三个层次，即最高层的知识产权方针、目标是否需要进行变更以及变更的方向；中间层涉及整个知识产权合规管理体系的手册，程序以及管理流程等是否需要进行变更以及变更的方向；最下层是保证知识产权合规管理体系有效运行的各种资源需求是否充分，以更好地支持体系的运行。还应注意对管理评审形成的各方面材料的保管和保存工作是否科学、规范。

【应用要点】

企业知识产权合规管理评审的输出主要包括以下几个方面。

(1) 知识产权方针、目标所需的变更：评审过程中可能会发现现有的知识产权方针和目标需要调整或优化的情形，以更好地适应企业的发展和外部环境的变化。(2) 知识产权合规管理体系所需的变更：评审可能会发现现有的知识产权合规管理体系存在的缺陷或不足之处，需要提出改进或变更措施以提高管理的效率和效果。(3) 资源需求：评审可能会指出为了实现知识产权合规管理的目标和改进措施，企业需要增加投入，包括人力、财力和物力资源。

针对以上管理评审输出，企业需要保留相关记录文件，作为管理评审结果的证据。这些输出旨在帮助企业改进知识产权合规管理体系，确保其能够有效地支持企业战略和运营活动。在实际操作中，企业可能还需要根据自身的具体情况和评审结果，制定详细的实施计划和时间表，以确保改进措施得到有效实施。

第十三章 改 进

本章节主要涉及知识产权合规管理体系的改进要求，主要包括不合格和纠正措施、持续改进。企业应对知识产权合规管理体系进行自我评价，识别改进机会，旨在持续改进知识产权合规管理体系的适宜性、充分性和有效性。

第一节 通 则

> GB/T 29490—2023
>
> 10.1 通则
>
> 企业应确定和选择改进机会，并采取必要措施，以持续履行知识产权合规义务，应对知识产权风险和实现知识产权价值，提升企业的竞争力。包括：
>
> a) 改进产品和/或服务，确保知识产权合规义务履行；
>
> b) 纠正、预防或减少不利影响；
>
> a) 确保知识产权合规管理体系的适宜性、充分性和有效性；
>
> d) 持续改进知识产权合规管理体系。
>
> 注：改进的例子包括纠正、纠正措施、持续改进、突破性变革、创新和重组等。

> GB/T 29490—2013
>
> 9.3 分析与改进
>
> 根据知识产权方针、目标以及检查、分析的结果，制定和落实改进措施。

> **2023 版标准重要修订内容小提示**
>
> 新增：（1）改进产品和/或服务，确保知识产权合规义务履行；
> （2）纠正、预防或减少不利影响；
> （3）确保知识产权合规管理体系的适宜性、充分性和有效性；
> （4）持续改进知识产权合规管理体系。

【条款解读】

改进的目的在于企业通过持续履行知识产权合规义务，应对知识产权风险和实现知识产权价值，提升企业的竞争力。

企业应确定和选择改进机会，采取必要措施包括纠正、纠正措施、持续改进、突破性变革、创新和重组。例如，定期举行内部审核、管理评审等活动，以使企业的经营活动各环节持续符合知识产权合规管理体系要求。通过内部审核发现不合格问题，采取纠正、纠正措施、纠正措施计划，来纠正、预防非期望后果或减少不利影响；通过管理评审确保知识产权合规管理体系的适宜性、充分性和有效性。

【应用要点】

企业在确定和选择改进机会时，应首先进行现状评估，了解自身在知识产权管理方面的优势和不足，改进产品和/或服务，确保知识产权合规义务履行，纠正、预防或减少不利影响，确保知识产权合规管理体系的适宜性、充分性和有效性，持续改进知识产权合规管理体系，其中可包括评估企业知识产权的数量、质量、管理制度的完善程度、管理流程的规范性以及知识产权保护措施的有效性。此外，还应考虑知识产权的转化运用情况，如知识产权的实施、许可、转让活动。

为了持续履行知识产权合规义务，企业需要采取一系列必要措施：建立和完善知识产权管理制度，确保企业有一套清晰的知识产权管理政策和程序，涵盖获取、维护、运用和保护等各个环节；加强技术研发和人才培养，鼓励创新，保护研发成果，并培养懂得管理和运用知识产权的专业人才；合理运用知识产权法律制度，充分利用现有的知识产权法律框架，保护企业的合法权益，避免侵权行为。提高知识产权保护和维权能力，加强内部监控，及时发现和处理知识产权纠纷。

企业在应对知识产权风险时，应该建立风险评估机制，定期对知识产权状况进行审查，识别潜在的风险点，并制定相应的预防和应对措施。同时，企业应该积极探索知识产权转移转化，通过许可、转让或合作等方式，实现知识产权的价值转化，从而提升企业的市场竞争力。

通过上述措施，企业不仅能够有效地管理和保护自己的知识产权，还能够在市场中树立起强大的品牌形象。此外，良好的知识产权管理还能够提高企业的创新能力，推动产品和服务的升级换代，进一步巩固和提升企业的市场地位。

第二节　不合格和纠正措施

GB/T 29490—2023

10.2 不合格和纠正措施

<u>企业应对出现的不合格或不合规进行调查与评价，分析和确定不合格或不合规的原因，确定措施和实施范围，实施所需的措施，评审所采取的纠正措施的有效性。</u>企业应保留成文信息，作为纠正措施实施及结果的证据。

2023版标准重要修订内容小提示

本条款为新增条款。

【条款解读】

当企业发现不合格后，应采取以下措施：

不符合部门负责人对出现的不合格或不合规进行评价，分析和确定不合格或不合规的原因，确定纠正措施和实施范围，实施所需的措施，即为消除已发现的不符合或其他不期望情况的原因采取的措施。

保留成文信息，作为纠正、纠正措施实施及结果的证据。

【应用要点】

当企业遇到不合格或不合规的情况时，可采取以下步骤进行处理：

（1）仔细审查相关报告，确保准确理解和确认每个不符合项的性质、范围、严重程度和影响。（2）针对每个不符合项，进行深入的原因分析，可以采用5W1H分析法等工具，找出导致不符合项的根本原因。（3）基于原因分析的结果，制定适当的纠正措施来解决不符合项。纠正措施应具体明确，并包括具体的时间表和责任人。（4）按照制定的纠正措施进行实施，并确保所有相关人员了解和理解纠正措施的要求。（5）对已实施的纠正措施进行验证，以确保其有效性和可行性，可以通过内部审核、抽样检查和实地考察等方式进行验证。（6）建立跟踪和监控机制，以确保纠正措施的长期有效性，可以通过定期的内部审核和管理评审等方式进行跟踪和监控。（7）将不符合项作为持续改进的机会，并在组织内推广相关的改进措施和经验。通过持续改进，可以进一步提高知识产权合规管理体系的有效性和效率。（8）企业应保留相关记录，作为纠正措施实施及结果的证据，这些记录通常包括：不符合项的详细描述和确认记录；原因分析的报告和结论；纠正措施的计划和实施细节；验证纠正措施有效性的记录和结果；跟踪和监控的记录；持续改进的措施和效果评估。记录不仅有助于证明企业已经采取适当的行动来解决不合格或不合规的问题，还能作为未来预防类似问题发生的参考资料。

第三节　持续改进

> GB/T 29490—2023
> 10.3 持续改进
> 企业应持续改进知识产权合规管理体系的适宜性、充分性和有效性。
> 企业应结合分析和评价的结果以及管理评审的输出,以确定是否存在风险或新的需求或机遇,这些需求或机遇应作为持续改进的一部分加以应对。

2023版标准重要修订内容小提示

本条款为新增条款。

【条款解读】

企业通过内部审核分析和评价的结果、管理评审的输出来确定企业是否存在风险或新的需要或机遇,如果存在风险或新的需求或机遇,那么就应该作为持续改进的一部分加以应对并采取必要的措施,确保知识产权合规管理体系的适宜性、充分性和有效性。

针对内部审核的预防措施包括对不合格项事实进行举一反三分析,消除潜在不符合或其他潜在不期望情况的原因所采取的措施。

针对管理评审提出的预防措施包括：管理体系文件的更改,包括方针、目标、管理手册、程序文件的更改等；资源的调整、补充,如人员的调整、资金的补充等；过程的调整和改进；机构职能的调整完善。

纠正措施计划应确定责任部门、责任人和验证人,以对持续改进有效性进行评审和验证,进而确保下一次审核前已得到必要的改进。

【应用要点】

企业在知识产权管理过程中需要不断地进行分析和评价,以确保知识产权合规管理体系的适宜性、充分性和有效性。其包括对知识产权风险的识别、评估和监控,以及对新的需求或机遇的探索,这样企业可以及时发现问题并采取相应的改进措施，从而提升整体管理水平和核心竞争力。

企业应考虑分析和评价的结果以及管理评审的输出，以确定是否存在风险或新的需求或机遇，将这些因素应作为持续改进的一部分加以应对，并确保在下一次审核前已得到必要的改进。企业开展分析与评价以及管理评审的目的是确保知识产权合规管理体系能够满足企业的知识产权方针和目标，同时也是识别改进机会和变更需求的重要途径，从而有效维持知识产权合规管理体系的适宜性、充分性和有效性。

第三编
GB/T 29490—2023 标准审核实施建议

基于前文的介绍，新版标准在诸多方面进行了补充完善，在审核实施层面较2013版展现了新的特点。本部分将通过逐条对比分析，揭示两版标准在审核实施层面的差异。

第十四章 "4 企业环境"审核实施建议

第一节 理解企业及其环境

【审核实施建议】

因企业所在的行业、企业规模、管理水平等因素不同,在认证审核时,所审核的具体内容以及方式方法可能有所差异,但核心内容还是以标准条款为主。一般重点关注以下三个方面:

(1) 本条款的被审核部门一般是制定公司知识产权战略的部门(高层管理人员/总经理办公室/知识产权管理部门);

(2) 关注知识产权合规管理体系与企业环境的适宜性,例如,公司是如何制定知识产权方针和战略目标的,制定时是否考虑了内外部环境因素,内外部环境因素是通过什么方法确定的,是否有短期、中期、长期的战略规划;

(3) 内外部环境变化的信息是否实施相关信息进行监视和评审,相关信息是如何获取、分析和利用的。

现场审核时,首先与主责部门受审核人员进行沟通,了解企业与知识产权目标和战略方向相关并影响其实现知识产权合规管理体系预期结果的各种外部和内部因素,以及对这些内、外部因素的相关信息进行监视和评审的情况如何,并且了解根据识别的外部和内部因素,是否识别了风险和机遇,以及知识产权目标和战略是否考虑了该风险和机遇,是否将风险机遇措施输入6.2.1、6.2.2。进一步沟通,了解其对经济和社会发展状况、法律法规和监管环境等合规要求的熟悉程度，以及企业所处产业市场环境、技术发展环境、产业政策和产业规划等，了解企业的价值观、经营战略、文化、知识、经验和绩效，以及企业的创新战略、知识产权战略、品牌战略、产品和/或服务所涉及的核心技术等，对公司知识产权基本状况的了解程度。

其次，查看相关记录文件，例如，经济与社会发展状况的调研记录、知识产权与合规领域有关的法律法规及相关政策文件，内部因素的相关记录等，是否有上述内容进行识别、监视和评审的记录，结合管理评审的"9.4.2评审输入"进行审核。

最后，结合现场实地查看情况以及网上调查了解，确定受审核方识别的内、外部因素与受审核方实际情况是否相适宜。

第二节 理解相关方的需要和期望

【审核实施建议】

首先，与主责部门受审核人员沟通，确定其对知识产权合规管理体系有关的相关方的了解程度，并进一步了解相关方对受审核方知识产权方面的要求，以及相关方的要求中需要知识产权合规管理体系予以解决的问题包括哪些，还需了解上述要求，对知识产权管理的影响情况，并了解受审核方如何进行相关要求的持续监视和评审。

其次，查看相关记录文件，是否具有与知识产权合规管理体系有关的相关方、相关方要求、需要知识产权合规管理体系予以解决的相关方需求的记录，以及持续监视和评审的记录。结合管理评审的"9.4.2评审输入"进行审核。

最后，结合现场实地查看以及网上调查，确定受审核方识别的相关方以及相关方要求与受审核方实际情况是否相符合。

第三节　确定知识产权合规管理体系的范围

【审核实施建议】

与企业管理层及主管部门面谈，了解与管理体系范围有关的下列因素：

（1）4.1、4.2和4.5条款的相关要求；

（2）以不影响企业履行知识产权合规义务的能力，不影响企业防范知识产权风险、实现知识产权价值、增强企业产品和/或服务的竞争力为前提，确定界定的管理体系范围与企业实际经营活动是否相匹配，是否存在不适用的条款，不适用理由描述是否恰当充分；

（3）判断其管理知识产权合规管理体系的边界和范围描述的准确性和适宜性。

第四节　知识产权合规管理体系及其过程

【审核实施建议】

首先，与企业管理层及主管部门面谈，了解知识产权管理相关过程及相互关系的相关情况。

其次，查看相关记录文件，并结合情况进行现场实地查看，确认以下信息：

（1）企业是否识别了所需要的过程及其在企业中的应用，包括输入输出、顺序、相互作用、相关的准则和方法、资源、职责权限、风险和机遇；

（2）在内部审核和管理评审过程中如何评价这些过程，是否发生了过程变更，在哪些方面可以改进这些过程；

（3）对企业所外包的过程实施控制的情况；

（4）企业确定知识产权合规管理体系所需过程，是否形成文件化信息，文件化信息和记录有哪些形式；

（5）对过程运行和知识产权合规管理体系绩效进行控制是否有形成文

件的信息给予支持，是否需要保留过程按规定实施的记录。

最后，在确定的范围和程度上，确认以下信息：

（1）企业对知识产权合规管理体系所需过程确定的结果是否形成文件化信息，文件化信息和记录有哪些形式；

（2）对过程运行和知识产权合规管理体系绩效进行控制是否有形成文件的信息给予支持，是否需要保留过程按规定实施的记录。

第五节 知识产权合规义务

【审核实施建议】

首先，与主责部门受审核人员进行沟通，了解其对知识产权合规义务的理解，以及其在识别知识产权合规义务时考虑的角度及来源是否全面，是否与企业活动、产品和/或服务相适宜，以及在公司内部是如何履行知识产权合规义务的；了解其对知识产权合规义务需持续识别的情况是否清楚，是否识别出新增及变更的知识产权合规义务，并评价其产生的影响，以及对知识产权合规义务管理实施了哪些必要的调整，以确保持续合规。

其次，查看是否保留了知识产权合规义务的成文信息。需重点关注识别出的知识产权合规义务是否与企业的活动、产品和/或服务相关，若企业所识别的知识产权合规义务仅为共性内容，并未涉及企业个性信息，则需提醒进行修改。

最后，保证持续识别并调整企业涉及的知识产权合规义务。需重点关注，当发现新增的知识产权合规义务时，如何增加新增的合规义务管理要求；当发现变更的知识产权合规义务时，如何评价变更所产生的影响，并对知识产权合规义务管理实施必要的调整，确保持续合规。

【案例解析】

2019年，审核组于深圳某公司进行知识产权管理体系二阶段现场审核。审核员发现，虽然该公司知识产权部负责人收集了40部包括《中华人民共和国专利法》《中华人民共和国著作权法》《中华人民共和国商标法》等在内的与知识产权相关的法律法规，且均为最新版本，但不能提供将这些收集到的法律法规向员工传达的记录。经询问，该负责人表示确实未向公司员工传达。审核员据上述审核证据，认为相关管理不符合标准的要求，并开具了不符合报告。

第十五章 "5 领导作用"审核实施建议

第一节 领导作用和承诺

【审核实施建议】

1. 最高管理者职责

通过管理层沟通，了解管理层在管理体系实施过程中发挥作用情况，包括知识产权方针、目标、管理职责和权限及有效沟通、资源配备、管理评审等过程；了解知识产权合规管理体系要求有效地融入企业的业务过程、整体实施情况。

2. 最高管理者承诺

（1）通过管理层沟通，了解当前知识产权高质量发展的方向和活动，结合实际应用情况，了解知识产权如何带给企业市场竞争力的提升。

（2）通过管理层沟通，了解企业目前和未来知识产权的价值实现情况。

（3）通过管理层沟通，了解企业是否有知识产权不合规行为发生；若发生，将如何处理；以及对不合规承诺的约定情况。

（4）了解是否通过评估方式，管理和降低知识产权方面存在的不确定性；是否有能力识别、应对和预防内外部因素导致的潜在知识产权风险；以及采取了哪些手段和使用工具。

3. 文　化

通过管理层沟通了解企业当前知识产权文化基本情况，了解如何建立和形成企业的文化，如何进行企业知识产权文化的保护、传达，形成文化共识，并应用于企业研发创新过程中。

【案例解析】

2019年6月，审核组于广东某电器有限公司进行知识产权管理体系二阶段现场审核。审核员发现，虽然该企业的年度知识产权目标已分解到各部门，但是各部门的分解目标与部门的日常职责关联不大，特别是海外销售部及总经理办公室问题比较突出，因此开具了不符合项。

受审核方及时进行了原因分析，认为体系运行初期，负责体系建立的相关人员对于标准条款理解不到位，尤其是对标准中"针对企业内部有关职能"的要求缺乏足够的认识，从而导致不符合的出现。为此，在最高管理者的带领下，该公司管理者代表、各部门负责人按照部门职责重新制定了切合实际的知识产权目标，目标便于考核且与该公司的知识产权方针保持一致，经最高管理者批准后再次进行了发布。同时，由管理者代表牵头，对最高管理者、各部门负责人、知识产权部全员进行了培训，培训内容为GB/T 29490标准等。审核员根据该企业提供的相关证据进行了书面验证，认为该企业采取的纠正和纠正措施符合要求。

第二节 知识产权方针

【审核实施建议】

询问最高管理层对知识产权方针的理解，方针的内容设定是否满足以下方面的要求：

（1）与企业的经营发展相适应，且能够支持企业的战略方向；

（2）遵守知识产权合规义务；

（3）包括持续改进知识产权合规管理体系的承诺。

除了与管理层沟通审核方针的相关内容，还需要与各个受审核部门及人员沟通，了解其对方针的认知和理解程度。

查看针对知识产权方针是否有传达、宣贯等过程记录，传达宣贯方式是什么。

查看针对知识产权方针的实施情况，有无得到全体人员的理解，并实施知识产权方针。

结合管理评审的内容，检查是否在持续适宜性方面得到评审。

第三节　岗位、职责和权限

"5.3 岗位职责和权限"下面有两个小节："5.3.1 管理者代表"和"5.3.2 机构"。

【审核实施建议】

首先，查看《知识产权手册》中知识产权管理者代表的设定是否满足《知识产权手册》的要求，通过管理层沟通，了解管理者代表是否明确自身知识产权管理过程中的职责以及在体系运行过程中主要承担的责任和工作情况。

其次，检查知识产权管理机构的设立、运行情况；专职或兼职工作人员的专业程度是否满足知识产权管理体系需求；知识产权工作人员对自己的职责是否熟悉；查看知识产权主责部门、各职能部门相关的知识产权工作，职责分工是否明确、是否满足本条款的要求。

最后，查看其他管理机构的知识产权职责是否与实际相适宜，相关工作人员对岗位职责是否明确。

【案例解析】

某公司由知识产权部负责知识产权的管理，其中部分人有法律背景，多数人拥有技术背景。审核组在进行知识产权管理体系二阶段现场审核过程中查看知识产权人员的任职情况，发现该公司的知识产权管理有一个很重要的特点，就是知识产权人员任职条件要求法律人员和技术人员配合，共同处理知识产权业务。知识产权部和研发部密切联系，负责协助研发技术人员取得知识产权、保护公司的权利、防止侵犯他人的知识产权，同时经常举办相关技术和法律的培训，让知识产权工作人员集技术性和法律性于一身，更好地为企业服务。

第十六章 "6 策划"审核实施建议

第一节 通 则

【审核实施建议】

通过与最高管理者或管理者代表面谈，了解相关各方的需求，判断知识产权合规管理体系的策划情况，询问与本企业有关的知识产权法律和其他要求包括哪些，从哪些渠道可以获取，由哪个部门具体分管，询问为履行知识产权合规义务需要哪些资源，以及配备情况。

审核相关职能部门时，查看企业是否识别所涉及的知识产权种类，是否按照不同知识产权类型制定知识产权获取、维护、运用、保护过程控制的要求，并按照要求实施过程控制，相应的过程控制要求是否保留成文信息。

企业应在识别所涉及的知识产权种类，如专利权、商标权、著作权（含计算机软件著作权）、商业秘密、集成电路布图设计、植物新品种权、地理标志和商号权等的基础上，确定知识产权管理重点，如当前的知识产权管理的重点在知识产权获取、保护、运用、风险防御等。应根据企业产品的特点、企业规模、行业内技术所处的层次、未来发展方向、有无大型投融资计划等进行综合考量。审核时应参考以上因素识别企业目前的知识产权类型和管理重点是否适宜。

第二节　知识产权目标及其实现的策划

一、知识产权目标策划

【审核实施建议】

现场查看是否有成文的知识产权目标。

按照方针的要求，是否针对不同职能部门、层次（管理层次、时间层次，各个层次的目标要相互支持）对目标进行分解，分解出的目标（可以分为中长期、短期目标，各个部门、岗位的目标）是否合理，是否形成文件并可考核。还要关注审批是否完整有效。对目标何时更新，是否规定有具体的时间节点。知识产权目标是否分解到职能部门，力求量化且可测量、考核；知识产权目标是否与方针相适应。

【案例解析】

某公司2023年12月3日正式运行知识产权合规管理体系，11月26日总经理签批了知识产权方针和目标，知识产权方针为"增强意识、创新推动、强化布局、加强保护"。

知识产权目标如下：

（1）长期目标为：建立完善的知识产权管理体系，培养知识产权专业人才，推进专利技术转移转化。

（2）2024年知识产权目标为：丰富和完善知识产权管理制度；创建知识产权专员管理队伍，建立知识产权联络员队伍，完成知识产权培训；促进成果转化，推进专利许可或转让。

该公司制定的知识产权方针主要侧重知识产权的布局和保护，说明现阶段该公司的知识产权工作重点应该是如何通过更好地布局知识产权来保护科技创新成果。但是该公司的知识产权目标都是关于知识产权制度建设、人才培养和技术转移转化方面，并没有体现知识产权布局和保护，知识产权目标与知识产权方针并没有保持一致。该公司制定的2024年度知识产目标也不可考核。

二、知识产权目标实现策划

【审核实施建议】

与管理层沟通，询问其对企业知识产权的长期目标、中期目标、年度目标的理解，是否考虑了实现目标的方法、所需资源、岗位和职责、完成目标所需应对风险和机遇的措施，如何在知识产权合规管理体系运行过程中整合并实施这些措施，是否从符合知识产权合规要求、知识产权风险控制、知识产权价值实现等评价改进措施的有效性。

审核知识产权管理部门和相关职能部门时重点询问根据具体的部门目标（与部门职责是否匹配），如何考虑实现目标的方法、所需资源、岗位和职责、完成时间、完成目标所需应对风险和机遇的措施，如何在知识产权合规管理体系运行过程中整合并实施这些措施，是否从符合知识产权合规要求、知识产权风险控制、知识产权价值实现等方面评价改进措施的有效性。

查看知识产权管理部门和相关职能部门的知识产权目标、最近一期考核情况，有无改进情况。审核期间跨年度的，要查看年度目标考核记录；如果不跨年度，计划目标考核周期未到，可在内部审核记录中查看各个部门目标的完成情况。

第三节 针对变更的策划

【审核实施建议】

与管理层进行沟通，询问知识产权合规管理体系进行变更时，变更的流程是怎样的，变更策划时如何考虑变更目的及其潜在后果；知识产权合规管理体系的完整性；资源的可获得性；职责和权限的分配或再分配。

第十七章 "7 支持"审核实施建议

第一节 资 源

一、通 则

【审核实施建议】

与主责部门人员进行沟通,了解企业目前提供了哪些所需的支持资源,以建立、实施、保持和持续改进知识产权合规管理体系。在了解总体情况的基础上询问:现有内部资源的能力满足情况和存在的局限性;采取了哪些措施保障知识产权合规管理体系的有效运行,如需要从外部获得的资源有哪些,通过什么方式获得等。

二、人 员

【审核实施建议】

首先,与主责部门受审核人员进行沟通,询问受审核人员对于员工知识产权合规义务,入职、在职、离职、奖惩等活动过程的知识产权管理情况,例如,与知识产权关系密切的岗位入职情况、知识产权背景调查情况等,离职员工的竞业限制协议执行情况、奖励发放情况等,了解受审核方实际运行和控制过程是否符合体系要求。

其次,查看相关记录文件,查看在体系运行期间,上述管理活动的样本量,按照抽样原则选取适量记录文件样本,并对记录文件的符合性和有效性进行审查记录，例如，保密协议、竞业限制文件、入职背景调查、入职知识产权声明、离职事项提醒等记录表单。

【案例解析】

某企业运行知识产权合规管理体系，新招聘10名职工，其中9名是应届毕业博士，1名是从某企业招聘。人事部工作人员根据体系运行要求，给上述人员每人发了一份《入职知识产权背景调查表》，由入职人员填写，并签字，表单中包括：之前工作中专利申请情况、之前工作中涉及的知识产权情况介绍、以前雇主信息以及是否有签订竞业限制协议等内容。人事部门工作人员将入职人员填写的表单收集后进行了归档，但没有进行核实。

2024年6月，审核组进入该公司进行现场审核，审核员与人事部门工作人员沟通了解对入职人员进行背景调查的过程，询问为什么没有对调查表中的内容进行核实，工作人员回答说公司招聘的都是高学历人才，所填写的信息都是真实无误的，不存在造假行为。审核员现场抽查4份《入职知识产权背景调查表》，均只有被调查人签字，没有调查人签字确认。其中1份应届博士所填写的《入职知识产权背景调查表》中"之前工作中涉及的知识产权情况介绍"处为无，经审核员检索，其在博士就读期间申请了5项发明专利。其中1份社会招聘人员的《入职知识产权背景调查表》中勾选曾签订过竞业限制协议。

入职知识产权背景调查应该是一种主动的调查行为，形式多样，包括问卷填写、电话核实、前雇主拜访和检索调查。该公司的人事部门工作人员仅是由入职人员填写调查表，并没有去核实信息的真实性和准确性，在《入职知识产权背景调查表》应该增加调查人员签字确认，以证明调查结果经过调查人员的验证。

审核组现场审核发现有的调查表中填写信息不正确，社会招聘人员的调查表中还写明曾签订过竞业限制协议，针对这种情况一定要详细了解该竞业限制的内容，是否有限制单位名单，所在公司是否在名单内，以及该竞业限制协议是否过期等，还应该通过电话与上家雇主联系并了解详细情况，以规避风险。

【案例解析】

某大型国企成立时间较久,每年有很多职工退休,同时每年也会招聘大量新职工。该企业自2024年1月开始运行知识产权管理体系,5月审核组进入该企业进行现场审核,审核员与人事管理部门员工进行沟通了解职工离职、退休的管理,对方将企业员工离职、退休的流程进行了介绍,包括离职、退休物品交接、相关部门审批等。审核员询问是否进行知识产权事项提醒,明确有关职务发明的权利和义务,对方回答尚未开展,因为退休的员工一般都会返聘,离职的人员一般也不掌握关键技术,所以没有做。但是审核员经过了解,多年前该企业曾有人离职后,利用在工作期间的职务发明开了一家公司,效益还不错。

对离职、退休的员工进行知识产权事项提醒,明确有关职务发明的权利和义务,目的是防止离职、退休员工将职务发明用于其他方面,侵犯单位的知识产权。

该企业曾经发生过离职人员擅自使用职务发明的情况,但是依然没有意识到进行知识产权事项提醒的必要性。对于退休员工,虽然可能会返聘,但是不能保证所有退休员工不会进入其他单位工作;对于离职人员是否掌握关键技术也不好完全断定,其离职后进入同行业企业工作的可能性非常大,因此对其进行知识产权事项提醒是非常必要的。

三、基础设施

【审核实施建议】

首先,与主责部门人员进行沟通,从符合性和有效性的角度,了解知识产权管理体系运行所需的软硬件设备(尤其是知识产权数据库资源、知识产权管理软件)能否有效支撑知识产权目标,以及办公场所等基础设施的保障情况,是否可以有效支撑知识产权管理体系运行。

其次,结合情况进行现场实地查看,观察受审核方软硬件设备使用情况,是否能够支撑知识产权管理体系运行,观察员工办公环境,尤其是涉密部门是否有满足保密要求的办公场所。

四、财务资源

【审核实施建议】

与财务部门人员进行沟通，询问有关知识产权合规管理的财务资源的职责划分、规划和具体执行方式，现场查看企业是否建立了知识产权相关财务管理制度或者控制程序。

根据财务相关制度，查看财务部与知识产权有关的经费使用情况，如用于专利申请、商标注册、版权登记、检索、诉讼、知识产权转移转化、奖励等事项的财务报销、请款、审批记录等。抽查若干项知识产权费用支出情况，查看记账凭证、发票等。根据知识产权目标，检查财务资源的保障情况能否有效实施知识产权合规管理体系，如能否满足专利的年申请数量对于经费的需求等。

针对知识产权管理机构的运行，一般大中型企业会设置专门的知识产权管理部门，而中小型企业将知识产权管理工作合并至行政部门或者研发部门，无论以哪种方式，知识产权管理机构的运行均应确定财务资源能够满足知识产权合规管理体系的需求，如人员工资、基础设施购买及维护等。

针对知识产权激励，一般企业均会设立知识产权/科技成果奖励办法，针对奖励制度，重点是在现场沟通中确认奖励是否按照相应制度执行，是否符合相关法律规定，查看相关记录。

【案例解析】

A企业决定在公司内推行《企业知识产权合规管理体系　要求》标准，于是按照标准要求梳理了公司的规章制度，并进行了丰富完善。2024年1月知识产权管理体系正式运行。

2024年6月，审核组进入该公司进行现场审核，审核员在审核中发现该公司制定的知识产权奖励制度规定，专利授权后奖励发明人5000元，在授权后三个月内进行奖励，但是审核员发现2024年以来还没有发放专利授权奖励。经了解，自知识产权合规管理体系运行以来，授权专利有18项，询问相关部门负责人为什么没有发专利授权奖励，负责人解释说，年初进行知识产权费用预算时，忘记预算知识产权激励费用了，所以这笔费用无法支出，只能等明年一并进行奖励。

知识产权经常性预算费用是企业开展知识产权工作的基础和支撑，只有预算充分，在工作开展过程中，才能有效、顺畅执行。该企业由于工作失误，在年初进行知识产权费用预算时，漏掉了知识产权激励费用预算，导致知识产权激励费用无法按时发放，这样没有按照规章制度发放相应的激励，会打击发明创造人员的积极性，也会增加知识产权合规管理体系推进的难度，不利于工作开展。

五、信息资源

【审核实施建议】

首先，与主责部门人员进行沟通，询问如何开展信息资源管理工作。对照程序文件的规定，询问有哪些渠道来获取外部知识产权相关信息，如何确保及时获取，如何分类筛选和分析加工，如何利用。

其次，抽查若干条信息的收集及利用的记录，检查获取渠道，如何分类筛选，如何分析加工，提供给哪些部门和人员使用，进一步追查使用效果。根据知识产权目标的要求，信息收集的范围是否有效覆盖内外部知识，对于外部知识，除知识产权信息外，是否包含标准、学术交流、专业会议等，对于内部知识，是否包含经验、教训、未成文的知识和经验，以及改进的结果等。

根据企业知识产权手册等文件的规定，是否已建立知识产权信息数据库，并有效维护和及时更新；对于已经建立知识产权信息数据库的企业，可以查看数据库使用、维护和更新的记录。

询问专利导航工作机制的建立情况，查看专利导航项目的相关记录。

【案例解析】

某企业决定在公司推行《企业知识产权合规管理体系 要求》标准，于是按照标准要求梳理了规章制度，并进行了丰富完善。2024年1月，知识产权管理体系正式运行，知识产权部作为知识产权主管部门，购买了商业专利数据，负责建立信息收集渠道，及时收集外部知识产权相关信息，并进行分析加工。

2024年6月，审核组进入该企业进行现场审核，审核员询问知识产权部负责人如何开展外部知识产权信息收集以及分析加工工作。该负责人说这一工作还没有想好如何开展，所以一直没有做，因为部门人手有限，除日常专利申请、维护管理外，目前主要精力是为项目组提供检索服务。

获取外部知识产权信息，对信息进行分类筛选和分析加工，形成产业发展、技术领域、专利布局等有关情报分析报告，可以及时获知相关领域、产业、主体的最新信息，了解最新动态，可以为管理层进行决策、为研发人员开展研究工作提供帮助。

第二节 能　　力

【审核实施建议】

询问受审核人员，了解企业有哪些部门以及哪些人员作为企业知识产权合规管理体系运行的相关人员，其中的具体结构或者层次是如何设置的，在设置时候考虑了哪些因素。

查看是否明确了上述人员的任职要求，制定了如岗位说明书、招聘要求等文件，判断任职要求能否满足该岗位的工作要求。抽查关键岗位人员的人事档案（如外语、学历、专业、工作经历等），判断是否符合岗位要求。

询问受审核人员，现有体系运行相关人员的知识和能力是否满足体系运行要求，是否制定了培训计划。查看相关记录文件，例如，培训计划、通知、培训记录表、签到表、培训考核反馈表等相关文件，查看以及核实是否与知识产权手册、相关程序制度文件中对应人员提升的要求一致，特别是对于获得知识产权采取了哪些措施。

询问受审核人员，哪些人员需要具备知识产权检索分析评估能力，企业基于哪些角度制定提升措施，目前提升措施的执行情况，还有哪些地方需要完善。查看相关记录文件，现场审核时可以查看企业是否保留相应记录，结合企业实际综合评判该措施执行是否能满足企业发展需求和人员能力的提升。

【案例解析】

某企业 2024 年 1 月正式运行知识产权合规管理体系。根据标准要求，人事部门在制定年度培训计划时，将知识产权培训一同纳入，全年共计划进行 5 次知识产权培训，计划 2 月开展知识产权专员培训，3 月开展研发人员培训，5 月开展知识产权合规管理人员培训，9 月开展新入职员工培训，11 月开展全体员工培训。

2024 年 9 月，审核组进入该企业进行现场审核，审核员与人事部门工作人员沟通，了解知识产权培训开展情况，工作人员说 2024 年计划开展的培训都在有序开展中，本年度计划开展 5 次知识产权培训，目前已经完成 4 次。审核员查看了培训计划和已实施的培训记录，发现其中缺少 5 月计划开展的针对知识产权合规管理人员"提升人员履行知识产权合规义务的能力"的培训，询问工作人员后得知，由于没找到合适的讲师，因此培训一直没有开展。

提升人员履行知识产权合规义务的能力是知识产权合规管理体系运行的关键，只有相关人员具有较强的知识产权合规管理能力，知识产权合规管理体系才能更好地运行。

第三节　意　　识

【审核实施建议】

首先，与主责部门人员进行沟通，了解企业具体采取了哪些措施保证知识产权合规管理体系运行相关人员对于企业知识产权方针、知识产权目标、知识产权绩效改进的益处和不符合知识产权合规管理体系要求的后果的理解，这些措施运用的效果如何，知识产权合规管理体系运行相关人员对于体系的认识和理解水平，是否能满足体系正常运行的需求，后续是否有进一步措施来保障或者提升相关人员的知晓程度。例如，可查看知识产权方针、目标的下发通知、宣贯通知等文件以证明企业通过上述措施确保相关人员知晓知识产权方针、目标等。

其次，可结合情况进行现场实地查看，例如，关注企业现场是否有知识产权方针、知识产权目标等的标语，便于体系运行相关人员能够方便知晓和了解。

最后，为了解知识产权合规管理体系运行相关人员的意识情况，可抽查相关人员，考察其对于知识产权方针是否知晓，是否能够理解，对于企业知识产权目标的设定是否了解，如何实现企业知识产权目标，作为知识产权合规管理体系运行相关人员起到的作用有哪些，并且自己需要进行哪些相关工作达到体系不断运行改进优化的作用，不符合知识产权合规管理体系要求对企业的影响是什么，如何避免或者改进。

第四节　沟　　通

【审核实施建议】

首先，与主责部门人员进行沟通，了解目前企业有哪些沟通的渠道和方式，大家对于这些沟通渠道和方式是否都了解，这些沟通渠道和方式对体系运行的作用有哪些，是否能够促进和保障相应工作的顺利开展，后续对于沟通渠道和方式是否有扩展和提升的需求，是否能够及时根据体系运行需求进行调整。

其次，可查看相关记录文件以验证其内外部沟通的情况，如会议沟通记录、OA审批记录、邮件发送记录等，了解具体的相关工作是如何通过不同沟通渠道和方式开展的。

第五节 成文信息

一、通　　则

【审核实施建议】

与主责部门人员沟通了解知识产权合规管理体系文件策划制定情况是否考虑了企业的规模及其活动、过程、产品和/服务的类型、过程及其相互作用的复杂程度等信息，现场查看《知识产权手册》、程序文件、制度文件以及记录文件。

二、知识产权手册

【审核实施建议】

现场查看《知识产权手册》中各条款的管控和相互关系，各部门形成的成文信息是否与手册的要求相一致，询问受审核人员现阶段发布实施的手册是不是最新版本。

三、创建和更新

【审核实施建议】

首先，与主责部门人员沟通，了解现行《知识产权手册》、控制程序等文件是否有更新，更新是否进行了审批，查看体系文件发布前的审批记录；查看体系文件下发或传达的记录；更新成文信息后，再发布前是否进行了重新审核和批准，以确保文件有效下发、使用，各部门人员是否阅读并理解。

其次，查看记录文件清单和具体记录文件，名称、文件编号是否设置一致，易于识别、取用、阅读。

【案例解析】

审核组在审核某公司与研发部负责人沟通时，审核员发现研发部负责人的程序文件缺少审批记录，于是审核员就询问知识产权管理部门人员，知识产权管理部人员解释说，公司在第一次内审后修改了一些规定，但是程序文件修订要经过董事会讨论通过才能正式发布，由于部分公司领导最近在出差，所以没有召开董事会，因此就打算让大家先执行。

知识产权合规管理体系文件是各个部门运行知识产权合规管理体系的依据和参考，因此务必要保持知识产权合规管理体系文件的准确和严谨。该公司研发部使用的程序文件尚未审批，所以其内容尚有不确定性，如果后来程序文件所修改的内容在董事会没有通过，则研发部以前根据程序文件所开展的工作都是不符合要求的。

【案例解析】

某公司在 2024 年 1 月 12 日正式实施运行知识产权合规管理体系，9 月该公司进行了第三方认证审核，9 月 18 日针对文件评审报告的意见完成了体系文件重新修订，对知识产权手册、采购、研发等部门的制度进行了完善，修订后的文件审批日期为 2024 年 9 月 18 日。在审核该公司的人事部门时，审核员发现，部门负责人对新规定一无所知，还在执行以前的制度文件，知识产权部门员工解释说，新版文件还没来得及上传到 OA 系统替换，所以人事部门现在还拿不到新版的制度。

该公司针对文件评审报告的意见，对知识产权合规管理体系文件进行了修订，但是修订后的新文件并没有上传到 OA 系统，导致人事部门负责人无法及时获取最新的体系文件。知识产权合规管理体系文件修改后，经过审批应及时在相关部门进行发放，使最新版的体系文件处于易于识别、取用和阅读的状态，避免相关部门仍执行旧版文件，导致工作出现失误。

四、成文信息的控制

【审核实施建议】

首先，与主责部门人员沟通，了解企业在制度或程序文件中是如何对成文信息的范围和控制予以说明的。

其次，查看相关制度文件，是否有对成文信息范围的说明，相关记录文件是否按照制度或程序的要求进行了获取、使用、保存，抽样查看与知识产权有关的成文信息是否可以及时获取、使用，是否按要求进行控制。查看对于来自外部的成文信息是否能够进行有效控制，做到有效存储、易于识别与取用。

【案例解析】

2024年10月，审核员在某公司采购部门审核时发现，该公司2024年7月、9月分别从北京某新药开发研究所采购了两批新研发的同一种化学中间体原料，9月的采购合同中未约定任何必要的知识产权条款，而7月的合同中有充分的约定。采购员解释说，该公司建立知识产权合规管理体系以后发布了新版的采购合同，但旧版合同在其他采购员计算机里都有存档，有些情况下还会用到，当时一着急就用混了。

该公司建立知识产权合规管理体系后修改了采购合同，旧版采购合同由于可能还会用到，所以就保存在采购员计算机中，但是对于失效的旧版合同并没有进行标记，导致2024年9月所签订的采购合同使用的是旧版合同格式。对于因特定目的需要保留的失效文件，应给予明确的标记，使相关人员看到时，能知晓该文件是失效文件，避免弄混。

第十八章 "8 运行"审核实施建议

第一节 知识产权基础管理

一、知识产权获取

（一）通　　则

【审核实施建议】

结合知识产权获取方面程序文件的规定，询问受审核人员了解该企业如何对知识产权获取过程进行管控，了解知识产权目标在知识产权获取方面有哪些规定。

结合知识产权目标，查看受审核方的获取计划是否覆盖知识产权目标所需要的相关知识产权类型，该计划是否明确了获取方式或途径。

询问受审核人员采取哪些措施以确保所获取的知识产权的数量和类型与企业的经营和发展相适应，查看相关记录。验证近期所获取的知识产权的数量和类型与获取计划的一致性，判断是否与企业的产品或服务相适应。

询问是否有通过受让等途径获取的知识产权。如有受让情况发生，是否在受让前开展知识产权尽职调查工作，查看调查报告是否评价了知识产权的价值和权利的稳定性。

询问受审核人员是否建立了防止非正常申请，商标恶意注册，窃取他人商业秘密，歪曲、篡改、剽窃他人作品等必要的审核机制或工作流程，查看相关审核记录，例如《专利申请审批表》等。

查看知识产权获取过程中涉及的所有记录，如技术交底书等，是否按照成文信息要求进行了有效管理。

【案例解析】

广东华某铝业有限公司的商标与公司名称存在出入，主要商标注册为"伟某"，公司名称为"华某"。经询问，造成该问题的原因是，公司初创时只重视市场营销推广，一心拓展销售渠道，忽略了品牌的打造及布局。等到公司在行业占据一定地位后才想起以"华某"注册商标，但当时该商标已被自己的经销商提前抢注。该企业与经销商协商转让不成后改为注册"伟某"商标，以新品牌重新打入市场，之前的经营推广投入付诸流水。在投入大量精力物力后，新品牌"伟某"才在行业取得了不错的成绩。

在当今互联网时代，品牌侵权案件、名字抢注案件屡屡发生，企业辛辛苦苦经营商标，如果自己不注册，其他企业随时有权申请注册，从而导致本企业失去快速占领市场的能力。市场未动、商标先行，为了防止出现上述问题，企业在产品还未投入市场之前就应该提前注册商标。无论任何行业、任何产品，都应该提前布局，超前保护意识尤为重要。企业需根据知识产权目标，制定不同类型知识产权的获取计划，明确获取的方式或途径，并确保所获取的知识产权的数量和类型与企业的经营和发展相适应。

（二）专　　利

【审核实施建议】

询问受审核人员如何管控专利的质量，查看是否有专利质量相关的管理制度，以及制度落实的情况；验证是否能够确保专利质量得到管控。询问是否设定了与专利质量有关的内部评价准则，是否开展内部评价，查看相关记录。

查看是否有获取前的检索报告，能否体现检索分析过程，其中包括新颖性、创造性、实用性的判断分析，检索分析结论是否与过程相符合，结论是否涉及获得专利权的前景以及可实现的价值。

查看专利的发明人与相关项目的实际参与人员是否一致，发明创造人员的署名权是否得到保障。

（三）商　　标

【审核实施建议】

询问受审核人员企业注册商标情况，查看商标注册前分析情况，是否进行商标策划，商标策划是否针对商标的重要程度、使用范围和保护需求开展了分析，查看相关记录。

查看相关商标注册查询和分析的记录，如商标检索报告。

询问是否定期监测已注册和提交注册申请的商标，这些商标的类别是否能够满足企业现有及未来的业务范围，查看监测记录。

（四）商业秘密

【审核实施建议】

询问受审核人员企业是否涉及商业秘密；如何进行商业秘密遴选、划分密级；企业商业秘密的保护范围是否明确；商业秘密的保密事项是否清楚；查看是否有商业秘密管理制度，以及制度落实的情况。

查看是否有商业秘密清单等记录，是否明确了商业秘密的密级、接触权限、流转要求和存证方式。

（五）著作权

【审核实施建议】

询问受审核人员是否明确作品的登记制度，以及制度落实的情况；查看相应的登记记录，是否能够适时进行作品登记；

查看相关制度、合同等文件中对于职务作品、委托作品、合作作品等著作权及与著作权有关的权利权属是否明确。

查看是否保留作品创作过程的记录；软件著作权是否有相应的软件、项目支持，作品著作权是否能够保留作品产生的痕迹证据。

查看作品著作权登记证书，确定作者署名是否为实际创作人员，是否能够保证作者的署名权。

（六）其他类型知识产权

【审核实施建议】

询问受审核人员是否有地理标志、植物新品种、集成电路布图设计等其他类型知识产权的获取。如果涉及，查看相应获取记录文件，判断企业是否按照相关法律法规及其他要求执行相应知识产权获取过程的管理；查看相关记录。

二、知识产权维护

【审核实施建议】

与受审核人员进行沟通，结合《知识产权维护控制程序》等文件的规定，了解知识产权维护过程的管控情况，包括职责分工，知识产权分类管理情况、变更或者放弃流程的评估情况、知识产权会计信息披露情况、知识产权会计核算档案建立情况、涉及知识产权的产品和/或服务的资料保管情况、知产权利分级管理情况等。

现场查看知识产权电子档案以及纸质文件管理情况，包括分类的依据、维护是否有效，抽查近期申请、授权的知识产权相关资料验证是否齐全，管理是否有效。

现场询问是否存在知识产权权属变更与放弃的情况，查看相关记录是否满足程序文件的要求。借助国家知识产权局相关网站，查看受审核方知识产权变更和放弃信息，验证受审核方知识产权权属变更和放弃工作的有效性。

询问受审核人员对知识产权会计信息披露的理解和做法，有无建立相关知识产权会计制度，如企业有对知识产权会计信息披露，抽查受审核方披露的方式是否规范有效。

询问受审核人员是否建立知识产权会计核算档案，是否定期对知识产权的成本和知识产权的产出效益进行核算，如有开展知识产权会计核算工作，抽查具体核算档案，验证是否满足知识产权维护控制程序要求。

询问受审核人员如何保管涉及知识产权的产品和/或服务的资料，包括宣传、广告、促销、包装、说明书等方面，查看相关记录。

询问受审核人员是否对知识产权进行分级管理，如有开展知识产权分级管理工作，分级的依据是什么，主要考虑哪些要素，查看分级管理记录。

【案例解析】

某汽车电气公司主要从事车载智能终端综合信息管理系统及配套汽车电气产品研发、生产、销售。公司专利数量较多，目前已申请近400件，授权专利283件，在审80余件。制度规定超过100件需进行专利分级。目前建立的分级制度分为核心专利、重要专利、一般专利，主要由技术部门负责人根据经验分级，而不是根据专利的使用情况、价值、稳定性等进行分析评价。

凭经验分级，难免对市场、技术以及专利本身的稳定性、可替代性等不熟悉、兼顾不到，分级结果失之偏颇，不能很好地评估专利价值，也就无法对专利加以有效运用。加之很多专利由公司本身实施使用，但没有很好地运营又无主动放弃，导致逐年缴纳专利年费增多，专利未产生价值，出现较多"僵尸"专利。

公司应建立知识产权分级管理制度，根据公司整体发展战略和专利布局的整体结构，可以将专利分为核心专利、外围专利、防卫专利、迷惑性专利等类别。在分级中，从技术、市场、法律等层面分析评估专利价值，根据价值来进行分级。在此基础上，公司就能有针对性地进行专利挖掘、布局、申请，也能清晰相关专利的市场前景和经济价值、在产品中的重要程度以及是否可替代。

三、知识产权运用

（一）实施和使用

【审核实施建议】

与受审核人员进行沟通，结合相关程序文件的规定，询问企业知识产权在哪些产品和服务上进行了实施。对实施场景、成熟度及相关设备设施的配套条件进行了解并现场查看。对于已实施和使用的知识产权，询问企业是否评估了知识产权对企业的贡献,查看相关记录。

询问企业是否存在被许可实施和使用知识产权的情况,包括许可实施的类型,以及相应的使用范围是否清楚。查看许可合同,验证被许可实施的行为是否在被许可的范围内。

询问企业如何进行知识产权实施和使用日常管理,如何监控知识产权的合规实施和使用,检查管理与监控过程的记录(如专利、商标等实施情况记录清单、商标使用证据等)。

询问受审核人员是否对知识产权(专利)密集型产品进行备案管理,如进行知识产权密集型产品备案,查看相关备案记录。

(二)许可和转让

【审核实施建议】

与受审核人员进行沟通,询问企业是否有知识产权许可和转让活动,如有相关活动,查看知识产权转让或许可方案及相关的评估报告。查看知识产权许可转让在相关知识产权政府主管机构的审查、备案或登记的记录。企业如果提出专利实施开放许可声明的,查看相关记录。

涉及知识产权许可的,询问受审核人员是否预先对增值部分进行了评估或在合同中对增值的权属进行了约定,查看许可合同及相关评估记录。

涉及国有企业的知识产权转让的,询问受审核人员是否清楚按照国有资产转让相关规定执行,查看转让方案、评估报告等是否充分有效。

【案例解析】

2018—2019年,浙江某公司针对"车用绞盘、车用提升机"产品进行了5项专利布局,同时将上述专利用于最新款产品中,在市场推广中加大自我知识产权推广和宣传;在销售上述产品过程中发现美国某主要客户,希望将订单转至宁波某竞争对手公司,该公司通过与客户协商达成一致,专利许可换订单,将上述5项专利许可给美国客户使用,客户保证每年不低于5000万美元订单。

知识产权实施和运用是很多企业的难点和痛点,该公司通过合理利用知识产权的保护,既赢得了订单、留住了客户,也得到了客户的认可。企业深刻意识到了知识产权对自身发展的重要性，不断加强知识产权保护和布局，同时重视知识产权的运用，包括实施、许可、转让、融资质押等活动。

（三）投融资

【审核实施建议】

询问受审核人员，企业是否有投融资活动，与知识产权是否有关系，如有，查看知识产权尽职调查报告，查看是否对知识产权风险和价值进行评估。

询问是否有境外投资活动，如有，查看针对投资目的地知识产权法律、政策及执行情况、行业纠纷等相关调查记录和分析记录。

【案例解析】

国铁精工在2019年8月20日发布了一则紧急声明，指出"成都唐源电气股份有限公司主营业务中的核心技术涉嫌侵犯公司著作权、商业秘密等知识产权，公司与唐源电气及其实际控制人之间存在重大法律纠纷，相关民事纠纷与我公司举报的刑事案件目前仍在进行中"。成都唐源电气股份有限公司（以下简称"唐源电气"）的主营业务为轨道交通行业牵引供电和工务工程检测监测及信息化管理系统的研发、制造和销售，该公司目前已经完成新股网上申购等进程，距离成功挂牌A股市场仅一步之遥。但是正值该公司上市冲刺前"临门一脚"的关键阶段，被指证该公司的核心技术涉嫌侵犯同行业公司知识产权。此外，2018年5月25日，国铁精工向国家知识产权局就唐源电气名下"发明创造"专利"一种隧道高清全息成像装置"（专利号：zl201620577484.0）提出无效宣告请求；同年10月26日，国家知识产权局支持了国铁精工一方的举证，并做出"宣告专利权全部无效"决定。

证监会在申请IPO公司的申报材料审核过程中，针对"专利"的审核关注点共涉及6项：（1）对于合作研发的专利、授权使用的专利、继受取得的专利，关注专利的具体应用和产品销售是否存在限制性约定，其他权利人享有的权利，知识产权的独立性，以及对经营活动的影响；（2）对于受让取得的专利，关注专利技术的来源及形成过程，是否涉及职务成果，报告期内是否存在实际控制人为发行人代垫费用、代为承担成本等利益输送情形；（3）若有被裁定无效的专利，关注被裁定无效的原因、专利的取得过程，以及是否存在重大违法违规行为等；（4）对有瑕疵的专利，普遍关注是否系发行人核心技术所在，涉及该等专利的产品、收入占比情况，对发行人生产经营的影响；（5）关注发行人拥有专利的具体情况，包括但不限于取得时间、取得方式、专利期限以及其对发行人主营业务的影响；（6）正在申请的专利具有不确定性，不允许在招股书中披露。

单就唐源电气的个案来看，该公司所拥有的一项核心专利已被宣告无效，且仍然处于被同行业公司针对知识产权侵权提起诉讼，至少触发了上述第三项和第四项审核关注点，也使得该公司未来的经营面临较大的不确定性。但值得关注的，唐源电气在招股书的"风险因素"部分，并未针对知识产权可能被判侵权的事项做出任何风险提示。因此在企业投融资之前，应当对相关知识产权开展尽职调查进行风险和价值评估。

（四）企业重组

【审核实施建议】

询问受审核人员，企业是否有重组情况发生，询问其对企业重组过程中知识产权工作的理解，企业是否建立了企业重组过程中关于知识产权的管理制度。

如果有企业重组，询问企业在重组过程中涉及知识产权的主要做法，查看知识产权尽职调查分析报告。重点关注重组事项的主要信息、调查分析报告的主要内容。

【案例解析】

TCL并购施耐德时，TCL本意是希望施耐德能将TCL带进欧洲的通信、信息等领域，顺利打开欧洲市场。TCL对施耐德的信息判断并不准确，不知道施耐德在德国的产品还不如TCL先进。另外，德国电视机很便宜，市场已经饱和，而施耐德技术老化，不能生产高精尖产品。自正式接手的那一天，施耐德就持续亏损。3年半时间里，TCL在施耐德更换了4名CEO

也还是束手无策，施耐德最后的结局是关门大吉。后来，TCL董事长李东生坦承当时在并购施耐德的过程中，没有请专业机构去做详细的调查，而是凭自己的经验去谈判并做出判断，且TCL当时对整个业务的整合缺乏充分的估计，自己也没有足够的能力去支持施耐德的业务。

本案TCL在自身发展如日中天的时候，需要进行海外扩张与并购，但是在并购前，未聘请专业机构进行知识产权尽职调查，更别提根据并购的目的设定对目标企业知识产权状况的调查内容，而是仅仅凭一把手"拍脑袋"就决定了，导致并购的失败。因此，企业合并或并购前，应开展知识产权尽职调查，根据合并或并购的目的设定对目标企业知识产权状况的调查内容。

（五）标准化

【审核实施建议】

询问受审核人员企业开展标准化工作情况，是否参与国际标准、国家标准、地方标准、行业标准、团体标准等制修订工作，在参与标准制修订过程中，是否向所在专业标准化技术委员会或者归口单位披露其拥有和知悉的标准必要专利，提供有关专利信息、专利实施许可声明等证明材料，并对所提供的证明材料的真实性负责。

如企业牵头制定标准时，针对标准预研阶段、立项阶段、起草阶段、征求意见阶段、审查阶段、批准阶段、出版阶段、复审阶段、标准实施阶段，制定各个阶段涉及专利的标准制修订特殊程序。关注标准发布之前，企业是否及时要求专利权人或者专利申请人做出专利实施许可声明。

【案例解析】

涉案专利系名称为"一种无线局域网移动设备安全接入及数据保密通信的方法"、专利号为ZL02139508.X的发明专利，专利权人为西安西电捷通无线网络通信股份有限公司（以下简称"西安捷通公司"）。2003年5月12日，国家质检总局发布GB15629.11—2003《信息技术 系统间远程通信和信息交换 局域网和城域网 特定要求 第11部分：无线局域网媒体访问控制和物理层规范》。2006年1月7日，国家质检总局和国家标准委联合发布GB 15629.11—2003/XG 1—2006标准，对前述国家标准中涉及无线局域网安全的部分进行了修改。2003年1月7日，西电捷通公司向全国信息技术标准化技术委员会出具《关于两项国家标准可能涉及相关专利权的声明》。该声明承诺在西电捷通公司的权利范围内，愿意与任何将使用该标准专利权的申请者，在合理的无歧视的期限和条件下协商专利授权许可。2009年3月至2015年3月，西电捷通公司与索尼中国公司进行了协商和沟通，但未最终达成许可协议。西电捷通公司以索尼中国公司生产、销售的手机构成专利侵权为由，诉至法院，请求判令索尼中国公司停止使用涉案专利，停止生产、销售使用涉案专利的手机产品，赔偿经济损失及合理支出合计3300余万元。一审法院判决索尼中国公司停止侵权，赔偿经济损失及合理支出共计910余万元。索尼中国公司不服，提起上诉。二审法院认为，涉案专利权利要求1与涉案标准中的技术方案相同。在标准必要专利的许可谈判中，谈判双方应本着诚实信用的原则进行许可谈判。本案双方当事人迟迟未能进入正式的专利许可谈判程序，过错在索尼中国公司，其应当承担停止侵权及赔偿损失的民事责任。二审法院判决：驳回上诉，维持原判。

本案为标准必要专利权利的行使树立了正确导向，很多行业领军企业不敢将专利写进标准或者将专利直接无偿许可给标准执行企业，这都是企业知识产权管理不当对企业造成的经济损失。本案是国内首例通过终审判决认定标准必要专利实施人构成侵权并被法院依法颁布永久禁令的标准必要专利侵权案件，同时也是为数不多的标准必要专利权人系中国企业并最终胜诉的案件。在标准制定过程中，为确保标准的顺利制定和实施，标准必要专利权人自愿向标准化组织做出相应的许可承诺，承诺将遵循"公平、合理、无歧视"的原则与标准实施者进行许可谈判，使得标准实施者对日后进行的许可谈判产生合理的预期和期待。

四、知识产权保护

（一）风险管理

【审核实施建议】

查看风险管理控制程序，询问受审核人员企业如何开展知识产权风险管理工作。

询问受审核人员，企业存在哪些生产经营活动涉及的设备，其中包括办公设备、生产设备等和办公软件、作品和/或作品元素侵权风险，采取哪些避免或降低的措施。抽查各职能部门（重点关注研发设计部门专业设计软件及管理软件）使用的软硬件产品是否有正版来源证明，可结合采购过程审核。询问受审核人员，企业采取哪些措施规避生产经营活动中作品和/或作品元素侵犯他人知识产权的风险，例如，对外宣传等商业活动中所使用的字体、图片或者照片等侵犯他人在先已取得的权利的风险。

询问受审核人员，企业哪些产品、生产关键工艺可能面临侵犯他人知识产权风险，如何定期监控这些产品、生产关键工艺过程侵犯他人知识产权的情况，查看监控记录，例如，检索记录、市场反馈信息等，评价监控的充分性与有效性（监控频率是否及时，监控的手段是否有效，检索范围是否准确等），还要重点关注分析报告及防范与应对预案。

询问受审核人员企业是否将知识产权纳入企业风险管理范围，如何进行知识产权风险分析、识别、监测及管控，结合风险管理程序文件，查看相关记录文件，评价管控措施的有效性。

结合商业秘密相关管理要求，询问企业如何对商业秘密进行管理，包括对涉密人员、涉密载体、涉密设备、涉密区域、涉密信息的管理是如何开展的，查看相关清单。

查看对外信息披露前的审查记录，关注审查重点，是否有针对知识产权合规、保密的审查，涉及知识产权合规、保密问题的信息类型可包括科技论文、专利、学术会议的讲座、网站宣传的文件、产品图册、展会宣传材料、上市企业年报等。同时询问对员工微信朋友圈、抖音、微博等信息发布的管控方式。

【案例解析】

惠州市西文思实业有限公司（SEVENUS）成立于2008年，是一家专业的电子制造服务提供商。SEVENUS是惠州市民营高新技术企业。自成立以来不断引进欧美、日本、韩国等数十条高科技生产设备和技术及先进的生产管理模式，现已实现无铅生产车间；并且不断开拓新的业务领域，完善各类管理体系。SEVENUS致力于建立多领域、多地域的客户群体，包括消费电子、IT、工业、医疗、通信、汽车电子等行业。客户群包括LG、三星、日立、索尼、联想、飞利浦、戴尔、东芝、松下、TCL、比亚迪等知名企业。SEVENUS承接表面贴装及各类电子产品组装业务，提供专业的电子制造服务解决方案，包括从原材料采购到成品制式完整的供应链解决方案；以结果为导向的模组制造的解决方案；最高、最有效的成本水平的质量、设计和工程服务的解决方案，为客户提供OEM/ODM服务。

SEVENUS领导遵循尊重知识产权，保护知识产权的原则，并重视公司的知识产权发展和规划，在公司内部建立了知识产权管理体系，从而有效地规范公司内部的知识产权管理工作，降低知识产权风险，该体系于2017年7月23日开始实施，要求采购部和信息部在购买生产设备时，购买正规厂家生产的生产设备，采用品牌办公设备，并在公司内实行办公软件正版化，降低生产、办公设备以及软件涉及他人知识产权的风险。公司的信息部定期对各部门使用的办公软件进行排查，从而避免办公软件的侵权风险，实现软件正版化。

通过在采购环节对采购的生产设备、办公设备以及软件进行把控，避免因采购侵权生产设备、办公设备、软件进行生产和办公，而给公司的经营带来不必要的损失；同时，公司的信息部还采取定期对公司各部门员工使用的办公设备进行抽检的方式对公司设备和软件是否涉及他人知识产权情况进行监控，发现侵权软件时，采用免费版软件或购买正版软件进行替换，从而有效降低对生产设备、办公设备以及软件侵犯他人知识产权的风险，保障了自身的合法权益。

（二）争议处理

【审核实施建议】

查看争议处理控制程序，询问受审核人员企业如何及时发现、监控和处理知识产权被侵犯的情况，采取哪些必要措施，结合企业的特殊性，重点关注这些措施是否充分和有效。询问受审核人员，企业采取了哪些处理途径保护自有知识产权，可通过外网数据库核实有无争议事项，查看相关监控记录。

询问受审核人员企业是否收到过律师函件等行政司法文件；询问企业在处理知识产权纠纷时如何对处理方式进行评估；查看评估报告，是否评估了协商、诉讼、仲裁、调解等不同处理方式对企业的影响，最终采取了何种处理方式。

【案例解析】

2020年，四川某科技有限公司（甲公司）销售人员在省外一次市场监控过程中发现某化工有限公司（乙公司）的装置与本公司产品相似度极高，在反馈到本公司知识产权管理部门后，甲公司决定起诉其产品侵犯其中一件专利权（涉案专利），该案件于2020年10月20日立案后，依法组成合议庭进行审理，但很快甲公司于2020年12月30日向法院提出撤诉申请。原因是乙公司向国家知识产权局提起专利无效申请，并提供了多篇对比文件。甲公司与第三方代理公司分析后，评估专利被无效概率较大后撤诉。甲公司非但未起到打击竞争对手的目的，同时还需承担该案件受理费与律师咨询费。

随着知识产权保护意识的不断提升，企业维权意识不断增强，但在处理知识产权纠纷时，对诉讼、仲裁、和解等不同处理方式的选择尤为重要。该案中甲公司维权时，对涉案专利的选取、评估、诉讼时机选择方面并未做好统筹及评估工作便盲目提起诉讼，反而给公司带来了一定的损失。

第二节　经营管理

一、立　项

【审核实施建议】

首先，与主责部门人员进行沟通，了解企业主营产品/服务相关的研发、设计、创作情况，具体管理要求和管理流程的特点情况，整体对企业研发、设计、创作领域、技术的风险大小等级等进行初步了解和判定。询问了解现阶段立项的项目有哪些，了解企业研发、设计、创作立项流程、研发、设计、创作项目技术领域，了解企业项目研发、设计、创作的类别，属于技术研发的应当关注专利信息、商标信息的收集，设计、创作类型的开发过程可关注著作权信息或商标信息。

其次，查看相关记录文件，查看立项前的知识产权信息收集、分析、风险评估记录文件，查找审核证据，证实企业在项目立项阶段，是否有知识产权信息的收集与分析，关键词设置是否合理，收集和分析工作是如何划分职责和分工协作的；对收集到的信息分析中是否包括各关键技术的专利数量、地域分布、专利权人信息等，拟研发项目中涉及商标、著作权的，是否收集对应的商标权利人信息、作品和/或作品元素的著作权及著作权有关权利的信息。

查看相关记录，是否针对项目涉及的产品和/或技术进行了市场调研，市场调研的反馈形式主要通过哪些方面；结合市场调研信息和知识产权收集信息，是否明确潜在的合作伙伴和竞争对手；合作伙伴和竞争对手的选定是否恰当。

查看相关记录，是否通过对收集到的知识产权信息的分析进行了项目知识产权风险的评估，是否明确评估方式、人员、时间、评估结论等信息，是否根据评估结果制定了防范预案，依据评估结果、防范预案进行了研发费用的预算和决定是否立项。

与受审核人员沟通是否存在重大研发项目，重大项目的划分依据是什么；若有，查看相关记录，关注受审核方是否与项目组人员签署保密协议，内容是否包括具体保密内容、范围等。

【案例解析】

某公司决定在内部推行《企业知识产权合规管理体系 要求》标准，于是按照标准要求梳理了公司的规章制度，并进行了丰富完善。2024年1月，知识产权合规管理体系正式运行，各研发部门重新梳理了研发流程，按标准要求开展立项、研发工作。

2024年7月，审核组进入该公司进行现场审核，审核员与某项目组负责人沟通，询问项目立项情况，负责人回答从1月以来，该项目组有1个新立项项目。审核员查看了该项目的立项材料，有项目申报书、项目任务书等，其中写明了该项目的知识产权要求。针对该要求，该项目制定了相应的知识产权工作方案，其中检索了国内外的期刊文献信息，根据上述信息分析了该科研项目所属领域的发展现状和趋势。审核员问为什么没有检索专利信息，负责人说期刊文献，特别是综述类文献更能清楚地说明项目的发展现状和趋势，从期刊文献上没有找到类似报道，就说明该研究就是全新的，不存在风险。

期刊文献信息在一定程度上能够代表该领域的发展现状和趋势，但是期刊文献并不是该领域的全部公开信息，仅通过检索期刊文献来了解技术的发展现状和趋势是不全面的。专利文献具有技术属性和法律属性，而期刊文献仅具有技术属性，不具备法律属性，所以仅检索期刊文献信息无法进行知识产权风险评估，只有充分检索分析该项目所属领域的知识产权保护状况和竞争态势，将该项目的技术方案和公开的专利文献进行对比，才能评估是否落入专利文献的保护范围，得出知识产权风险评估结论。

二、研发、设计、创作

【审核实施建议】

首先，与主责部门人员进行沟通，了解近期处于研发、设计、创作阶段的项目情况，了解企业研发、设计、创作项目数量、进展，企业对研发、设计、创作过程管理的机制。

其次，沟通了解企业在确定立项、研发后，对领域内的知识产权信息、相关文献及其他公开信息是否进行检索收集工作，对项目的技术发展状况、知识产权状况和竞争对手状况等是否进行具体分析，在分析的基础上，是否评估知识产权风险，并将分析结果、防范预案作为研发、设计、创作的依据。若研发项目较多，可酌情考虑抽样。

查看研发策略或设计创作方案，是否包含对研发、设计、创作项目的知识产权规划，其中重点关注规划的合理性，如何制定规划要求，规划考虑了哪些方面的内容，例如，是否考虑到研发技术路线，是否考虑到成果保护的知识产权种类，是否考虑到知识产权布局（包括时间布局、优先权、国内外地域布局等）的策略。知识产权规划不能仅仅体现在数量上，且规划不应该是一成不变的，需要根据项目进展、知识产权信息监控结果及时进行调整。

询问受审核人员研发、设计、创作记录的保管要求，可结合项目抽样情况，查看所抽样项目的记录管理情况。了解研发、设计、创作过程是否有针对研发、设计、创作进展形成定期沟通或汇报机制，是否明确沟通或汇报方式，是否有沟通汇报记录，是否明确记录的保管方式；发现阶段性研发成果后，是否及时进行了评估和确认，关注评估确认的时间、人员；评估后是否明确了保护方式和权益归属，并查看是否保留有书面记录以证实相关管理活动的有效性。

与受审核人员沟通并查看对研发、设计、创作项目进行跟踪检索的记录文件，根据企业项目周期、之前的检索结果等信息判断跟踪检索的频率，关注是否明确跟踪检索的频次、周期，其中周期是否满足产品技术更新的频次要求等；每次跟踪检索的时间、检索词、检索结果等，对检索内容的分析过程，是否需要调整研发策略，降低或避免知识产权侵权风险。

询问受审核人员项目商业秘密管理是否纳入了公司的保密管理机制，公司是否有完善的商业秘密评定要求或管理办法，如何衔接和管理。查看相关商业秘密遴选、分级记录，是否在项目的重要节点，以及企业内部对项目节点的判定要求和管控要点。例如，项目方案策划阶段、取得重大进展、形成成果等节点，针对相关的技术方案、成果内容进行相应的商业秘密遴选、分级等工作。

结合审核范围涉及的产品研发或设计、创作活动，现场查看企业的研发场所及活动，查看相关研发实验设施、设计工具、创作设施等，现场开展的研发、设计、创作活动等是否能够支撑审核范围涉及的活动。现场查看研发、设计、创作的记录管理情况，是否满足标准及企业内部管理要求。

【案例解析】

某公司决定在内部推行《企业知识产权合规管理体系 要求》标准，于是按照标准要求梳理了公司的规章制度，并进行了丰富完善。2024年1月，知识产权合规管理体系正式运行，各研发部门重新梳理了研发流程，按标准要求开展立项、研发工作。

2024年6月，审核组进入该公司进行现场审核，审核员与某项目组负责人沟通，询问目前正在开展的研发项目情况，负责人说目前正在研发中的项目有5项，审核员抽查了其中3个项目的研发材料，其中一个项目立项时间是2023年5月，项目周期3年，审核员问该项目研发过程中是否跟踪了知识产权信息，负责人说当时立项时都进行专利检索，没发现知识产权风险，所以后期就按既定方向研发，不需要再进行检索。

知识产权信息是动态更新的，研发过程中也需要动态跟踪知识产权信息的更新情况，以判断是否有知识产权风险，以便适时调整研发策略和知识产权策略，持续优化项目研发方向。

本案例中的研发项目从立项到现场审核时已有一年，其间外部知识产权信息可能已经发生了很大变化，立项时进行的知识产权检索分析并不能保证整个项目周期内都不存在知识产权侵权风险。如果不及时进行跟踪检索，等到项目研发完成，才发现别人已经申请专利，则会造成重复研究，人财物浪费，甚至发生侵权纠纷。

【案例解析】

某公司决定在公司内推行《企业知识产权合规管理体系 要求》标准，于是按照标准要求梳理了公司的规章制度，并进行了丰富完善。2024年1月，知识产权合规管理体系正式运行，各研发部门重新梳理了研发流程，按标准要求开展立项、研发工作。

2024年11月，审核组进入该公司进行现场审核，审核员与某项目组负责人沟通，询问目前正在开展的研发项目情况，该项目组2024年有3个研发项目，分别为A、B、C。抽查A项目：该项目是2023年4月立项并进行检索，项目周期一年，2024年4月项目完成。审核员查看该项目的验收材料，查有该项目研发成果评估报告。评估结果为：经过评估该成果达到预期要求，具有新颖性和创造性，建议及时申请专利进行保护。编制：甲。审核：乙。批准：丙。时间：2024年8月12日。截至审核当天未见该项目申请专利的记录。项目负责人解释说，4月项目完成，成果产出后主要忙于验收，没来得及对研发成果进行评估和确认，8月才开展评估和确认工作，至于专利申请，其他几个项目也有专利申请计划，想一起申请，比较方便。

研发成果产出后应及时评估和确认，以明确保护方式和权属，适时形成知识产权。这是在成果产出后，第一时间确定成果的保护方式，以便采取相应的保护，避免知识产权流失。

案例中该项目4月完成，8月才去评估成果保护方式，并且评估确定以专利方式保护该成果后，直到11月都没有进行专利申请。我国专利实行先申请制，如果案例中的成果没有及时申请专利，而有其他单位同时开展相关研究，并在5—11月申请了专利，将会导致该公司的研发成果丧失新颖性，从而无法获得专利保护。

三、采　　购

【审核实施建议】

首先，与主责部门人员进行沟通，了解企业外部采购产品和/或服务的种类和方式，了解不同种类的采购产品和/或服务的知识产权风险大小，了解部门人员对不同分类的采购产品和/或服务相应知识产权风险的识别手段。了解部门人员对采购风险消除措施或其他有效的风险应对措施的了解及理解程度。了解是否具有合作的知识产权服务机构，部门人员对知识产权服务机构及其能力的理解程度，对相应服务内容、质量等进行评价的机制及指标的了解及理解程度。了解部门人员对2023版标准对采购环节进行知识产权管控的认同感程度，部门人员对相应的采购信息的管理方式。

其次，查看相关记录文件。例如，供应商知识产权背景调查记录或者采购产品知识产权背景调查记录等，内容包括但不限于供应商或该产品的知识产权诉讼历史、供应商提供产品的外包装上的标识的合规性、供应商提供的产品上的关键技术点上的专利权分布、供应商提供的产品上的著作权风险排查等。查看收集知识产权信息或权属证明的条件，并核实所收集的知识产权信息或权属证明是否满足相关规定。查看基于知识产权信息收集对相关采购产品和/或服务上的知识产权风险评价结论。对于拟采购产品和/或服务存在知识产权风险的，查看制定并执行的风险消除措施或其他有效的风险应对措施，并对相应措施的合规性/有效性进行评价。查看知识产权风险评价的评价人、时间等信息是否完整。

查看产生合作的知识产权服务机构的遴选文件，包括但不限于资质、专业能力及服务人员的筛选记录；查看对产生合作的知识产权服务机构服务内容、质量等进行评价的记录。关注相应记录是否清晰、完整。

询问对2023版标准建立的知识产权合规管理体系风险管控的理解程度及认同感，建议可以考虑同等条件下优先采购依2023版标准建立知识产权合规管理体系的供方的产品和/或服务。

最后，结合情况进行现场实地查看供应商对采购信息电子版、纸质版的管控手段是否到位，包括但不限于电脑软件加密、ERP管理软件账户密码登录、专用档案柜、档案柜上锁管理、专人管理、采购合同借阅审批、借还登记记录、有无采购纠纷、知识产权服务机构资质查询等。抽样相应的管控手段及形成的记录核实。

【案例解析】

某公司决定在内部推行《企业知识产权合规管理体系 要求》标准，于是按照标准要求梳理了公司的规章制度，并进行了丰富完善。2024年1月，知识产权合规管理体系正式运行。

该公司对采购活动，按照金额进行划分，金额高于5万元的，由采购部统一采购，金额低于5万元的，由所在部门或项目组单独进行采购，但是采购过程统一执行公司制定的《采购管理办法》。

2024年9月，审核组进入该公司进行现场审核，审核员在审核某项目组时，了解到该项目新购买了一款数据图形处理软件，该项目组负责人提供了购买之前针对供应商 A 公司进行知识产权审查的记录，A 公司有软著 10 项，商标 5 项，并提供了证明材料，包括供应商的营业执照、软件著作权证书、商标证书复印件。但该软件著作权属于国外 B 公司，经查询其在国内唯一授权经销商为 C 公司，A 公司并没有合法授权进行销售该软件。

采购产品时进行知识产权审查，目的是避免侵犯知识产权的风险，该公司在购买实验数据图形处理软件时，虽然对供应商 A 公司进行了知识产权检查，但是并未发现 A 公司没有销售该软件的合法授权，所以导致购买的软件存在侵权风险。

四、生产和服务提供

【审核实施建议】

首先，与主责部门人员进行沟通，了解企业生产产品、生产设备或提供服务的种类、过程，了解部门人员对鼓励生产或提供服务过程的创新工作政策的了解程度，能否有效激发相关岗位员工创新的积极性，了解员工对创新活动进行评估、确认的流程了解程度，对创新成果的知识产权保护方式是否了解，之前是否提交过进行评估和确认的创新活动。

了解生产和服务提供过程中形成的记录文件或涉及的资料有哪些、存在形式、不同存在形式的文件的管控规定和流程以及执行情况。

其次，查看相关记录文件，查看、核实企业开展的生产或服务类活动需要的生产经营资质、行政许可类文件；查看生产或提供服务过程的创新活动的评估、确认记录；查看需要明确保护方式的条件，并核实生产或提供服务过程的创新活动评估、确认，明确保护方式的记录和保护方式的执行记录。

最后，结合情况实地查看生产现场，了解并核实符合认证范围的生产或服务活动，了解并核实相应生产、生产设备或服务过程中的创新活动（有条件的）。生产过程中涉及文件信息的电子版、纸质版的管控手段是否到位，包括但不限于电脑软件加密、ERP 管理软件账户密码登录、专用档案柜、档案柜上锁管理、专人管理，图纸、工艺操作规程、生产设备运行及检修记录等资料的借阅审批、借还登记记录等。抽样相应的管控手段及形成的记录核实。

五、销售和售后

【审核实施建议】

与主责部门人员沟通,询问在产品和/或服务对外宣传、参展、销售或以其他方式提供前开展哪些与知识产权有关的调查活动,是否有参加展会等大型的商业宣传活动,是否清楚在产品和/或服务对外宣传、参展、销售或以其他方式提供前,对产品和/或服务所涉及的知识产权状况、目标市场的知识产权保护环境以及竞争对手的知识产权情况进行全面审查和分析,评估知识产权风险及其对企业的损害程度,并形成相关报告。

查看展会清单,企业参加了哪些展会,做了哪些产品宣传(可查看企业官网、公众号等宣传途径,了解企业参加展会、宣传的情况);根据已发生销售活动,查看企业是否根据销售情况,针对所涉及的知识产权状况、目标市场的知识产权保护环境以及竞争对手的知识产权情况进行全面审查和分析,并形成相关防范与应对预案报告;如果发现风险,是否向最高管理者或管理者代表发出警示性信息。

询问目前是否存在海外销售活动或者计划开展相关活动;海外销售部门负责人对于涉外贸易活动中知识产权工作的理解,是否已建立涉外贸易中相关管理制度及要求;是否有针对涉外贸易目的地的知识产权法律、政策及执行情况等进行调查,如何开展;是否有在海外进行知识产权申请、注册和登记;是否了解并进行海关等知识产权边境保护。

现场查看相关涉外贸易的销售记录,可以根据涉外贸易的区域特点、占比、数量、贸易的类型(自有品牌、贴牌、ODM 还是 OEM、竞争情况)等因素判断该公司的知识产权措施是否充分、有效;检查该公司对涉外贸易目的地的知识产权法律、政策及执行情况、行业纠纷等进行的事先调查,查看调查记录,判断调查是否充分和有效。重点关注调查内容、来源、时间等主要信息;查看该公司海外专利申请、商标注册的记录,评价是否在向境外销售产品前在目的地申请、注册、登记知识产权，如果有，核实相关时间点，如果没有，要追问原因；如采取知识产权边境保护措施，查看相关的手续文件。

询问企业相关人员是否明确市场监控的相关步骤、要求及频次；现场调查的完成情况及是否发现违法行为并形成记录；是否有建立产品销售市场监控程序。现场查看产品销售市场监控相关规定，检查产品知识产权被侵权情况的跟踪和调查记录，重点关注时间、地区、人员、主要知识产权事项等信息，可重点咨询销售人员是否清楚公司具有哪些知识产权，有哪些调查方式，如发现侵权，采取哪些措施并如何向公司反馈等基本要求。

询问是否发生了产品升级或市场环境变化；是否明确产品升级或市场环境变化时应该及时调整知识产权策略和风险规避方案。如有产品升级或市场环境巨大变化，现场查看受审核方的调查分析相关记录，有无形成新的知识产权。

六、合同管理

【审核实施建议】

与主责部门人员沟通，了解企业在合同管理方面的要求或制度，对合同中涉及的知识产权条款如何进行管理，审批过程是否留痕，并了解受审核方在体系运行期间签订的主要合同类别及相应数量，是否有统一的合同模板，然后合理制订抽样计划进行抽样查看。比如，在相应部门抽取近期签署的委托开发合同、知识产权服务合同、采购合同、外协加工合同、承担政府重大项目时的项目合同等，针对合同中的知识产权条款是否进行审查并形成记录，评价审查的效果；若采用公司统一模板，重点关注对合同模板知识产权条款的审查，同时相应模板是否定期适应性修改，如法律法规的变化导致合同中部分内容的不适用，是否有对应的调整过程。

知识产权对外委托业务合同，审核现场重点如下：不同行业的对外知识产权委托业务会有明显不同，例如，互联网行业一般包括软件著作权的登记、软件专利的申请及检索分析、商标的申请等内容；医药化工行业一般关注的委托业务包括专利的检索查新、专利的复审和无效等过程。签订上述知识产权服务合同时，重点关注保密条款和知识产权权属条款，查阅对应条款，是否包含知识产权权属、保密等内容。

委托开发或合作开发合同，审核现场重点如下：企业大多会采取外协合作的模式，如产学研、军民融合等，委托开发或合作开发是非常重要的合同，应给予重点关注。具体关注合同中是否约定了保密、知识产权权属条款，若权属归一方所有时，是否明确约定使用许可的权限范围；若权属归双方所有，是否明确软件使用的利益分配。对于后续改进而进行的开发内容，是否约定相应的知识产权权属及使用条款。

外部供方提供过程、产品和服务的合同，视合同性质对知识产权权属、许可使用范围、商业秘密保护、知识产权侵权责任、救济方式、免责条款等内容进行约定。对于采购过程，首先关注供方提供的产品或服务内容，如对于软件服务类、产品类等有实际产品的采购，需要重点关注合同中的知识产权权属、许可使用范围、商业秘密保护、知识产权侵权责任、救济方式、免责条款等内容；对于纯服务类的采购合同，需要重点关注商业秘密保护、知识产权侵权责任、救济方式、免责条款等内容，视情况确定是否需要包含知识产权权属、许可使用范围（如服务过程中使用了侵权产品）等内容。

对外协作合同，审核现场重点如下：对于有外协加工需求的受审核方，首先关注技术图纸的提供方是否为受审核方。如果是受审核方提供图纸，则需要重点关注技术图纸的保密、知识产权权属、许可使用范围、侵权责任承担等条款；如果不是，则需要关注相关合作的内容保密、产生的图纸类知识产权的知识产权权属、许可使用范围、侵权责任承担等条款。

销售合同，审核现场重点如下：受审核方开展销售活动时，所售产品是否存在知识产权，知识产权的保护方式是商业秘密等非公开方式，还是专利等已公开方式；对于采用商业秘密进行保护的隐性涉密产品，宜在销售合同中约定相关知识产权内容，避免购买方进行反向工程，因而在合同中详细约定保密、知识产权权属约定、侵权责任承担等内容；对于采用专利等公开方式保护的产品,则可通过在合同中明确保密、知识产权权属、侵权责任承担等方式提醒采购方不要轻易侵权。

政府重大项目合同,审核现场重点如下:结合政府项目管理规定,关注项目知识产权的相关规定;若多家单位共同承担该项目,应关注各单位承担的义务和享有的权利,并在合同中进行约定。

【案例解析】

某公司决定在内部推行《企业知识产权合规管理体系 要求》标准,于是按照标准要求梳理了公司的规章制度,并进行了丰富完善。2024年1月,知识产权合规管理体系正式运行。对于合同管理,经过梳理,各类合同签订之前统一由知识产权部对知识产权条款进行审查。

2024年8月,审核组进入该公司进行现场审核,审核员在询问知识产权部负责人如何进行合同知识产权条款审查时,负责人介绍说,最初合同审查都是相关部门通过电子邮件传递合同,审查后将修改后的合同通过电子邮件返回去,但是前段时间上线了ERP管理系统,其中增加了合同审查流程,因此有的人通过ERP系统提交合同审查,有的人仍然通过电子邮件进行审查。审查员抽查了近期签订的若干份采购合同,发现其中2份合同已经签订,但是没有审查记录。经查看知识产权部负责人邮箱,有采购人员发送的审查邮件,但是尚未阅读,知识产权部负责人介绍说可能是由于邮件审查和ERP管理系统审查处于过渡阶段,因此疏于查看电子邮件。

对合同中的知识产权条款进行审查,目的是规避合同中的知识产权风险;审查过程形成记录,是为了有迹可循。

本案例中该公司虽然正处于ERP管理系统过渡阶段,但是知识产权部没有很好地厘清合同审查的管理流程,导致有合同未能及时审查。而采购人员在合同没有得到审查意见的情况下就签订了合同,说明其对合同审查的重要性认识不足,需要加强培训。

第三节　知识产权合规管理

一、合规审查

【审核实施建议】

现场审核过程中，询问受审核人员，针对知识产权基础管理和知识产权经营管理，开展知识产权合规义务的审查工作，查看相应审查记录。

企业根据自身实际情标况进行知识产权合规审查，内容包括但不限于：假冒专利、侵犯专利权、滥用专利权、非正常申请专利（仅限国内）、不以使用为目的的商标恶意注册、商标使用禁用标志、侵犯注册商标专用权、驰名商标不得用于广告宣传、侵犯著作权、侵犯计算机软件著作权、销售侵权复制品、侵犯信息网络传播权、侵犯商业秘密等。如企业涉及涉外贸易，也应对目的地国家的知识产权合规义务进行相应审查。现场审核过程中应判断基础管理和经营管理过程是否真实有效，是否保留成文信息。

二、提出疑虑

【审核实施建议】

与受审核方沟通合规管理的报告过程，查阅受审核方是否建立了知识产权合规报告过程，判断所建立的过程能否有效鼓励和促进报告试图、涉嫌或实际存在违反知识产权合规义务的行为。

可通过现场查看的方式，了解整个过程是否在企业内可见，观察企业相关人员是否对于报告过程清楚明了，是否有明确的举报途径（电子邮件、微信、匿名电话、总经理信箱）。合理制订抽样计划对已实际发生的报告对应的成文信息进行抽样查看，确认保障措施是否有效；针对上述报告对应的合规管理建议，是否有便利的途径方便对应人员获得，综合判断报告过程管理是否有效。

三、调查过程

【审核实施建议】

了解受审核方是否建立良好的功能机制以保障企业开发、确立、实施并维护的过程,这些过程能否确保公平、公正地做出决定。

与受审核方沟通,询问调查小组或者调查人员的选择原则,判断是否具备相应能力,为保证这些过程公平、公正,受审核方采取哪些相应措施,该措施是否可以避免利益冲突。

询问受审核方以往是否进行过评估、评价、调查有关涉嫌或实际的知识产权不合规情形,是否形成知识产权不合规情形的报告并做出相应的结论,询问受审核方是否定期向最高管理者或管理者代表报告调查的次数和结果;现场查看调查报告,识别报告是否能确认不当行为的根源、合规漏洞和责任缺失的原因,包括管理者、最高管理者和相应机构之间的责任缺失;了解企业是否改进知识产权合规管理体系。

查看企业有关调查的成文信息保留是否完整有效,成文信息包括响应文件、调查报告、不合规处分或者措施、经验教训总结文件等。

第十九章 "9 绩效评价"审核实施建议

第一节 通　　则

【审核实施建议】

与受审核人员进行沟通，了解知识产权合规管理体系绩效评价及产品或服务合规情况策划、实施的基本情况。

【案例解析】

某科技公司通过建立完善的知识产权合规管理体系，有效保护了自身的创新成果，避免了知识产权纠纷。公司重视知识产权保护，从研发、市场、法务等多个环节入手，制定了严格的知识产权合规管理制度。在研发阶段，企业加强专利检索和布局，避免侵权风险。同时，企业建立了知识产权纠纷应对机制，以便发生知识产权纠纷时能够及时处理，维护自身合法权益；企业还与外部专业知识产权服务机构合作，进行知识产权风险评估和战略规划，确保自身知识产权得到有效保护。

第二节 分析与评价

【审核实施建议】

首先，与受审核人员进行沟通，了解上述内容评价的基本情况。其次，查看分析与评价相关记录文件。最后，可以适当结合现场情况，询问受审核人员对相关评价情况的了解程度。

【案例解析】

某医药企业建立有知识产权合规管理体系，为了更好保护知识产权，防范知识产权侵权风险，建立有知识产权预警机制和维权机制，能够做到定期监控市场动态，加强对竞争对手的知识产权动态的关注，以及快速响应潜在的知识产权威胁，从而有效降低知识产权纠纷和侵权风险，保障企业的利益。该企业能够根据获得的体系运行的监控记录进行分析，并利用分析结果评价企业应对风险和机遇所采取措施的有效性。

第三节 内部审核

一、审核策划

【审核实施建议】

首先，与受审核人员进行沟通，了解上述内部审核的基本情况。

其次，查看相关内审记录文件，包括内部审核方案、内部审核计划、内部审核报告、检查记录等，明确其内容是否涉及标准相关要求。

再次，结合现场情况，询问受审核人员对相关评价情况的了解程度。

最后，查看内部审核的不符合或问题点是否得到了纠正。

【案例解析】

国内某大型化工企业按照《企业知识产权合规管理体系 要求》策划并实施了管理体系，体系运行3个月后，由管理者代表牵头，知识产权主责部门策划了内部审核工作，明确了审核的目的、范围和准则，确定审核的可行性，指定审核组长和组员组成审核组，审核组长编制了审核计划。现场审核过程中，审核组按照审核计划安排开展了审核工作，收集审核证据，将审核证据对照审核准则进行评价，形成审核发现，汇总所有审核发现后形成审核结论，审核组长编制完成审核报告。内部审核现场审核工作完成之后，审核组对不符合项整改情况进行了跟踪验证，有效关闭了不符合项，确保改进措施得到有效实施，通过内部审核工作的开展有效保障了知识产权合规管理体系的适宜性和有效性。

二、审核实施与审核重点

【审核实施建议】

首先，与受审核人员进行沟通，了解上述内部审核的基本情况。

其次，查看相关内审记录文件，包括内部审核检查记录中是否涉及标准内容，内部审核报告中是否针对不符合或问题点进行原因分析以及纠正等。

再次，结合现场情况，询问受审核人员对相关评价情况的了解程度。

最后，查看内部审核的不符合或问题点是否得到了纠正。

第四节 管理评审

一、评审要求

【审核实施建议】

首先，与管理层进行沟通，确认管理评审是否由最高管理者实施，实施是否定期开展，是否评审体系的适宜性、充分性和有效性。

其次，查看相关记录文件，查看管理评审记录是否符合规定。将评审计划、签到表等文件作为管理评审正式实施的证据，查看参与部门是否齐全。

二、评审输入

【审核实施建议】

首先，与管理层进行沟通，了解管理评审中各项输入项情况，通过了解管理层对于管理评审输入项的掌握情况，判断管理评审进行的充分性和有效性。

其次，查看相关记录文件，以前期策划的管理评审计划和管理评审签到表为依据,判断参与评审的相关部门准备的资料是否齐全。针对标准要求的 6 个方面输入项,查阅管理评审材料,确定输入项的内容是否清楚完整且符合企业实际。例如,针对前次管理评审的整改措施是否进行了有效验证,保证管理评审实施的闭环;内外部环境是否发生变化,相对应的其变化是否导致企业自身经营活动、知识产权状况等发生变化或维持现状;内外审的审核结果纠正情况、纠正措施的验证情况,是否做到亡羊补牢;针对需要改进的地方,是否持续改进完成,具体的改进措施如何。抽检查看整改情况,例如,针对风险和机遇所采取的措施起到了何种作用,是否产生了积极影响等,便于进行总结并针对后续发生各种风险和机遇采取更加行之有效的措施。

三、评审输出

【审核实施建议】

首先,与管理层进行沟通,了解管理评审中各项输出项情况,通过了解管理评审输出项的情况,判断管理层对于知识产权合规管理体系预期。

其次,查看相关记录文件,三个输出项是否完整:目标、方针是否结合输入项中的变化而发生改动;知识产权合规管理体系是否发生调整;资源(软硬件、人力资源等)是否符合需求,如果不符合是否已经通过整改给予足够支撑。

【案例解析】

国内某科技型企业拥有自主研发的核心技术,长期忽视知识产权保护与管理,导致其技术被竞争对手效仿,严重损害了企业的利益以及长远发展,为此,该企业决定建立完善的知识产权管理体系,加强对知识产权的保护与管理。

企业建立起完善的知识产权管理体系,包括知识产权管理部门的设立、知识产权保护流程的规范以及相关制度的制定与执行。通过这样的管理体系,企业能够对知识产权进行有效管理,并能够更加及时地发现和解决知识产权侵权问题。

企业每年由最高管理者组织召开管理评审会议,制订管理评审计划,各职能部门结合知识产权管理工作重点,汇总管理评审输入材料,管理评审输入能够涵盖企业知识产权合规管理体系标准中的全部要求。最终,企业结合管理评审输出结果提出改进措施,进一步完善优化知识产权合规管理体系,有效确保知识产权合规管理体系的适宜性、充分性和有效性。

第二十章 "10 改进"审核实施建议

第一节 通　　则

【审核实施建议】

首先，与最高管理者或管理者代表进行沟通，询问企业针对内部审核、管理评审的结果开展分析与改进工作的意义如何认识，相关工作的责任人是谁，有哪些措施保证改进工作的有效实施。

其次，查看相关记录文件。按纠正、纠正措施、持续改进、突破性变革、创新和重组分别查看改进证明文件。

最后，结合现场审核实地查看，改进采取的措施和成效。

第二节　不合格和纠正措施

【审核实施建议】

首先，与受审核人员进行沟通，询问内部审核是否发现了不合格或不合规的情况，不合格或不合规的内容，不合格或不合规部门是否进行了分析并确定原因，是否采取了纠正、纠正措施，是否对采取的纠正、纠正措施的有效性进行了评审和验证。

其次，查看相关记录文件。检查内部审核形成文件的不合格或不合规报告，查看不合格或不合规项报告是否与内部审核检查表中发现一致，不合格或不合规项报告中内部审核员、受审核部门、受审核人员、审核发现的具体内容是否记录完整。不合格或不合规部门负责人员是否分析和确定了不合格或不合规的原因，针对不合格或不合规原因是否在约定时间采取了纠正措施，对不合格或不合规具体内容是否进行了纠正。内部审核员是否对采取的纠正、纠正措施的有效性进行了评审和验证。检查纠正和纠正措施是否形成了成文信息，证据文件是否完整。

最后，结合情况进行现场查看，不合格或不合规项涉及的活动是否得到了有效整改。

第三节　持续改进

【审核实施建议】

首先，与最高管理者或管理者代表进行沟通，询问有关审核和改进有哪些要求，评价知识产权合规管理体系是否具有适宜性、充分性、有效性，策划了哪些检查过程，采取了哪些审查和改进措施，由哪个部门负责。

其次，查看相关记录文件。查看内部审核记录、管理评审记录、分析评价报告等文件。查看内部审核报告，是否对内部审核情况进行分析和评价，是否存在风险或新的需求或机遇；检查管理评审报告是否形成了管理评审输出，输出内容是否存在风险或新的需求或机遇。对于存在的风险或新的需求或机遇，是否制订了纠正措施计划及确定了改进措施。检查是否按计划实施了改进措施，改进措施有效性是否得到了评价和验证。

最后，结合情况进行现场查看，持续改进采取的措施和成效。

第四编
企业知识产权体系化管理典型案例

在创新驱动发展战略和国家知识产权强国战略深入实施的背景下,企业知识产权系统化管理正经历深刻的变革。新旧版本 GB/T 29490 国家标准的贯彻实施,进一步强化了知识产权与经营战略的深度融合。本部分精选 9 家标杆企业的实践案例,系统展示不同规模、不同行业企业在贯标过程中的创新路径,验证了 GB/T 29490 国家标准的指导价值,更为广大企业提供了管理方法论和差异化的实施工具箱。

第二十一章　注重企业专利战略规划管理，提升企业知识产权合规能力
——石药控股集团有限公司知识产权管理案例

一、企业简介

石药控股集团有限公司（以下简称"石药集团"）是一家集创新药物研发、生产和销售为一体的国家级创新型企业，组建于1997年，在"做好药，为中国，善报天下人"的理念传承下，通过20余年的创新发展，已成为国际化制药强企。

石药集团曾依靠原料药业务以及普通仿制药业务为国家、行业以及广大患者提供了优质的医药产品。近十年来，随着科技的进步和时代的需要，石药集团已完成从原料到制剂、从普药到创新药企业的彻底蜕变，在心脑血管、抗肿瘤等领域，先后研发和上市了一系列为国内外市场认可的创新产品。例如，创新药"恩必普"临床上用于急、重症脑卒中病人的紧急治疗，是我国第三个拥有自主知识产权的国产创新药，也是我国首个运用知识产权手段科学完善布局、应对他人挑战，保护市场独占获得成功的国产创新药。"恩必普"包括两个制剂产品，分别为2001年上市的丁苯酞软胶囊和2010年上市的丁苯酞氯化钠注射液，可实现急性期和恢复期的联合序贯治疗，因疗效好、不良反应低，获得医患一致好评。值得一提的是，丁苯酞软胶囊和丁苯酞氯化钠注射液各有制剂专利保护，因分别采用不同制剂技术解决难溶药物丁苯酞释药问题，为产品带来了巨大的成功，其中，丁苯酞氯化钠注射液制剂专利先后三次应对他人无效挑战仍维持关键权项

稳定有效，两件专利先后于 2011 年和 2022 年获得我国知识产权领域最高奖项——中国专利金奖。这也正是石药集团着力研发，勇于攻关，依托保护，创新发展之路的真实写照。

石药集团持续推动药物创新，提高创新药物的可及性，坚定地朝着创新发展的道路迈进。创新产品成果落地离不开研发阶段的布局。石药集团联合世界范围的医疗机构、科研院所、制药企业等各方力量，整合全球资源，建立了国内外一体化的研发体系。石药集团年研发投入约 50 亿元，依托纳米制剂药物、mRNA、ADC 等八大技术平台，聚焦肿瘤、精神神经、心血管、免疫和呼吸、代谢及抗感染等六大领域，未来，石药集团将有更多创新药申报上市。除自研外，石药集团还着力打造国际化 BD 生态系统，在许可引进、合作和收购等方面做管线延展，研发管线的不断拓展，是石药集团在新的疾病领域的不懈探索。

石药集团一贯重视知识产权工作，基于"激励创新，防控风险，有效运用知识产权，提高集团核心竞争力和知识产权战略优势"的管理方针，建立了完善的知识产权管理制度，形成了与自身经营发展与新药研发相适应的专利保护策略和专利保护体系，对创新技术成果进行多角度、全方位的保护，在新药立项、技术合作、拓展市场等诸多方面发挥了知识产权工作的巨大作用。目前，石药集团是首批国家知识产权示范企业之一，还曾入选国家知识产权示范企业典型案例，至今已获中国专利金奖和优秀奖共 3 项。

二、知识产权管理背景

石药集团自 1999 年成立知识产权管理机构，知识产权管理水平的提升伴随着企业的成长和发展，在这一过程中，除了依靠自身经验和教训的积累，企业知识产权体系认证的帮助功不可没。

石药集团是国内规模较大的制药企业，且兼具原研和仿制企业双重身份，知识产权工作种类多样，数量庞杂，重要程度不一，需要多角度、多层次加以管理，企业知识产权管理负责人深感责任重大，一直在寻求行之有效的企业知识产权管理，2012年，在河北省知识产权局的带领和指导下，石药集团在河北省内率先通过国家知识产权管理体系认证（新建"企业侵权预警机制"），从此走上了规范的企业知识产权管理体系认证之路。

在企业知识产权管理体系的规范引导下，石药集团建立了贯穿企业研发—生产—经营全流程的知识产权制度和运行机制。以研发为例，从立项筛选、药物发现、结构优化到临床开发、药政注册、市场竞争各个环节，知识产权保护、侵权预警和风险监控等管理机制逐步建立，形成行之有效的制度文件，并在历年实际工作中不断完善。

在研发立项阶段及开发的过程中，针对创新药，石药集团针对每个产品制定具体有效的专利保护措施，着力保护创新产品研发过程产生的知识产权，丁苯酞系列产品专利布局和实施就是科学、完善的知识产权保护的典型案例；针对仿制药，在研发各个关键节点进行专利检索，做好知识产权的预警分析和风险防范以规避侵权风险，其典型案例是伊马替尼虽规避原研专利仍遭遇侵权诉讼，结果胜诉，未对企业造成不利后果。在采用知识产权手段维权方面，石药集团密切关注及定期跟踪竞争产品的相关专利信息，确保能及时发现任何侵犯本集团自主知识产权的行为，并采取有效措施进行维权。

随着研发转型，石药集团对知识产权管理工作的要求也一直在变。例如，专利保护转向高质量专利布局和实施，专利所承载的价值日益凸显，侵权风险评估需要更早更深入，等等，无论仿制药项目还是创新药项目，对知识产权工作的依赖程度都较以往明显增加，迫切需要规范知识产权管理，从而降低风险。石药集团坚持将企业知识产权体系认证工作贯彻到底，全生命周期的知识产权管理体系紧跟企业发展节奏，适时优化，为企业的发展壮大保驾护航。

三、体系建立与运行

知识产权既是一种前瞻性意识，也是与创新同路并行的护航机制，更是广阔市场的强劲拓路兵器。石药集团于2017年启动企业知识产权管理规范认证准备工作，于 2018 年 6 月首次通过重新认证，之后每年坚持认证监督审核或再认证。考虑到研发是医药企业的重中之重，石药集团统筹管理研发体系内的知识产权工作，生产、销售等工作则由各子公司负责。

石药集团历经 6 次现场审核，其间完善了知识产权管理体系文件，规范了包括信息外发审批等在内的多项知识产权审批，避免了未经审批就发布重要研发信息，错失申请专利的机会，因此，专利申请量大幅增长，专利申请布局也更加合理，专利质量有所提升。

四、认证与取得成效

2018 年，石药集团委托中知（北京）认证有限公司进行首次认证审核，审核组发现专利申请代理协议中缺少知识产权条款：因为思维惯性认为专利申请权理应属于委托方，所以仅在委案明细表中说明具体的专利申请人，委托代理机构处理专利申请业务暂未出现权属纠纷。审核组还发现专利无效委托代理协议中也缺少知识产权条款：考虑无效业务不会产生新的专利申请，但忽视了无效请求书及答辩状还涉及版权。考虑合同发起人不同，经审核组专家剖析利害关系，为彻底解决上述两类合同缺少知识产权条款的问题，石药集团领导迅速做出决定，从使用"各代理机构合同模板"改为"石药集团统一合同模板"方式，明确知识产权归属。制定合同模板需考虑业务特点、不同代理机构的规则等，由相关人员讨论，逐步试用并完善，这的确花了不少时间。合同模板形成定稿，既从合同层面规避可能出现的权属纠纷风险，又提高了合同审核工作效率。

2019 年，认证审核组提出保密管理不规范。随着石药集团发展壮大，人员增加，流动不可避免，经与认证审核组专家沟通，技术秘密、商业秘密等都需规范管理，集团领导首先明确了保密管理机构及各部门保密职责，又逐步完善保密管理的手段和措施，从制度管理、入职审核、离职审批、外发信息审批，采用电子文件加密，权限限制员工经手的文件等很多智能手段，逐步规范石药集团的保密管理。

2019 年，认证审核组提出，石药集团缺少全面系统的企业知识产权发展规划。当时石药集团仅针对重磅产品或创新药项目开展专利布局及挑战规划，在产品报产前才启动商标注册计划，随着创新药项目越来越多，石药集团迫切需要制定系统的知识产权发展规划，再通过年度计划实施，根据具体项目研发进度逐步落实。

五、经验分享

知识产权管理体系认证每年需经历一次现场审核，审核组成员审核经验非常丰富，在查看企业的体系文件、记录文件、与相关部门人员沟通交流过程中，较为深入地了解企业知识产权管理运行过程，能及时发现企业存在的知识产权管理疏漏，帮助企业提高管理能力，降低各类知识产权风险，推动企业知识产权向良性方向发展。石药集团至今已经历6次现场审核，每次都能获益，不符合项也是从多到少，从有到无；建议项说明公司还有提升的空间，也指出前进的方向，认证期间石药集团的专利和商标申请与授权数量持续增长，质量也不断提高，围绕产品逐步完善知识产权布局，为企业的研发成果提供了强有力的保护，在新药立项、技术合作、拓展市场等诸多方面发挥了知识产权工作的巨大作用，风险预警工作有序开展，做到知己知彼，无论再去规避措施、防御还是出击方式都掌握主动权。

（一）知识产权创造

石药集团知识产权产出都是结合项目所处研发、注册报批、上市销售的不同阶段，依据项目差异化知识产权评估，适时进行专利布局，适时申请核心专利保护，国内外专利申请及授权稳步增长。截至2024年7月31日，石药集团累计申请国内外专利1948件（国内专利1279件、国外专利669件）；授权951件（国内专利633件、国外专利318件）、PCT国际申请192件。

目前，石药集团拥有国内商标1715件、国外商标143件，中国驰名商标5件。

石药集团逐步完善了"信息公开管理制度"，包括任何形式的论文、临床试验登记、公司公告、对外宣讲、展会陈列、宣传资料等涉及项目技术的内容。该制度自实施以来，有效避免了未经审批对外公开信息而错失申请专利的情况。

近年来，石药集团不断加大研发投入，坚持创新驱动的发展战略，在专利赋能下，更多高质量的创新产品不断涌现，2022年2月19日，治疗外周T细胞淋巴瘤的特殊制剂产品——多恩达（盐酸米托蒽醌脂质体注射液）全球独家开发上市。未来，石药集团将继续以创新为驱动，加大投入，不断丰富创新药管线，在创新升级的道路上继续前进。

（二）知识产权运用

石药集团的知识产权运用主要通过两个途径来实现：一是实现他人创新成果向生产力转化，即扩大对外交流，积极引进科研院所的先进成果，将产、学、研紧密结合，发挥企业与科研院所各自优势，实现创新成果向生产力的最大转化。二是实现自身创新成果向生产力的转化，即通过集团内部子公司间资源共享，或是通过集团外部途径，广泛展示集团发明创造。

对于企业来说，开发一项新产品和技术，并在一定的地域内和特定的时间申请专利保护，都直接反映了企业明确的经济目的和市场意图。因此，通过专利信息，了解竞争对手在某一时段申请的专利，申请的是什么类型和什么内容，在哪些国家申请的，可以间接地收集竞争对手的新产品开发策略，未来的市场开拓策略等方面的信息，从而知己知彼，取得市场的主动权。

石药集团在制定产品规划时，首先对产品的知识产权情况进行调研，利用 Incopat 数据库、国家知识产权局网、美国商标专利局网、欧盟知识产权局网、世界知识产权局网等，全面检索该项目领域的专利情况，包括化合物的原创专利，涉及的盐、酯、晶型、水合物或者溶剂化物的专利以及组合物、制剂、合成方法等后续专利，全面分析了解这些专利的申请人、申请时间、申请内容、申请范围、授权时间、授权内容等，然后对个别的、零散的专利信息进行系统的分析研究，从中解读竞争对手的专利及市场策略，根据这些信息制定企业的产品开发策略和市场开拓策略，实现产品的升级换代。

石药集团的阿奇霉素晶型专利、那格列萘无定型专利、左旋氨氯地平拆分专利、奥拉西坦制剂专利、紫杉醇白蛋白组合物及给药方法专利等成功突破外国公司的专利封锁，成功上市，提高了企业在市场中的竞争力。现在这些产品都成了企业的重点创利产品。

（三）知识产权保护

医药研发领域作为一个特殊的领域，具有其自身的特点，如新药研发过程周期长、成本高、风险大、对知识产权保护依赖性强等，针对这些特点，从以下几个方面为企业医药研发到生产销售的各个阶段提供知识产权服务，完善知识产权预警系统平台，提高对知识产权风险的识别判断能力，强化应对风险的能力。

1. 建立贯穿生产经营全流程的知识产权侵权预警机制和风险控制机制

石药集团在做好公司核心专利申请保护的同时建立了竞争对手监控机制，一旦发现，将适时采取措施，如竞争专利在审查阶段尚未授权，就通过公众意见陈述的方式干预其授权；如竞争专利已经授权，就结合企业需要采取无效方式。

2. 定期开展知识产权测评

知识产权评估，针对项目所处不同研发阶段（立项、开题、报临床、报产、上市）开展差异化知识产权评估，提示风险、提供规避建议及专利布局，适时申请核心专利保护。对监控到的知识产权风险，先组织集团内部各专业人员分析评估，如尚未找到规避等解决方案，再邀请外部专家介入。

3. 挑战风险专利，扫清专利障碍

石药集团作为仿制挑战原研专利的典型案例：注射用紫杉醇（白蛋白结合型）以知识产权尽职调查为基础定期监控风险，制定干预策略，适时采取异议和无效手段，累计对 3 件制剂专利申请提起 5 次公众异议，已于 2021 年 3 月 12 日确认其全部驳回失效；对用途专利提起无效宣告请求，最终风险专利于 2017 年 11 月 9 日被全部无效，在产品批产（2018 年 2 月 12 日）前扫清专利障碍，首家上市，实现仿制药的可及性，大大降低了患者的用药负担。

4. 参与专利纠纷的处理

石药集团作为原研维权的典型案例：在丁苯酞注射剂型研究之初，石药集团的管理层便敏锐地意识到加强丁苯酞的知识产权保护是未来市场保护的必经之路。2002年，在发现环糊精衍生物包合技术初步显示出优越效果的情况下，石药集团递交了"丁苯酞环糊精或环糊精衍生物包合物及其制备方法和用途"专利申请，并于2004年获得授权，该专利也成为丁苯酞氯化钠注射液的核心专利。其后，石药集团围绕该产品不断拓展，进行了不同类型的专利布局，并将"触角"伸向海外，打造了"多点开花，全面保护"的专利集群。

2015年起，丁苯酞氯化钠注射液销售额开始放量增长，引起众多仿制企业的关注，2017—2020年，他人对该专利先后提出3次无效挑战和2次行政诉讼，基于良好的专利质量和专业的团队力量，最终核心的8项权利要求维持有效，保证了产品的市场独占权屹立不倒。目前，丁苯酞氯化钠注射液持续入选多项国家权威心脑血管疾病诊疗指南，成为影响我国脑卒中治疗格局的重磅产品。同时，作为我国创新药物研发的突出典范，丁苯酞的知识产权战略及实施举措也成为未来的自研创新药参与者的参研案例。

（四）知识产权管理

石药集团自1999年成立知识产权管理机构至今已有26年，目前已建立贯穿企业研发—生产—经营全流程的知识产权保护体系，从立项筛选、药物发现、结构优化到临床开发、药政注册、市场竞争各个环节，侵权预警机制和风险监控机制在历年实际工作中逐步完善，目前知识产权管理机构隶属于研发与创新委员会，由集团执行总裁主管知识产权工作，共有专职人员24人，其中知识产权高级工程师8人、取得专利代理资格18人、取得法律职业资格3人，形成了尽调立项、在研追踪、纠纷解决、流程管理四大模块，负责石药集团全球知识产权管理工作。

高质量的专利技术是创新药竞争的核心优势。多年来，石药集团稳扎稳打搞研发，着力保障核心专利的创造性经得起时间考验和相关技术的冲击。丁苯酞注射液一件名为"丁苯酞环糊精或环糊精衍生物包合物及其制备方法和用途"的核心专利曾历经 3 次专利无效挑战，技术创造性遭遇质疑，但其中一次挑战请求人主动撤回，另外两次挑战最终都被认定维持专利权有效，并被国家知识产权局列为"2020 年度专利复审无效十大案例"之一。此外，丁苯酞系列产业化项目和产品获得"中国专利金奖""中国工业大奖""国家战略性创新产品"等多个奖项。

第二十二章　厚积薄发，知识产权合规管理助力企业创新价值实现

——浙江海正药业股份有限公司知识产权管理案例

一、企业简介

浙江海正药业股份有限公司（以下简称"海正药业"）始创于1956年，经过60多年的发展，海正药业已成为一家集研产销全价值链、原料药与制剂垂直一体化的综合性制药企业集团。公司专注于化学药、生物药、动物药、中药及商业流通等多产业发展，加快布局大健康产业和健康美学等新兴市场，多次入选中国制造业企业500强、中国医药工业百强企业榜单。

作为国家首批创新型企业，海正药业拥有高层次、多维度的研发平台，已在台州总部以及我国上海、杭州和美国等多地建有研发中心，拥有国家级企业技术中心、浙江省首批独立招收博士后资格的博士后科研工作站和浙江省级重点实验室等一流研发平台，具备全链条的药物研发能力。

60多年的发展历程积淀了海正药业知识产权保护的深厚底蕴，截至2023年年末，公司共实现专利申请1305项（国内申请703项，PCT国际申请192项），其中发明专利1236项，实用新型专利65项，外观设计专利4项；拥有授权有效专利435项，其中发明专利372项，实用新型专利59项，外观设计专利4项。公司拥有注册商标144项，拥有"海正""HISUN"及"海正企业形象标志"中国驰名商标，其中"HISUN"商标在美国、南非、马德里等51个国家及地区均已注册，HISUN+公司企业形

象 Logo 图形商标在美国、厄瓜多尔、南非、沙特阿拉伯、乌拉圭、智利、马德里等 53 个国家及地区均已注册。目前海正药业共有 7 项发明专利荣获"国家专利优秀奖",1 项发明专利荣获"浙江省专利优秀奖"。

公司创新发展战略主要有以下两个方向:

(1) 新兴业务。利用公司成熟的生产技术优势,扩展并强化各新兴赛道(如保健品、功效护肤、整形医学与抗衰等领域等)的产品研发和市场开拓,加快推进与高校院所等机构开展工业战略项目的合作落地,探索新的业务增长和盈利模式。

(2) 精准高效研发。研发精益化管理,强化自主研发及外部合作,内部孵化战略性项目,外部寻求补强机会,构建海正特色的高效研发体系,打造海正研发多元化的新质生产力技术平台。

公司将沿着"业务导向、稳健发展、利润为王、重塑地位"的战略路径,为实现公司持续健康发展砥砺深耕。

二、知识产权管理背景

海正药业自 2000 年开始设立知识产权专职部门,专门负责公司知识产权事务,经过多年的不断摸索,到 2012 年,公司的知识产权管理逐渐趋于成熟,但就 2012 年体系建立之前的情况来看,公司的知识产权体系还有待完善。在国家知识产权贯标工作的推动下,公司在 2012 年重新审视了公司的知识产权管理工作,通过与企业知识产权管理国家标准认证审核指标进行比对,意识到公司知识产权管理还存在以下需求。

(1) 没有明确的企业知识产权方针和知识产权目标,虽然通过多年的宣传和培训,大部分员工的知识产权意识有明显增强,但仍需要继续做好知识产权的培训工作。

(2) 部分职能部门没有很好地履行知识产权职责:

①采购合同中缺少明确的知识产权条款,没有明确知识产权的职责和权利及义务;

②人力资源,没有建立对离职员工进行知识产权相关事项提醒和恳谈

的机制，以及对入职员工的知识产权背景调查机制；

③知识产权中心，知识产权的管理工作和文件记录欠规范，亟待完善；

④没有建立知识产权分级档案管理并形成记录；

⑤文件记录表单没有统一的编号；

⑥缺少知识产权防范预案；

⑦有关知识产权的程序文件欠完善，如缺少知识产权变更或放弃程序；缺少信息发布审批程序等。

（3）未建立知识产权体系的内部审核程序和管理评审机制。

三、知识产权体系化管理的探索与尝试

海正药业积极贯彻和落实企业知识产权管理国家标准，对公司知识产权管理体系进行诊断策划，通过知识产权方针和目标的制定以及《知识产权管理工作手册》的编制，构建完善的知识产权管理体系、实施、保持并持续改进，从而规范知识产权管理的全过程，提升企业知识产权的管理水平，使知识产权的管理工作更好地融入公司的管理体系，同时围绕公司"捍卫创新，增益资产，为竞争空间负责"的知识产权方针，有效组织实施和完善公司的知识产权管理和保护工作，积极组织创造、运用、保护和管理知识产权，保证公司的核心竞争力。

为了加强知识产权管理，公司知识产权中心搭建了专利信息公共服务平台。目前有专职工作人员10人（其中，8人拥有专利代理人/师资格），专门负责公司的专利和商标管理、技术进出口专利评估及知识产权纠纷事务管理工作。公司设立知识产权工作专项资金，用于知识产权培训、奖酬、知识产权工作事务及数据库、信息网络建设等费用支出。

公司以贯彻企业知识产权管理国家标准为契机，进一步完善已有的知识产权管理体系。建立了与专利法和实施细则相适应的《专利管理办法》，与商标法相适应的《商标管理办法》以及《浙江海正药业股份有限公司商业秘密保护制度》等33项相关制度。除此之外，还完善了公司内部各项知识产权管理流程，建立包括专利申请、专利评估、商标申请等19个控制程

序，通过制度和机制更规范化地将知识产权保护工作贯穿企业的技术创新以及研发、生产、经营的各个环节、全部过程之中。具体而言，海正药业主要通过以下五大机制来保障知识产权创造、保护和运用的实现。

1. 保护机制

建立员工发明创造、专利申报与审查制度，同时制订具体申报、审查的程序和办法。对符合申请专利的发明创造，先提出专利申请，受理后，再进行科技评价、评估、评奖、产品展览与销售等可能会导致发明公开丧失新颖性的活动。

对于不适于申请专利但具有商业价值的技术诀窍，将其纳入企业技术秘密保护范围，遵从《浙江海正药业股份有限公司商业秘密保护制度》的规定。

直接或间接参加科研工作的人员，未经企业许可，不得在国内外刊物、学术或技术交流会上发表企业科研成果，不得擅自组织和参加技术鉴定会。企业选派职工出国或到外单位学习、进修、工作、科研6个月以上者，以及企业临时聘用人员，在离开企业前须将工作中涉及知识产权的技术资料交回企业有关部门，不得私自留存或擅自复制、发表、泄露、使用、转让。

公司与其他单位、个人合作开发或者委托研究，要签订技术合作、委托协议，协议中必须约定研发成果的专利申请权、专利权的归属。

海正药业知识产权管理部门对授权专利和申请中的专利都建立了管理档案，进行监控和管理，依法及时缴纳年费或申请维持费，维持授权有效。

2. 运用机制

公司不失时机地实施自有专利技术，或者引进他人的专利技术。公司无条件或者不能充分实施自有专利技术时，适时进行转让或许可他人实施。专利的引进与转让，由知识产权中心同有关部门一起提出可行性分析报告、法律状态调查报告和市场分析与价值评估报告。公司实施他人专利技术或许可他人实施公司专利技术签订专利实施许可合同。

知识产权中心根据公司发展要求，积极为公司实施国内外专利技术提供服务。专利实施许可合同或含有专利许可内容的技术转让合同的谈判、签订,有专利管理人员参加,并按照国家和公司有关技术合同的规定执行。

3. 保密机制

在与员工签署的劳动合同附有"关于商业保密、竞业禁止及关联交易的承诺",包含职务发明的界定、保密责任、违约责任、竞业限制等知识产权条款。

公司制定的《档案管理制度》《档案借阅制度》《档案保密制度》《档案鉴定和销毁制度》和《档案图书情报等管理暂行办法》中规定:企业要加强生产经营和科技开发中的保密工作,对涉及知识产权的档案作为特殊档案妥善管理。未经许可,任何人不得私自保留或向外扩散。对涉及专有技术和其他商业秘密的文件、技术方案、科研成果、经营信息等,均在显著位置明示"专有技术"或"商业秘密"等标识,采取严格的保密措施,认真保护,严格管理。公司还推行实施了技术文件加密(FAS)系统,在员工的办公电脑上安装文件加密客户端,以实现文件加密查看等功能。

4. 奖惩机制

为了激发科技人员的创造热情,根据《中华人民共和国专利法实施细则》规定,建立了科技创新机制,制定了一系列的奖惩制度。如《新药研究管理办法(试行)》《技术与管理改进规定(试行)》《研发项目成果奖励办法》等,对药品注册获批、仿药一致性评价、政府科技项目等都明确了奖励标准。最大的亮点是:新药研究单个项目奖200万元起,重大技术改进项目奖励30万元起。在海正药业,只要有创新,只要出成果,都能找到对应的奖励标准。

公司发布有《关于对已授权发明专利兑现奖励的决定》,2011—2023年,公司共兑现发明专利奖励511项,实际奖励金额255.79万元。

5. 培训机制

海正药业组织全体员工按业务领域和岗位要求开展知识产权培训,如研发部门、人事部门、营销等部门的员工,使其了解其工作与实现知识产权目标的关系。针对职能部门负责人、主要业务骨干以及与知识产权关系密切的研发岗位人员的知识产权培训教育，针对全体员工和新入职员工开展知识产权知识的宣传普及工作，以提高全体员工和新入职员工的知识产权意识；通过培训等方式确保中、高层管理人员具有一定的知识产权意识，同时保持教育、培训的适当记录。

海正药业通过将知识产权制度与机制的有机结合，为促进专利技术产品商业化，为发挥知识产权工作的价值最大化，为提升企业的核心竞争力提供强有力的保证。

四、有效运行知识产权管理体系促进创新价值实现

作为首批国家专利运营试点企业，海正药业积极贯彻和落实企业知识产权管理国家标准，对公司知识产权管理体系进行诊断策划并完善，并通过了中知（北京）认证有限公司认证审核。

通过知识产权管理体系的实施、认证及整改，完善了专利及商标申请、合同等审批流程，形成了更加规范的审批程序，调整了专利检索、预警分析、可专利性分析报告模板，出具的相关报告更为完整规范。通过体系运行的推进及宣传力度的加大，以及定期有针对性的知识产权培训活动的开展，管理层、普通研发及技术人员的知识产权意识也大有提高。同时，公司各部门更加重视技术转让、采购等合同中的知识产权条款审核，并相应地完善相关知识产权条款，涉及知识产权相关条款均会经知识产权部门审核。海正药业建立了一套系统完整的知识产权管理制度、管理方法、工作体系和工作程序，使知识产权管理更规范，有效促进创新价值的实现，具体取得的成效如下。

1. 专利商标申请及授权情况

知识产权部门协助企业技术部门了解行业发展的最新动向，分析技术的发展前景，推进生产环节以及后期服务中的可专利技术提出和归纳，兼顾技术创新和市场实用性，将市场部门和技术部门有效通联，充分运用专利在市场竞争中获得优势，并结合企业自身技术水平和企业长期发展的需要，整合已有技术资源形成有效专利，提出具有"含金量"的专利，根据

市场情况进行合理布局，进而使产品更具市场竞争力。从"专利管理"到"保驾护航"的知识产权管理模式，使海正药业的专利申请、授权数量大幅提升。同时加强品牌建设，及时注册商标，提升海正药业产品的核心竞争力。

对于创新药进行合理专利布局，构建核心专利与外围专利的严密专利池，尽可能延长药品生命周期。如海正药业自主创新产品——海博麦布，已在全球30多个国家和专利组织申请专利，涉及新化合物、晶型、工艺、新用途、药物组合物等多种类型。对于仿制药则采取预警分析与跟踪创新并进，创新成果及时进行专利保护。

自2013年体系实施至2023年年底，公司累计提出专利新申请974项，其中PCT申请173项，PCT申请进国家116项，涉及350项专利申请；公司及关联公司商标注册申请328件，获核准239件，办理商标续展115件。

2. 专利调研及预警分析

在企业立项和拟引进项目前，针对项目立项，按照关注市场区别，主要针对中国以及欧美等目标市场分别进行专利检索调研，以便了解现有技术状况和发展动态，发现已有的和潜在的竞争对手，并对拟申报和仿制的产品是否会有专利障碍给出准确可行性报告及合理化建议。在借鉴现有技术的基础上，开展自主研究开发，避免低层次重复研究；海正药业知识产权中心通过全面而严密的专利调研分析后，并将调研结果及意见反馈研发人员以及决策层人员，在此基础上建立企业的专利战略，可以以最小的代价获得最大的收益。

在项目研发、产业化、销售前和销售后等各环节，及时更新和跟踪专利情况并及时反馈，以作应对性地决策；并及时按照研发工艺的变更情况，进行全面的专利分析调研，出具专利预警分析报告。必要时，提出规避专利侵权的建议方案。同时对于一些重点项目，定期进行更新分析。此外，还及时挖掘项目研发过程中的创新发明点，并评估以商业秘密或专利的形式进行合理保护。

自2013年体系实施至2023年年底，平均每年完成专利调研项目近百项，完成专利预警分析项目总计近 600 项，完成外方客户专利质询总计近 230 项。

3. 知识产权投入情况

每年支出知识产权经费达到几百万元，主要用于专利、商标的申请及维护等知识产权相关事宜。

4. 知识产权运营及产业化

新药开发是一项庞大而复杂的系统工程。任何一家企业都难以独立完成，需要走产学研结合、联盟化发展之路。海正药业自 20 世纪 80 年代末就开始与国内外著名大学、研究机构从产品开发、技术攻关到共建实验室，进而建立产学研联盟，形成了很好的优化利用、合作互动的机制，积极推进知识产权转化运用，促进知识产权产业化。2021—2022 年，公司天维菌素项目 26 项专利及技术转让给深圳市天维生物药业有限公司，收益近千万元。海正药业的专利产品有 30 多个，平均每年的专利产品销售收入占公司产品总销售收入的比例达到 60% 以上。

5. 知识产权纠纷应对策略、无效挑战及第三方公众意见

海正药业合理地布局并挖掘有价值的新申请，保护公司的知识产权，提升自身的核心竞争力，准确及时地进行项目预警分析，规避并降低知识产权风险，同时关注市场上相关知识产权情况，及时应对知识产权纠纷，视情况主动提出第三方公众意见或无效他人专利，维护公众利益并消除专利壁垒。

6. 其他知识产权运行成果

知识产权管理体系建设以来，海正药业获得国家技术发明二等奖 2 项，中国专利优秀奖 7 项，省专利优秀奖 1 项，省部级科技进步奖一等奖 3 项、二等奖 4 项、三等奖 2 项。2015 年 10 月，海正药业入选"国家知识产权示范企业"（台州市首家）；2018 年 7 月及 2022 年 10 月，分别通过国家知识产权示范企业复核；2022 年 9 月海正药业入选"浙江省知识产权示范企业"。

海正药业知识产权工作虽取得了一定的成绩，但任重道远，接下来仍

要持续推进知识产权管理体系的实施，通过知识产权工作的开展，引导企业开发市场竞争力较强的产品，突破一批国际先进水平的关键核心技术，为我国从"制药大国"向"制药强国"发展作出更大的贡献；通过知识产权工作，逐步提升自主知识产权技术成果产业化程度，充分体现知识产权创造和运用的价值。

第二十三章 贯彻知识产权国家标准，构建创新药从研发到上市的系统化、全过程知识产权管理体系

——山东绿叶制药有限公司知识产权管理案例

一、企业简介

山东绿叶制药有限公司（以下简称"绿叶制药"）是一家致力于创新药物研发、生产和销售的国际化制药公司，以全球研发、全球制造、全球市场为三大战略重心，聚焦中枢神经、肿瘤、心血管等疾病领域。绿叶制药在微球、脂质体、透皮释药等先进药物递送技术领域达到国际先进水平，并在新分子实体、生物抗体、细胞、基因治疗等领域进行积极布局和开发。

绿叶制药高度重视自主创新和知识产权保护的结合，1998年即成立知识产权部，开始对科技创新进行知识产权保护，坚持以"知识产权战略"为先导，以"自主科技创新"为前提，将知识产权贯穿技术研发、产品制造和市场销售全过程，有效做到在技术上先进、在市场上独有、在法律上充分保护，以创建一个拥有自主知识产权、可持续稳定发展的国际知名品牌企业。

绿叶制药先后获得国家创新型企业、长效和靶向制剂国家重点实验室、国家企业技术中心、国家科技合作基地、国家"863计划"成果产业化基地、国家知识产权示范单位、企业博士后科研工作站、全国首批出口知识产权优势企业等荣誉。

随着公司多年的发展，绿叶制药从创新研发到生产制造再到市场营销

等环节，开启了国际化的发展道路。秉承知识产权战略支持企业总体发展战略的理念，为了配合公司国际化战略目标，绿叶制药需要以全球化视野实施知识产权管理，并致力于成为全球知名医药知识产权专业团队。

二、构建创新药从研发到上市的系统化、全过程知识产权管理体系

绿叶制药高度重视知识产权管理工作，自国家推出企业知识产权管理贯标工作后，绿叶制药知识产权部积极推进该项工作的开展。如何将绿叶制药现有的制度和规定串联起来，形成系统、适宜的知识产权管理体系显得尤为重要。知识产权贯标的出现刚好解决了这一问题。

每年的监督审核和三年一次的再认证审核，不断推动着绿叶制药知识产权水平的完善和提升。通过对贯标工作始终如一地贯彻和推进，绿叶制药的知识产权管理水平正一步一个脚印地不断获得提升。知识产权管理真正贯穿企业经营生产活动中的每一个环节，实现了知识产权的整体管理、动态管理、流程管理和规范管理。

（一）建立立体化的知识产权管理架构

为贯彻贯标工作，公司采用集团副总裁领导下的知识产权三级管理体系。

第一级集团副总裁（最高管理者），是知识产权管理的第一责任人。

第二级公司知识产权部及知识产权部副总裁（管理者代表）。知识产权部主要负责专利、商标、著作权、网络域名、技术秘密和合同等工作，其主要职责为负责知识产权管控体系搭建，制定相关流程、制度及沟通机制；负责知识产权战略的统筹规划，对集团专利、商标、版权、域名及技术秘密进行规划管理；负责知识产权争议处理，包括但不限于专利、商标、版权、域名及技术秘密等；负责产品/项目全生命周期知识产权支持，包括但不限于专利、商标、版权和域名的预警、申请、维护、运用等；负责投资、并购、合作项目/产品/公司的知识产权尽职调查及评估；负责合同/协议涉及知识产权条款的审核，包括但不限于投资、并购、合作、采购、CMO、转让许可等；负责技术秘密体系搭建、导入和后续管理工作；负责

外聘知识产权律师的管理，统一对外聘律师进行选聘、沟通、评估、指导和解聘；负责企业知识产权管理规范的执行和现场审核。

第三级其他相关部门。公司其他相关部门在知识产权部具体组织、协调下，开展知识产权工作。由知识产权部牵头，联合研究部、人事行政部、财务部、采购部、法务部、信息部、质量部、制造部、销售部、公共关系部、国际贸易部、供应链管理部成立贯标推进小组，推进贯标工作开展，建立和完善公司生产经营活动中各环节知识产权创造、运用、保护、管理的程序和制度。

（二）围绕药品的全生命周期，开展全过程知识产权管理

绿叶制药知识产权战略的实施贯穿药品全生命周期，从立项前，临床前研究、临床研究、提交上市申请到药品上市各个环节。知识产权部与研发部门、生产制造部门、采购部门、销售部门紧密合作，按照项目或产品分配到人的原则，由专人负责项目或产品的知识产权工作。同时配合公司BD/并购战略，配置专人负责BD/并购的知识产权尽职调查，评估知识产权风险和机会，审核合同中的知识产权条款。

1. 绿叶制药将知识产权贯穿研发、制造、营运、BD、投资等方方面面

（1）研发：全程参与在研项目；立项前进行检索、评估，提出建议或参与解决方案的制定（通过提交公众意见、无效/IPR/异议等方式扫清专利障碍；分析专利信息，提供解决问题的技术方案）；立项后全程参与（持续预警；持续挖掘项目专利、答审、授权，同时满足重大专项需求；持续参与研发项目，从专利角度为研发提供技术支持）；为研发BD项目开展知识产权评估；审核研发体系签订的涉及知识产权条款的合同等。

（2）BD/并购、投融资：根据需求开展评估工作，参与尽职调查，出具知识产权评估报告；审核BD/并购中涉及知识产权条款的合同；对投资者关于知识产权的提问进行有针对性的回复；对拟对外发布的与知识产权相关的公告进行审核。

（3）制造体系：对制造体系的技术创新及时挖掘专利，答审、授权；为满足高新技术企业认证，进行产品专利挖掘直至授权；审核制造体系签

订的涉及知识产权条款的合同；处理知识产权纠纷或诉讼。

（4）销售：为招标提供专利、商标支持；根据需求对特定产品进行专利挖掘直至授权；根据需求排除竞争对手专利；处理知识产权纠纷或诉讼。

2. 绿叶制药瞄准国际市场，知识产权保驾护航

迄今为止，绿叶制药知识产权部经历了三个主要发展阶段。成立之初，主要是结合公司天然药物的技术优势，开展专利挖掘、布局工作；随着公司长效制剂技术平台的建立和发展，知识产权工作的重心转向预警、应对和运用；2010年开始，知识产权工作进入全新的发展阶段，以全球化视野实施知识产权管理，致力于成为全球知名医药知识产权专业团队。

（1）知识产权的目标国本土化：2010年知识产权部即着手进行"知识产权的目标国本土化"工作，经过几年的探索和努力，与美国、欧洲、澳大利亚、加拿大、韩国、日本、印度等重要目标国/地区的专利律师事务所及检索机构建立了长期的合作伙伴关系，分别在检索、申请、无效、诉讼等方面开展了实质性的合作。在专利申请方面，绿叶制药在提交PCT申请之前，首先由目标国律师审核文本，保证提交的PCT文本符合各目标国法律法规相关规定，保证了申请质量，提高了授权率并节省了大量的后期答审时间及费用；在国家阶段答复审查意见时，由绿叶制药知识产权部工作人员直接与目标国本土事务所进行沟通，达到了事半功倍的效果；在专利预警方面，为申报美国505b2的项目完成FTO（自由操作）分析报告，并制定应对预案。

（2）构建全球医药知识产权专业团队：绿叶制药知识产权部人员以药学专业背景为基础，具备专利代理师/律师资格（中国、美国和欧洲等），实现专业技术与法律高度结合。知识产权部负责全球范围内的专利争议解决、知识产权评估/尽职调查、合同审核、技术秘密、药品全生命周期的专利管理、商标/版权/域名的管理等工作。以LY03004项目为例，知识产权部通过在中美欧同时提交无效/IPR/异议，为项目扫清了专利障碍，取得了不侵权的证据。在美国专利诉讼中，通过努力获得"快速时间表"，达到了尽快结案的目的，为项目扫清了专利障碍。美国特拉华州法院斯特拉克（Strak）法官甚

至说："这么快的时间表在美国专利诉讼历史上是史无前例的。"全球医药知识产权专业团队的构建，有力地支撑了绿叶制药国际化发展。

（3）标准化管理：一流企业做标准，不但适用于企业管理，同样适用于部门管理。绿叶制药知识产权部以"知识产权标准化管理"为契机，制定了一系列标准，涉及提交公众意见、生物药检索、化药检索、商标检索、知识产权尽职调查、专利申请文件撰写、专利申请审查意见答复、欧洲异议程序及策略、美国IPR程序及策略、美国专利诉讼、美日欧韩专利期限查询、IP合同审核、中国无效及诉讼程序和策略等方方面面，同时将标准文件引入贯标的体系文件。标准的建立，一方面实现了人才的快速成长，另一方面优化了部门管理，实现了团队共赢。

三、贯标认证全方位提升知识产权管理体系的精细化管理水平

从首次通过贯标认证以来，每次的监督审核和再认证审核都给公司带来进步和改善。

（1）以人力资源管理为例，根据审核建议，修改和完善了以下几个方面：

①劳动合同书：完善了职务成果权属约定、员工署名权和获得奖励的权利、员工保密义务的约定等。

②竞业限制协议：结合工作岗位性质，完善了不同岗位员工竞业限制协议的签署，避免了"一刀切"的模式，做到分层分类管理。

③应聘信息登记表：进一步细化了与知识产权的披露内容，增加了离职前是否作为申请人或者主要发明人申请过专利，之前涉及原单位技术研发项目的相关内容。

（2）以技术秘密管理为例，根据审核建议，修改和完善了以下几个方面：

建立《绿叶制药集团技术秘密管理规范》，结合审核建议，为规范公司的技术秘密管理工作，提升公司技术秘密的保护水平，根据公司保密制度要求，出台了该规范。对技术秘密管理组织、涉密载体、涉密人员、涉密场所

等方面形成了管理规范，对保密措施和管理流程提出了具体要求。

该规范对技术秘密分级、载体管理、文件流转、电子载体、纸质载体、归档、载体废弃处理、入职离职和转岗、涉密场所管理（门禁/谢绝参观标识）、复印和打印（刷卡管理）等方面都做了明确规定，有效地规范了公司的技术秘密保护。

（3）以采购合同为例，根据审核建议，修改和完善了以下几个方面：
完善了《供应商须知及声明》。

完善了采购合同中的知识产权免责条款，由最初单一模板的知识产权免责条款，修改为分层次、约定更全面的条款，实现了采购活动中根据不同类型产品采购情况，有针对性地设置采购合同知识产权条款的目的。

采购是每个企业可能每天都在开展的工作。很多企业在采购阶段往往将更多的注意力放在了询价、货期、质量要求等方面，却忽视了采购的产品所涉及的知识产权权属的核实、信息资料的管理和保密工作以及采购合同知识产权条款的约定和合同保管工作等，这样的采购可能会为日后埋下风险。

2015年，绿叶制药采购部从上海凯来购买溶出仪一台，为研发部门使用。2016年7月，上海富科思起诉上海凯来和绿叶制药侵权。2016年11月，知识产权部收到上海知识产权法院起诉状。针对起诉状，知识产权部积极应诉，提交答辩状并参加庭审，2017年4月10日，上海知识产权法院判决不侵权。上海富科思于2017年4月25日向上海市高级人民法院（以下简称"上海高院"）提起上诉，2017年9月11日上海高院驳回上诉，维持原判不侵权。正是由于采购合同中知识产权免责条款的加入和及时充分的诉讼准备，保证了绿叶制药在该诉讼中不处于被动地位，且该诉讼顺利进行。

2020年再认证审核时，审核人员对公司采购合同中的知识产权免责条款提出了更好的建议，并通过末次会议分享的形式，为条款的修改和完善指明了方向。

采购合同知识产权条款的逐步完善，是贯标带给企业知识产权管理体系不断完善的一个缩影。每一次的建议，每一次的修改，每一次的完善，都是企业知识产权管理体系一步一个脚印不断向前的写照。

每一次认证审核建议的成功实施，都如同为公司知识产权管理体系这座大厦添砖加瓦，使其更加稳固和壮观。通过持续地努力与完善，绿叶制药已经构建起一个全面而高效的知识产权管理体系，涵盖专利、商标、著作权、域名、技术秘密以及合同审核六大关键领域，形成了六位一体的全方位保护网。

这六位一体的知识产权管理体系，不仅体现了公司对知识产权系统化、全过程管理的重视和决心，也彰显了公司在知识产权管理方面的专业性和前瞻性。未来，随着公司业务的不断拓展和市场竞争的日益激烈，这一体系将继续发挥重要作用，为公司的可持续发展提供坚实的支撑和保障。

第二十四章 "一把手"为核心的知识产权三级管理体系，促进经营全流程知识产权合规管理
——广州白云山和记黄埔中药有限公司知识产权管理案例

一、企业简介

广州白云山和记黄埔中药有限公司（以下简称"白云山和黄"）由广药集团广州白云山制药股份有限公司与和记黄埔（中国）公司于2005年共同出资成立。

白云山和黄现有员工千余人，其中工程技术科技人员占比35%以上。公司致力于现代中药的研发与制造，拥有片剂、颗粒剂、丸剂等9大剂型，共计147个产品批文。其中"白云山"复方丹参片、板蓝根颗粒、复方板蓝根颗粒、口炎清颗粒、脑心清片都是年销售额超亿元品种。

白云山和黄积极实施"科技兴企"战略，建立有国家级"博士后科研工作站""呼吸疾病国家重点实验室""院士专家企业工作站""省级企业技术中心"等科研创新平台，大力推进企业自主创新及知识产权建设。

白云山和黄建立了较为全面的知识产权管理机制和系统的知识产权管理制度文件，是首批参加并通过《企业知识产权管理规范》（国家标准GB/T 29490—2013）的企业之一。截至2023年年底，白云山和黄专利申请超200件，其中授权专利占比79%；拥有国家驰名商标"白云山"和"和记黄埔"商标的使用权，培育有"指纹图谱""GAP"等广东省著名商标。

目前，白云山和黄已发展成为国家火炬计划重点高新技术企业、国家创新型（试点）企业、工信部工业企业知识产权运用能力培育工程试点企业、国家技术创新示范企业，国家知识产权示范企业，是广东省自主创新100强企业、广东省战略性新兴产业（第一批）骨干企业。

未来，白云山和黄将持续贯彻"科技兴企"战略，以"打造行业科技创新新标杆"为目标，加强企业创新、信息、人才的三大平台和技术、人才队伍建设，持续开展中药新药研究及中药普药的二次开发研究，同时发挥自身优势，加快保健食品、食品、日化品的自主研发进程；拓展并深化知识产权工作，搭建专利、著作权、商标、商业秘密等多位一体的知识产权保护体系。

二、知识产权系统化管理服务企业发展战略

为了加快推进"科技兴企"的大医药战略，白云山和黄中药坚持以"市场、前沿科技和政策法规"为导向，以"古药新制、普药精制"作为产品开发思路，从药材资源保障、质量标准提升、药理药效研究、上市后临床再评价等方面开展名优大品种科技培育工作。同时建立了相应的科研管理、创新激励及专利管理等科研创新保障制度，这些制度在一段时间内很好地推进了企业的科技创新工作。

随着公司业务、科研创新的高速发展，以及市场竞争、政策环境的改变，企业分散的创新保护模式面临严峻挑战：（1）知识产权纠纷日益增多，维权及侵权处理需要多部门高效配合；（2）发明专利诉讼对专利文本质量提出了更高的要求；（3）业务部门的知识产权多样化保护需求问题凸显，急需多部门协作配合的知识产权化的形成渠道，也就是说企业亟须一套科学、系统的知识产权创造、运用、管理、保护体系，将知识产权管理工作与企业的经营发展战略有机结合起来，将知识产权管理工作融入企业生产经营活动的全过程，使知识产权管理工作服务于企业的整体发展战略，以实现企业在新环境下对知识产权的科学管理和战略运用。

三、体系化知识产权管理的探索与实施

2013年8月，白云山和黄根据标准的要求，启动了企业知识产权管理体系的建设工作，通过对标准的学习、理解，对企业管理现状进行梳理、问题诊断，进一步完善制度建立、修订、融合等工作。

1. "一把手"为核心的知识产权三级管理体系，是知识产权管理体系运行的有效保障

知识产权贯标覆盖企业的研发、采购、生产、销售及售后、文件管理、资源管理、知识产权基础管理等活动板块，并不是某一个部门的单一任务，需要领导重视、全员参与。白云山和黄搭建了"一把手"为核心的知识产权三级管理体系，即公司"一把手"总经理挂帅，科研副总为管理者代表，管理部门推进实施的三级管理体系，有力地推动了该项工作的开展及后续的有效运行。

2. 制度"瘦身"，确保灵活高效

企业是个大系统，涉及方方面面，规章制度更是必不可少，但过多的制度不仅给企业的运营带来负担，如果执行不到位也容易沦为空文。为此，白云山和黄在知识产权制度制定之初，就秉持"新旧融合"的原则，通过对原有制度及流程的修订和增补能满足的，决不增多一份。知识产权管理体系的建立用了近两年时间，白云山和黄在扎实的前期调研、诊断分析基础上，对制度进行融合、试运行、改进、再运行，反复打磨，最终实现知识产权工作制度与企业的生产、采购、技术研发、市场销售等相关部门工作的紧密协同配合。

3. 人才培养方式多样化

知识产权的专业性较强，特别是专利，兼具法律与技术两重属性，即使是同一个企业，不同业务部门之间的知识产权业务需求相差也很大，因此，根据业务特点培养对应的人才非常重要。白云山和黄主要通过部门联络员制度及专利工作小组两种形式来搭建企业的知识产权人才队伍。

（1）建立部门知识产权联络员制度并有计划培训。在公司各部门设立

知识产权联络员，重点部门可以有2~3名联络员，普通部门设1名。通过对联络员进行知识产权的普法培训，使其掌握知识产权基础知识，并针对各部门业务类型进行专门培训，使其了解各自工作中与知识产权的相关性，由此负起部门的知识产权相关工作。此项制度的设立，让知识产权工作深入各部门，是知识产权工作真正落地的重要基础。

（2）成立专利工作小组，培养专利人才。以科研项目为依托，成立专利工作小组，通过专利知识、专利信息检索方法、专利信息利用等多方面的培训，并通过项目专利挖掘的实战演练，快速培养小组的专利意识和工作技能，以此建立起科研人员的专利意识和促进专利信息在科研开发中的使用。

四、认证助力企业知识产权管理不断提升

标准的成功贯彻是白云山和黄的知识产权管理体系建设的成果，也是知识产权工作的新起点。白云山和黄的知识产权管理体系通过标准对标和外部审核经验的持续导入，进入良性的PDCA循环模式，知识产权工作取得明显的成效。

随着《企业知识产权合规管理体系 要求》（GB/T 29490—2023）新版标准的颁布实施，值此第三轮再认证工作开展之时，白云山和黄启动了新版标准换版工作，并顺利通过中知（北京）认证有限公司第三次再认证审核。相较于上一版标准，新版标准突出了合规属性，提供了知识产权合规管理的标准化、全流程指引，显著提升了新版标准对于白云山和黄守底线、控风险和降低信用成本的有效性，更好地满足新时代背景下提升企业知识产权竞争力、支撑创新发展的需要。

1. 建立系统、科学的知识产权管理体系并有效运行

"一把手"为核心的知识产权三级管理体系中知识产权管理机构由管理者代表垂直管理，可根据公司战略发展需求，与核心业务部门进行绑定，从而形成集中与分散相结合的企业知识产权管理模式。

2. 建立规范的知识产权管理制度

对标标准，白云山和黄结合企业发展战略，制定了《知识产权管理手

册》《知识产权管理办法》《知识产权风险控制及应急管理办法》《重大知识产权事项处理办法》《专利工作管理制度》等多项制度，同时修订、完善了多项业务部门的原有制度、流程，建立起规范的知识产权管理制度，使知识产权工作有章可循，有法可依。

3. 建立贯穿采购、生产、研发、经营全流程的知识产权侵权预警和风险监控机制

白云山和黄通过导入标准，建立了企业知识产权管理体系。通过实际运行，企业对产品涉及的全产业链进行知识产权风险的全面调查，按照所建立的知识产权管理体系的要求进行有效的管理，及时发现知识产权风险点，帮助企业降低了风险可能造成的损失，为企业知识产权管理水平带来了质的飞跃。下面是两个案例。

案例 1. 对产品生产的前后端环节的知识产权状况进行全面审查和分析，明确风险，制定规避方案

认证机构审核组对公司产品的前端如采购、生产进行了审核，发现采购合同、委托生产协议中，都没有知识产权风险的责任约束，而现实案例检索结果表明，在采购环节和委托生产中，都存在较多的知识产权纠纷。因此，企业在供应商审计中增加了专利商标的知识产权审计内容，在采购协议中补充了知识产权权属内容及涉及侵权的责任归属、完善了委托生产协议中生产数量、剩余物料及产品的处理约定及违约赔偿约定。经过一系列的操作，有效控制了该风险点。

案例 2. 产品研发中知识产权风险监控

认证机构审核组对合作开发项目进行了审核，发现公司与 A 校合作的一项研究中，中期检索发现有一篇综述论文与本研究内容高度相关，通过与 A 校的沟通，确定是其学生因毕业需要进行的论文发表，因是综述文献，A 校认为不涉及项目研究技术秘密，因此没有告知企业。经讨论，此事确未造成技术公开，但存在隐患，因此，企业对所有合作项目、协议进行了梳理和风险排查，在协议中明确技术成果范畴、成果公开及知识产权权属等内容，同时加强合作中沟通，加强技术成果的保护。

工作中的真实案例，年审中审核人员的信息传递，都让企业员工意识到，知识产权对于企业的重要性，明白自己从事的工作可能给企业带来的知识产权风险，从而使企业的知识产权管理，尤其是风险管理更加规范、有效。

五、"一把手"带领的体系化管理提升企业知识产权管理水平

企业知识产权工作的有效开展，离不开组织体系、制度、平台、人力、物力的支持。白云山和黄通过标准认证及持续的改进，在知识产权创造、运用、保护与管理方面，取得了积极的成效，具体为如下几个方面。

1. 在知识产权创造方面

（1）企业专利实现数量质量双提升。通过专利与创新全链条的融合，核心产品、核心技术得到进一步的保护。截至2023年年底，白云山和黄共申请专利200余件，其中发明专利108件，发明专利授权率达到80%，获中国专利奖3项、广州市专利奖1件、企业发明创造奖1项。

（2）商标、品牌建设能力显著增强。在企业商标、品牌建设方面，截至2023年年底，白云山和黄共申请商标600余项，获准注册40余项，拥有"白云山"和"和记黄埔"两大知名品牌。自主品牌"GAP""指纹图谱"是广东省著名商标，"神农草堂"也是具有一定影响力的文化商标品牌。在产品品牌建设方面，具有自主知识产权的品种6个，广东省高新技术产品10个、广东省自主创新产品5个。

（3）著作权工作实现0到1的突破。白云山和黄在著作权方面的建设较晚。随着互联网的崛起，图片、字体、短视频的侵权纠纷数量的快速增长，企业也意识到这方面的重要性，目前已在逐步搭建自己的著作权图库、视频库。

2. 在知识产权运用方面

（1）实施专利战略，打造差异化竞争优势。以白云山和黄复方丹参片为例，目前围绕复方丹参片的专利保护已有9个，涉及药材规范化种植、技术质量、新适应证、药效组分筛选及产品的外观设计。其中，以2005年

授权的"复方丹参片在制备防治老年痴呆药物中的应用"发明专利为核心，进行了十几年的临床试验研究，并向 SFDA 申请复方丹参片防治老年痴呆的新适应证（进行中）。

根据国家 SFDA 数据显示，全国有 636 多个复方丹参片批件，白云山和黄复方丹参片能脱颖而出，稳占 50% 以上的市场份额，除了品牌的宣传推广，其核心就是产品内在质量的提升而显现的差异化。

（2）实施技术标准战略，构筑护城河。中成药质量控制技术是中成药发展的瓶颈，也是学术界技术研究的热点。白云山和黄通过消化吸收再创新方式，将指纹图谱、一测多评、近红外在线检测等多项现代检测技术推广应用，建立了从药材、中间体到成品的全程质量控制，在中成药质量控制技术研究和应用方面始终处于行业先进水平。企业先后承担或参与各版《中国药典》标准及国际标准（起草或修订）近百项，其中国际标准 2 项，国家标准 22 项，行业标准 3 项，企业标准 64 项。

（3）加大知识产权宣传力度，树立科技大品牌形象。白云山和黄通过新闻媒介、展会活动、软文广告、学术会议、产品包装等形式开展一系列的知识产权宣传活动，大力宣传企业的科技创新成果，树立高效、优质的产品形象。

（4）充分利用品牌价值，发挥无形资产在企业收购兼并中的作用。在企业的收购兼并重组等重大项目的合作中，充分利用企业品牌价值，增加知识产权等无形资产的比重，如以 1 元价格获得山东合作公司 30% 的股份，以企业品牌作价对等投入获得合作公司 60% 的股份等。

3. 在知识产权保护方面

在大力推行自主创新和知识产权保护的同时，白云山和黄也积极利用法律武器，捍卫自主知识产权。公司通过市场营销人员反馈的"知识产权维权报告"，对市场上侵权行为进行归类整理，并采取行政和司法相结合的手段，打击侵权对象，维护公司权益。

2010 年，白云山和黄诉桂林裕民侵犯白云山板蓝根颗粒特有装潢一案获得终审胜诉，获赔 10 万元。这是"白云山板蓝根颗粒"产品在外观专利到期后，首次通过司法程序以法院判例形式被认定为知名商品及其特有包装、装潢。该判例对白云山和黄产品的市场维权意义重大。

2010年，白云山和黄诉延安常泰有效公司侵犯其口炎清配方发明专利，一审获得胜诉，之后，案件从专利复审委、到北京中院、高院，最高人民法院，这场长达5年的官司有效限制了对手口炎清颗粒的市场推广和销售，为白云山和黄争取获得5年的市场独占权。

4. 在知识产权管理方面

（1）从单一被动到多元联动的知识产权管理。主要体现在两方面，一是在企业知识产权工作内容上，从被动接受业务部门的专利、商标申请，到主动深入各业务模块进行专利、商标、著作权、商业秘密、植物新品种等的知识产权挖掘、布局和保护。二是在企业知识产权管理上，从单一的部门职责，到多部门联动配合，从而将知识产权工作贯穿企业生产经营活动的各个环节。

（2）从封闭到开放的知识产权管理。标准PDCA管理模式的引入，构成了一个从规划、执行、检查到改进的循环管理系统，保证及时发现和解决管理工作中存在的问题。同时，标准的年审、再认证，通过持续标准对标和外部审核经验的导入，协助企业识别知识产权新风险，进一步实现知识产权管理从封闭到开放的管理模式。

第二十五章 领导重视、全员参与,构建系统化知识产权管理

——北京智芯微电子科技有限公司知识产权管理案例

一、单位简介

北京智芯微电子科技有限公司(以下简称"智芯公司")成立于2010年,注册资本64.1亿元,是国家电网的工业级芯片设计企业,肩负着推动"工业芯片国产化"的央企责任。目前,智芯公司拥有9家分子公司,是国家高新技术企业、国家技术创新示范企业、国家规划布局内重点集成电路设计企业,连续九年获评"中国十大集成电路设计企业",近三年稳居第三。智芯公司设有工业级芯片研发基地,拥有国内顶尖的工业芯片安全可靠设计分析实验室、国内领先的用电信息密钥发行中心,坚持以"铸造工业最强芯"为使命,不断提升以智能芯片为核心的整体解决方案提供能力,形成了"安全、主控、通信、传感、射频识别、存储、人工智能、模拟"八大类200余款芯片产品,业务范围覆盖能源电力、轨道交通、汽车电子、石油石化等领域。

二、系统化知识产权管理体系的建立

智芯公司从明确指导思想、策划建设原则、制定方针、战略与目标、开展运行等方面开展知识产权管理体系建设的工作,期望通过体系的建立,加强规范知识产权管理工作,进一步提升知识产权创造、运用、管理和保

护水平。

(一) 明确指导思想

全面贯彻以习近平新时代中国特色社会主义思想为指导，扎实推进创新驱动发展战略和知识产权战略，紧密围绕国务院《深入实施国家知识产权战略加快建设知识产权强国推进计划》，深入实施智芯公司知识产权战略，健全知识产权保护体系，全面提高知识产权创造、运用、保护、管理水平，规范知识产权工作。智芯公司坚定不移地贯彻国家创新驱动发展战略，深入落实国家电网公司发展壮大芯片产业决策部署，不断提升自主研发能力、产品创新能力和知识产权保护能力，为国内集成电路行业加速发展做出努力，为推动芯片国产化贡献力量。

(二) 策划建设原则

建设原则秉持战略导向、领导负责、全员参与、统筹协调四个原则。

坚持战略导向。统一部署经营发展、科技创新和知识产权三者战略，使三者互相支撑，互相促进，达到战略层面的有效联动和高度统一，使知识产权工作能够在智芯公司的经营发展中充分有效地发挥其支撑和促进作用。

坚持领导负责。智芯公司总经理作为第一责任人，各部门领导作为该部门的知识产权负责人，进行顶层谋划。各部门领导在启动会、诊断会、管理评审等关键节点必须要参与并监督检查工作效果，通过领导重视，强力推动。

坚持全员参与。由智芯公司科技管理部作为牵头部门，各职能部门、研发中心、事业部均纳入知识产权管理体系建设中，全员参与，提升全体员工的知识产权意识，充分发挥全体员工的创造性和积极性。

坚持统筹协调。加强智芯公司知识产权管理体系与质量管理体系、研发管理体系、保密安全管理办法、法务管理、人力资源管理、市场销售管理等现有管理规范的协调衔接，通过知识产权体系建设，提升智芯公司科技创新能力，推动新产品新技术研发，在智芯公司内部形成良性创新循环。

（三）方针制定

制定知识产权方针"专业管理激发科研创新活力，知识产权助力工业芯片产业发展"，其内涵如下：

专业管理激发科研创新活力：专业的人做专业的事，专业的管理激发科研人员的创新活力，创造高价值的专利和布局，从而进一步促进智芯公司的科技创新水平。

知识产权助力工业芯片产业发展：提升知识产权创造、运用、保护和管理水平，在智芯公司生产、研发、市场、销售各个环节规避知识产权风险，全面助力工业芯片产业发展。

（四）战略与目标

制定与智芯公司战略发展相匹配的知识产权战略，明确知识产权长期目标和中期目标，掌握核心知识产权，提升技术创新能力，增强科技核心竞争力。

（五）建设内容

首先，成立贯标领导小组和工作推进小组；其次，聘请有经验的专业辅导机构，召开贯标启动大会，进行知识产权管理诊断调研分析，完成体系文件编写；最后，发文、宣贯等体系建设流程。

（六）运　　行

1. 学习培训

科技管理部牵头开展知识产权管理体系的学习培训。采取多期培训，邀请内外部知识产权专家讲解，线上和线下培训相结合的方式，组织全公司范围内的培训学习。通过学习培训，进一步深入解读《企业知识产权管理规范》，宣贯智芯公司知识产权管理体系内容及要求，学习管理制度和流程等。参加培训的人员覆盖全公司，包括各职能部门、各研发中心和事业部的知识产权管理人员以及业务人员。员工通过培训学习，提升了对知识产权管理体系的认识，加深了对管理手册的理解，有助于管理体系的高效执行。

2. 试运行

启动执行知识产权管理体系，制定三个月的试运行时间。通过试运行，评估智芯公司在此期间在知识产权创造、管理、运用和保护四个重点环节知识产权管理体系运行情况，评估是否满足规范性要求。科技管理部负责评估试运行效果，对于不满足管理体系要求的部门和个人下达整改督办通知书，对于满足管理体系要求的部门和个人予以表扬。通过试运行，全体员工更加深入理解了知识产权管理体系的要求，同时，规范了智芯公司在研发、生产、经营各个环节的知识产权管理。

3. 自我评价

根据知识产权管理体系试运行的成功实行，全体员工逐条执行知识产权管理体系要求，知识产权管理手册、程序文件也使各部门的职责定位更加明确，生产经营各个环节知识产权管理更加规范，知识产权创造、管理、保护、运用流程更加顺畅；同时智芯公司制定了相应的过程记录文本，达到标准要求，最终通过了对自身的知识产权管理体系内部审核。

三、围绕重点环节，明确管理要求，确保体系化管理有效实施

知识产权管理体系的建立和运行，使智芯公司明确了知识产权管理方针和管理目标，确定了各部门的知识产权职责，规范了研发、生产、市场、销售各个环节的知识产权管理，完善了财务管理、项目管理、人力资源等合同文本，建立了多层次的知识产权培训体系，打造了专业的知识产权人才队伍。其中，围绕知识产权创造、管理、运用和保护四个重点环节，明确了相应的规范性要求。

（一）知识产权创造

1. 技术交底材料

根据管理体系要求，规范技术交底材料，更新《技术交底书》模板。例如，在《技术交底书》增加模块，体现研发项目来源、研发项目阶段等信息，以达到知识产权创造要与产品研发同步策划、同步培育、同步运用的目的。技术背景、技术方案等增加撰写字数要求，附图增加张数要求，

通过增加上述要求，使得发明人将研发专利领域的技术现状描述得更加翔实，技术方案描述得更加准确，以方便代理人更好地理解研发专利技术，权利要求范围更加合理，提升专利撰写质量，提高专利授权率。更新《检索报告》模板，需要翔实地撰写检索词、检索范围、检索时间、检索数据库等信息，尤其是着重要求检索专利与研发项目技术的对比分析及结论等。

2. 专利池

构建完善的专利池，形成有效的知识产权保护网。首先，围绕核心技术及外围技术，积极布局系列专利，形成层次分明、布局合理的系列专利申请。其次，开展海外专利布局，搭建海外保护网络。科技管理部对各单位增加海外专利指标考核，鼓励各单位积极申请海外专利，并进入国家阶段。最后，布局多类知识产权，构建立体保护体系。在积极申请专利的基础上，同步布局软件著作权、集成电路布图、商标等，构建立体的知识产权保护体系。

3. 生产制造过程知识产权创造

生产制造中心为智芯公司的生产制造部门，为支撑部门，而非研发部门，原不下达知识产权指标。通过知识产权管理体系的建设，生产制造中心纳入生产过程知识产权管理。该部门将自主创新研制的"电子标签的发行设备"申请发明专利并获得发明专利授权。该发明专利有效保证电子标签的生产质量，降低人工成本，提升生产效率，充分体现了知识产权助力智能制造发展。

(二) 知识产权管理

1. 培训学习

打造知识产权管理人才培养系列课程，将"点状"培训课程改为"面状"立体培训体系，建立完善的知识产权人才培养培训体系。邀请内部和外部专家，通过"线上+线下"的相结合模式，培训授课内容涵盖高价值专利培育、专利池构建、实质审查意见答复、中国专利奖申报、专利许可与转让等多角度主题，形成规范化、立体化、体系化的知识产权培训体系。

通过建立培训体系，培养了一批"高、精、专"知识产权人才队伍，提升了全员的知识产权保护水平，完成知识产权人才梯队建设。

2. 人才队伍

强化知识产权团队建设，引入知识产权管理专业人才，尤其是具有专利代理资格证的专业人才，达到50%以上专职人员具有专利代理师资质。各部门均设有知识产权管理专岗。科技管理部作为知识产权主管部门，开展专业化支撑，指导各单位开展高价值专利挖掘、专利布局规划、预警分析，以及代理所招投标等。

3. 系统支撑

智芯公司在内网使用知识产权管理模块，实现知识产权数据和流程管理；通过电子化办公，提升知识产权管理水平和效率。

（三）知识产权运用

通过建立知识产权管理体系，对知识产权许可和转让等运用，建立严格的规范的审批管理流程，改变以前的"散养"式管理，以保护公司利益不受损失。

首先，明确部门职责：

各业务部门对本单位申请的知识产权的实施情况进行监控，并将监控情况反馈给科技管理部；参与本单位申请知识产权的许可和转让前的评估和调查相关工作。

科技管理部负责汇总并管理知识产权实施情况并形成台账；在管理者代表的指导下，对知识产权许可和转让制定调查方案，由方案中涉及的各个部门进行调查，汇总调查信息并组织评审；办理知识产权许可和转让的相关手续。

总经理作为管理者代表负责对调查结论进行审批，对许可和转让进行审批。

其次，规范审批管理流程：

根据知识产权的实际运用管理情况，各业务部门按需提出知识产权权属的转让、许可请求，由申请人填写《知识产权转让/许可审批表》；科技管理部接到《知识产权转让/许可审批表》后，指导制定《知识产权转让/许可调查方案》，方案内包含调查的内容、要求；管理者代表对《知识产权转让/许可调查方案》进行审批；方案中涉及的各部门，按照方案的要求实施调查；科技管理部汇总调查信息，由参与调查的人员及知识产权发明人参与，对调查内容进行评估，并形成《知识产权转让/许可调查评估报告》，详述调查/评估的基本情况，并总结调查结论；管理者代表对调查报告进行审核与批准；最后科技管理部按照相关法律法规的要求指导办理转让/许可的相关手续。

（四）知识产权保护

专利分析报告：通过建立知识产权管理体系，充分认识专利分析报告的重要性。引入专业知识产权机构，智芯公司知识产权管理人员、技术发明人与外部专家合作，对智芯公司相关技术领域研发项目进行技术梳理以及相关的专利分析工作，提高研发效率、专利申请质量以及专利布局质量。专利分析报告一定要务实，对技术研发和专利布局指导确实有效。智芯公司完成的分析报告的类型主要有专利布局分析、可专利性检索分析、发明点挖掘分析、专利侵权风险分析、竞争对手专利技术分析、专利稳定性分析等，具体如下。

专利布局分析：智芯公司的技术进行专利数据检索、筛选和标引，在此基础上进行全球产业专利布局分析、竞争对手分析、重点专利技术分析，结合前述分析内容，给出在该技术方向未来专利布局方向建议。

可专利性检索分析：对待提交的发明专利申请稿的技术创新点进行可专利性检索分析和咨询服务。评判其技术可专利性，以及提出优化权利要求保护范围的建议，完成专利技术申请文件的可专利性检索，形成可专利性检索报告。

发明点挖掘分析：针对发明专利的初步技术交底文件或研发方向思路，进行现有技术的专利检索和分析，剖析技术方案的创新性，完成技术交底文件的专利发明点挖掘分析报告，提出权利要求保护范围的合理建议。

专利侵权风险分析：针对智芯公司的产品或技术的特定技术方案为调

查标的，在特定国家或地区进行检索，将检索到的高相关专利与调查标的特征对比，评估其侵权风险。

竞争对手专利技术分析：针对智芯公司关注的某一特定产品或关键技术领域的竞争对手，对其专利进行深入分析，了解其技术和市场布局、技术研发路线、最新的技术创新动态等。

专利稳定性分析：针对智芯公司的发明专利专利权稳定情况进行评价，对授权文件进行世界范围的专利检索和非专利文献检索，通过对影响专利权稳定性的因素进行全面、多角度的评价，出具专利稳定性检索分析报告。

四、领导重视和全员参与，保障知识产权体系化管理有效实施

知识产权管理体系的建设，不仅涉及职能管理部门、研发部门，还涉及生产部门、人力部门、财务部门、销售部门等公司各个部门。假如企业领导对这项工作不了解和不重视，只是为了取得贯标证书而进行工作，仅仅靠知识产权主管部门推动，是不能调动全公司共同重视的，员工很难认真对待，体系建设人员的工作将会非常困难。企业领导作为贯标负责人需亲自指导管理体系建设，在启动会、诊断会、管理评审等关键节点参与并监督检查工作效果，可以充分调动公司资源，各部门充分认识体系建设的重要性，体系建设推行起来则会非常顺畅。因此，在管理体系建设过程中，企业领导的重视和参与将是贯标成功的根本保障。

知识产权管理体系的建设，涉及公司各个部门也就是涉及公司的全体员工。假如员工将知识产权体系的建设认为仅是申请专利，增加专利授权，甚至非研发部门的员工认为和自己没有关系，仅仅是知识产权管理部门和研发部门的事情，那么，管理体系建设的推进将是困难重重。尤其是，管理体系的建设可能会涉及修改或补充本部门已有的管理规章制度和流程，将会遇到抵抗心理。此时，知识产权主管部门就要提升企业员工的知识产权保护意识，通过多次培训、举办座谈、竞赛、知识问答、制作宣传片、制作宣传图册等方式，让全体员工认识到贯标的重要性，充分调动贯标的

积极性。同时，在知识产权体系建设过程中，现有其他管理体系文件避免大改动，补充或修改知识产权管理文件即可，将知识产权管理体系与现有其他管理体系充分协调融合。因此，在管理体系建设过程中，企业全员的积极参与将是贯标成功的必要条件。

第二十六章 重视知识产权信息利用与专利全生命周期管理，助力交通信号领域技术创新

——卡斯柯信号有限公司知识产权管理体系管理案例

一、企业简介

卡斯柯信号有限公司（以下简称"卡斯柯"）成立于 1986 年 3 月，是由中央企业中国铁路通信信号股份有限公司控股管理的高新技术企业。成立三十多年来，专业从事铁路和城市轨道交通信号安全技术产品研制和提供核心列车运行控制系统，是行业领先的系统解决方案提供商。公司总部位于上海，在全国各地分设多个子（分）公司和项目管理部。

卡斯柯被国家相关部委认定为"国家企业技术中心"、"国家技术创新示范企业"和"国家知识产权示范企业"，同时也是"上海市卓越创新试点企业"、"国家火炬计划重点高新技术企业"、工信部"两化融合贯标试点企业"、"上海市科技小巨人企业"等，还连续多年入围"中国软件业务收入前百家企业""上海市软件百强企业"。卡斯柯目前拥有业内规模最大的研发基地及实验室，通过"产学研"协同创新，获批成立了"上海轨道交通无人驾驶列控系统工程技术研究中心""上海市铁路智能调度指挥工程研究中心""河南省高可信智慧城轨工程研究中心""铁路智能列控实验室"等多个省部级创新平台，打造了 21 个国际一流技术水准实验室，其中全自主化城轨运控系统产品测试实验室，在 2014 年已获得国家实验室

（CNAS）认证，是目前国内城轨信号系统专业内唯一获得该证书的实验室。

卡斯柯从开展企业知识产权工作至今，知识产权创造力稳步增长。截至2023年年底，公司共申请专利逾23000件、有效授权专利1100多件，平均每2人拥有一项授权专利，同时获得软件著作权1300多件。顺应"走出去"的国家战略，卡斯柯同时进行共建"一带一路"国家的海外布局规划，已申请约200件PCT国际专利。

除知识产权数量增长，卡斯柯知识产权相关资质和荣誉也是硕果累累，创造了多项蝉联纪录：连续4年获"上海市优秀软件产品"，连续三届获"上海市发明创造专利奖"，连续两届获"上海市知识产权创新奖"。此外，6件专利获"中国专利奖"（其中1件获银奖），11件软件产品获"上海市优秀软件产品"，3件产品获"上海市专利新产品"。另外，公司着力提高专利申请质量，充分挖掘专利价值，积极培育专利密集型产品。3件产品获首批国家专利密集型产品认定。卡斯柯知识产权储备和荣誉在行业内也名列前茅，数十项专利入库"国家铁路重大科技创新成果"，各项系统核心产品屡获行业级、省部级乃至国家级科学技术进步奖。

二、加强知识产权信息利用与专利全生命周期相结合的体系化管理

2016年，为全面推进知识产权管理工作，建立完善的知识产权规范体系，提升公司的知识产权创造能力和运用水平，增强自主创新能力，卡斯柯正式启动贯标工作，颁布了知识产权方针目标。公司最高管理者授权技术副总裁任知识产权管理者代表，并建立知识产权管理体系建设管理委员会及工作小组，由科技管理部牵头协调企业内外知识产权管理全过程，各职能部门负责本部门并配合科技管理部推进知识产权相关管理工作。同时编制并颁布了《IPMS/CA01知识产权管理手册》《CA80知识产权控制程序》《CAG096知识产权管理规则》及知识产权管理工作记录表单。

在体系建设中，公司对于知识产权申请、运用、保护等设立了专门的管控流程，对技术研发和市场销售涉及的知识产权进行相关控制，规避知

识产权泄露或侵权风险。公司同时建立了商业秘密管理制度及知识产权奖罚制度，知识产权奖励每年评定并定期发放一次。公司还设立了知识产权保护管理办法，对于知识产权侵权和预防被侵权等多方面，制定了应急预案。除了严格对照国标——自查，卡斯柯还形成了自己的知识产权管理特色。

1. 建立可持续发展的知识产权战略导航机制，搭建项目知识产权考核体系

卡斯柯自知识产权管理体系建设以来，一直坚持"以自主创新促进企业发展，以知识产权保护技术优势"的知识产权方针，结合公司经营发展战略进行知识产权战略策划，同时每年进行战略目标解码，将知识产权指标落实到相关部门及项目的专项KPI考核中，搭建项目知识产权考核体系。始终坚持"知识产权导向"和"市场引领"，持续进行高端核心安全产品技术创新，同时结合竞争对手技术监控预警、国内外专利导航分析以及高价值专利挖掘培育的方式来进行知识产权的持续运营，最后达到知识产权成果化和产业化的目的，进而实现市场份额行业领先的目标。

2. 充分输出专利情报，助推打造知识产权全景分析管理模式

针对关键产品和技术，公司系统性地开展了专利情报分析工作。从关键技术确认到技术图谱绘制、再到专利情报收集、分析和管理，组织外部专家、知产人员及研发人员对关键技术进行深入研讨分析，完成竞争对手数据收集，并搭建关键技术专题数据库，定期输出专利情报，助推打造知识产权全景分析管理模式。

3. 推进专利分级管理，构建专利质量评估模型，增加质量审核和评估流程

2021年，为进一步提高公司知识产权管理水平及发明专利质量，卡斯柯出台《专利质量评估及分级管理规范》程序文件，搭建了专利质量评估模型，在专利申请前、专利审查中、专利授权后从专利的技术水平、市场前景及法律维度等几方面进行动态跟踪和评估，增加专利质量审核和评估流程，全面提升高价值专利的筛选和培育能力，形成专利全生命周期的动

态评估管理模式。

4. 推进人才晋升、相关技术岗位与知识产权指标相融合

卡斯柯在公司双轨制人才晋升中，对关键岗位和人才的专利产出和授权标准指标进行了硬性规定，并对研发关键岗位进行岗位职责调整，增加知识产权规划及评估的相关职责，进一步推进人才晋升、相关技术岗位与知识产权指标相融合的管理模式，使公司双轨制技术人员的知识产权意识进一步提高，也使知识产权和公司技术创新进一步深度融合。

5. 优化知识产权申请和审核流程，通过信息化系统构建知识产权全生命周期管理体系

卡斯柯在知识产权管理中，不断优化知识产权申请和审核流程，结合具体业务需求进行调研，通过信息化管理工具落地，推进研发创新，完善专利布局，提高专利申请质量，巩固专利管理运用成果，构建知识产权全生命周期管理体系。同时通过业务知识学习和系统工具的使用，提升知识产权管理人员专业能力，提高专利创意挖掘工作意识，增强知识产权管理风险预警能力。

6. 全面展开重大项目方案评估和高价值专利挖掘

卡斯柯在重大项目立项之前对于各核心产品线进行技术方案分解，即对相关技术和产品功能进行技术要素分解，梳理出关键核心技术，同时通过对国内外竞争对手、行业内重要专利进行检索分析，通过预警分析和专利导航，展开项目整体方案的评估，最终确定知识产权保护方案，挖掘出适合公司战略的高价值专利，形成高价值专利布局。

三、有效助力交通信号领域技术创新

卡斯柯知识产权管理体系已经运行以来，遭遇了相当多的瓶颈和挑战，在中知（北京）认证有限公司审核专家的指导和帮助下，卡斯柯不断地提升自我，完善符合企业经营发展战略需求的知识产权管理办法及规范。企业对标国家级体系的不符合项数量在逐年减少，相关的文件记录和管理水准也在逐年提高。审核组专家对于卡斯柯知识产权管理体系的持续建设及

运行工作也给予了高度的评价,特别指出:卡斯柯高层领导的重视、各部门资源配置到位、高水准的知识产权管理水平,以及各部门对管理体系的深度认知和推进,是卡斯柯知识产权管理体系建设工作快速进步、知识产权管理体系充分有效运行的关键和根本。

与此同时,公司的知识产权保护意识也从最开始的"事不关己,高高挂起"到如今"自上而下"的全员参与,知识产权创造对于卡斯柯来说不再是任务的完成,而真正成为战略储备,知识产权运用也不再是单纯的专利申请,而真正融入了公司的运营体系。

从2017年至今,经过多年的体系建设和问题优化,卡斯柯在知识产权创造和运营管理方面有了长足的进步。

1. 知识产权创造能力显著提升,专利质量明显上升

近几年,卡斯柯知识产权申请数量每年平均提高30%~40%,随着专利评估分级制度的实施,专利在申请前进行全面的质量诊断,对于技术不过关、可专利性不高的专利直接放弃,同时对于技术水平较高的专利在专利撰写方面提出更高的要求,全面提升了公司专利申请的水准。公司也连续两届获得"上海市知识产权创新奖",六次获得"中国专利奖"。

2. 知识产权整体运营管理能力不断提升,高价值专利培育水平持续提高

随着体系建设的一步步深入,卡斯柯知识产权运营管理能力也有了显著的提升,2022年获批承建上海市首批"高价值专利培育中心"。公司立足经营发展战略,聚焦轨道交通行业技术关键领域和环节,着眼重大科研项目和系统工程应用,以高价值专利培育中心建设为抓手,不断提升专利质量,实现专利价值,加快培育一批具有行业竞争优势的高价值专利组合,加速实现一批轨道交通系统产业化高新成果的实践应用,从而持续提升公司在国内外轨道交通行业的技术引领地位。

3. 知识产权管理水平持续提升,人才队伍不断壮大

在知识产权管理体系建设的过程中,卡斯柯加强了对管理人员的知识产权意识培训、知识产权管理内审培训等,促进了员工知识产权意识的提

高和规范化管理的展开。全体员工特别是管理人员对知识产权管理的认知有了较大提高，了解知识产权管理内涵、理解知识产权管理方法、运用知识产权管理工作程序开展工作，促使相关工作逐步规范化、标准化和程序化。目前6人获得专利工作者证书，1人获专利管理工程师证书，1人获国家知识产权师证书，20人获知识产权管理体系内审员证书。

4. 体系化助力实现知识产权的全面精细化管理

细节决定成败，体系化管理的优势也体现在一系列细节中：

（1）要求在知识产权外部合同中增加知识产权权属约定条款。审核组发现卡斯柯知识产权相关的外部合同，尤其是知识产权代理合同中缺乏知识产权权属的约定条款，因代理公司是最先接触企业核心技术的单位，审核组认为此类条款缺失无法完善地保护企业的技术成果，建议公司在签订此类合同时增加知识产权权属约定条款。

（2）建议将专利预警分析添加到《产品规划报告》中。审核组发现卡斯柯在产品规划时对于专利分析比较薄弱，而专利分析对于公司的研发具有前瞻性作用，是产品规划中必不可少的环节，所以要求在规划报告中添加"专利分析"环节，经过审核组的检查和指导，卡斯柯在核心产品规划中加入了专利预警分析，从竞争对手和专利整体态势着手，结合公司整体战略规划，进行详细的研发规划和布局。

（3）要求在研发立项中完善知识产权规划，跟踪关注研发项目的知识产权风险并注意防范。研发是企业的立足之本，是企业创新发展的基础，而企业在研发过程中必须关注知识产权的规划，并时刻跟踪知识产权分析，防范知识产权相关风险。审核组发现卡斯柯在研发项目立项时，部分项目由于研发人员的意识不够，并未做知识产权规划；或者由于研发人员对于知识产权规划理解得不够透彻，并未形成整个项目知识产权的全面策划，也并未持续跟踪知识产权风险评估，所以建议公司在研发立项中完善知识产权规划，并跟踪关注研发项目的知识产权风险。

（4）要求骨干员工签署《知识产权声明》和《员工知识产权权属、保密补充协议》。审核组发现卡斯柯在知识产权管理体系建立后并未追溯体系建立前相关员工的知识产权保密和权属规定，尤其是未与骨干员工签订专项保密或知识产权权属协议。骨干员工一旦离职，或多或少会给公司带来一定的技术泄露风险。为避免此类风险，专家建议往前追溯，与公司骨干员工补签专项保密或知识产权权属协议，以避免知识产权及商业秘密的泄露。

（5）建议适时开展专利分级管理。审核组发现随着卡斯柯本身专利数量的日渐增多，企业并未对专利质量做相关评估和把控，为了能够形成专利质量评估机制，让公司更好地保护自己的技术和产品，并进一步提高专利的产出质量，更好地进行专利储备，审核组建议公司适时开展专利分级管理。公司接受了这一建议，次年即构建了专利质量评估模型，形成《专利质量评估及分级管理规范》，对专利的进一步运营起到了很好的指导作用。

路漫漫其修远兮，加强科技创新及持续提升知识产权管理体系是一个长期的奋斗过程。未来，卡斯柯将秉承"以自主创新促进企业发展，以知识产权保护技术优势"的知识产权战略方针，对照国家知识产权示范企业的高标准、严要求，持续加强并完善知识产权体系建设，强力加快自主创新及科技成果的转化，进而有效助推企业高速增长并牢固树立行业自主创新品牌，努力为轨道交通行业的技术进步作出更大的贡献。

第二十七章 个性化实施知识产权体系化管理，支持全面创新
——金发科技股份有限公司知识产权管理案例

一、企业简介

金发科技股份有限公司（以下简称"金发科技"）是一家聚焦高性能新材料的科研、生产、销售和服务，为创造更加安全、舒适、便捷的人类生活提供全新的材料解决方案的新材料企业。金发科技总部位于广州科学城，旗下拥有48家子公司，在南亚、北美、欧洲等海外地区设有研发和生产基地。金发科技的产品以自主创新开发为主，覆盖改性塑料、环保高性能再生塑料、完全生物降解塑料、特种工程塑料、碳纤维及复合材料、轻烃及氢能源和医疗健康高分子材料产品等7大类自主知识产权产品，金发科技的材料以其良好的环境友好度和卓越的性能远销全球130多个国家和地区，为全球1000多家知名企业提供服务。

金发科技拥有一支包括15名院士、100多名海内外高级专家、120多名博士、600多名硕士的科研开发队伍，并自主培养了2名广东省重点培养两院院士后备人选和5名国务院政府特殊津贴专家。累计开发出8大系列100多种4000多个牌号的自主知识产权产品，申请国内外发明专利3000多件，PCT专利275件，获得中国专利奖16项，"新型热塑性系列产品"、"环保汽车材料"以及"自主创新体系"3项获国家科技进步奖，牵头组建了"全国塑标委改性塑料分技术委员会"，主持参与制订了90余项国际、国内行业标准。

金发科技聚焦改性材料主业，通过技术创新，不断拓宽产品应用领域，挖掘产业潜力。在新能源汽车方面，在工程塑料高性能化、功能结构件烯烃化、核心部件材料国产化、整车部件材料开发轻量化、舒适化和低碳化等产品技术创新方面取得突破性进展；在家电材料方面，金发科技开发了透光显示PP、超韧HIPS、低噪声材料及香薰材料等一系列具有良好应用前景的新产品，顺应家电行业高颜值、高品质、健康舒适和绿色环保的发展趋势；在医疗健康方面，金发科技完成了国标医用防护服、欧标TYPE3B/4B/5B/6B工业防化服等近20种医用及健康新产品的开发，形成防护及感控耗材的全产业链解决方案；针对智能制造、智能家居及汽车自动化驾驶趋势的发展，金发科技开发出低翘曲良外观结晶性材料、高刚高韧性增强尼龙材料等材料，研发的无卤阻燃PBT产品突破在风扇行业的应用瓶颈，研发的PC/ABS合金解决了耐溶剂开裂的问题，满足在储能行业的应用需求。

虽然金发科技近年来取得了不俗的成绩，但是企业现代化管理，尤其是合规管理，仍然是制约金发科技成为一流现代化企业和国际化企业的一大障碍，其中包括企业知识产权管理的体系化问题。

二、全环节管理，个性化实施，保护研发成果，控制市场风险

为了开展贯标工作，金发科技成立了高级别的知识产权办公室，对企业合规管理中涉及的具体知识产权问题，如知识产权申请、专利信息利用、专利实施、知识产权引进、知识产权保护、纠纷处理等，都制定了相关的制度和流程，依据标准对金发科技各个管理环节从创新管理和合规管理两个方向四个维度进行规制：

（1）针对尚未涉及知识产权管理的环节，实现从0到1的管理突破。

金发科技作为改性材料的生产商家，一直以来采购标的都是大宗原材料，如聚烯烃树脂、苯乙烯树脂、工程树脂、丙烷、碳四等，而采购环节的关注点则更多的是在价格、质量、交货能力等方面，因此一直以来都忽略了此环节的知识产权风险控制和合规管理。随着大宗生产设备的采购，

以及由于产品拓展过程中涉及越来越多非化工原料类的采购，采购环节的知识产权风险日益凸显。因此，金发科技着手在采购环节规制供应商知识产权风险识别、采购信息保密以及采购合同条款约定等内容，同时通过在生产阶段的定制化采购，也进行了必要的知识产权风险管控，从而实现在采购环节知识产权管理从0到1的突破。

（2）针对需要多部门协同的管理环节，实现从单一到联动的管理提升。

金发科技崇尚扁平化的管理架构，因此各部门职责交叉较多。虽然扁平化的管理架构有利于上下级之间指令和信息传导，但是对于需要跨部门协作的工作，各不互属的部门之间就因为缺少共同上级而难以协调。因此，在原有的管理模式下，涉及知识产权跨部门的管理协调工作繁多，成效不好，效率较低，这也是一直制约金发科技内部知识产权管理效率提升的难题。

同样，知识产权贯标覆盖企业的研发、采购、生产、销售及售后、文件管理、资源管理、知识产权基础管理等活动板块，并不是某一个部门的单一任务。通过启动贯标，领导重视、全员参与，金发科技内部包括企业最高管理者董事长，管理者代表，知识产权部门、研发部门、采购部门、生产部门、销售及售后部门、人力资源部门、财务部门等各部门领导及人员都将参与进来，承担各自不同的职责。

借助贯标的契机和领导的推动，通过建立知识产权管理体系，金发科技打通了原有部门之间的沟通壁垒，以标准要求为依据，通过各部门职责设定和年度目标、考核的模式制定，把各部门在知识产权管理线条上串联起来，例如，采购部门和生产部门之间关于采购风险控制的互动、研发部门和销售部门之间关于知识产权风险预防和发现反馈的互联等，多部门的协同打破了壁垒，实现从单一到联动的管理提升。

（3）针对领域和企业特有的管理环节，实现从模板到改良的管理深化。

对于有些企业来说，贯标时模板化地引入立项、研究开发等过程的管理要求，尤其是对立项前检索分析、研发过程的检索分析等，从而在研发项目中充分利用专利信息情报，提升研发效能。但是对于金发科技来说，研发工作本身是以产品应用方向导入，以产品性能和周期性需求作为改进方向。因此，在一个产品生命周期内，不同的导入来源和控制要求，往往会导致知识产权管理贯穿多个部门和多个环节，而标准的规定并不能很好地匹配金发科技的项目研发工作，必须把项目研发合规管理的要求进一步改良到其他管理要求中，也就是，将标准字面上对研究开发的合规化要求，改良延伸到其他标准条款中，以实现金发科技本地化的项目研究开发知识产权管理要求。

首先，立足标准对于立项、研发阶段的要求，对其进一步深入和细化。在立项、研发阶段有两种共同的风险，即侵权风险、重复研发风险。立项、研发两个过程均由研发部门人员进行专业管控，针对此两个过程中的侵权风险、重复研发风险，由研发人员进行专业应对，采取的措施就是做有针对性的检索、分析，但是着重强调在立项、研发阶段进行分析的侧重点有所不同。

其次，针对项目的研发，根据自身的条件进行内部研发，同时也可以采取委托外部开发或者合作开发的形式进行，由此可能会引发另外的研发风险，这时候就需要引申改良到在其他标准条款进行规制。

对合作风险通过改良到签订书面形式的合作合同继续规制，这里就会把项目研发知识产权风险管理延伸到标准合同管理的规制范畴，合同中还可以进行更为全面的约定，如产生的知识产权的权属问题、许可使用的方式和使用的范围、知识产权应用后产生的利益合理分配问题、对于该合作项目结束后进行的二次开发涉及的知识产权问题等。如研究机构只是将形成的专利等知识产权成果普通许可给企业使用，此时就存在研究机构将知识产权成果重复许可给第三方使用的风险，或者合作的成果为多个权利人共有，且各个权利人均有实施能力，就该专利权的实施各权利人之间便不可避免地存在竞争关系，甚至演变成恶性竞争等，都可以在合同中进行详细约定。

另外，特别针对委托开发，合同中还应考虑约定对受委托方所提供的技术方案不能存在侵犯第三方知识产权的情况。甚至，有些项目中还可以约定项目中所购买的试验、检测设备等固定资产涉及的知识产权问题。

对于所有的合作，都应当约定有保密内容，这就可以进一步结合到标准人事合同和商业秘密的要求。例如，项目参与人员的涉密范畴、项目和技术信息的涉密等级界定、双方的保密义务、泄密后的权责约定等内容。

(4) 针对寻求外部认证的管理环节，实现从封闭到开放的管理改进。

通过寻求外部认证，可以进一步实现知识产权管理从封闭到开放的管理模式。知识产权管理不能闭门造车，但是对于企业而言，能够直接一窥其他企业知识产权管理的机会是很少的，所以通过寻求外部认证的机会，与审核组进行深入细致的沟通，获取其他企业在某些管理环节上卓有成效的经验点，是迅速提升自身知识产权管理水平的重要法宝。金发科技高度重视在审核过程中与审核组的深入交流。

首先，在知识产权管理体系初次认证第一阶段，审核组对金发科技建立的知识产权管理体系涉及的体系文件与审核准则的符合程度、体系建立的基本情况、知识产权管理方针、目标、控制措施制定的符合性、知识产权基础管理要求情况、沟通/信息交流的安排情况、内审和管理评审的实施情况，以及持续改进机制的建立情况进行了全面细致的审查，尤其是对金发科技建立的知识产权管理体系文件与标准要求进行对比。金发科技在此过程也进一步加深了对标准条款的理解，并基于公司的现状和管理目标，向审核组详细阐明文件中的管理要求，得到审核组对知识产权管理体系文件的肯定。审核组也初步确定了第二阶段的审核实施建议之一：关注改性塑料行业海外纠纷处理情况。

其次，在知识产权管理体系初次认证第二阶段现场审核过程中，审核组核查了如下方面的管理策划和实施：知识产权方针和目标的制定及落地实施情况，知识产权管理体系和各过程的策划、实施和持续改进情况，管理职责的落实情况，人力资源、基础设施、财务资源和信息资源等有关知识产权运作的各项资源的配备情况，知识产权各主要过程（获取、维护、运用、保护、保密及合同管理）的策划及实施情况，立项、研发、采购、生产、销售各运行过程的知识产权管理策划及实施情况，内审和管理评审的策划和实施情况，收集到大量符合性证据。

在审核发现上，审核组着重提出了金发科技在对外信息发布管理环节上存在的问题，以点带面指出了金发科技信息对外发布环节的风险。一方面，论文的发表会影响该技术申请专利的可专利性。金发科技每年都有大量的论文发表，其中很多论文是博士生在做相关研究的时候产生的，而这些技术大多是要申请专利保护的，论文的发表与专利的申请应该在合规管理层面上协调一致，避免论文发表影响专利申请的情况发生。另一方面，从论文对外发表引申到包括微信公众号、微博、官网、宣传册、展会、产品销售等有可能涉及信息对外发布的环节，也应该纳入知识产权管理的范畴，通过合规管理进一步规避可能的风险，尤其是发布的信息可能成为知识产权纠纷中的相关证据被对方举证，因此信息发布要严格管理，这也是金发科技在海外市场拓展过程中应关注的知识产权风险管控内容。

（5）加强专利管理，降低经营风险。

在专利布局方面，金发科技培育了一系列的高价值专利组合。通过购买全球著名的 Derwent 数据库，加强专利申请前检索和分析，利用技术功效矩阵科学布局，2021 年金发科技产出发明专利 1000 件以上，其中绝大多数都是以专利组合的方式产生的，并且针对竞争对手及核心技术，在检索和分析的基础上，明确技术空白点，引导创新力量，层层布局。

在创新支持方面，金发科技加强信息资源的利用，尤其是在专利分析时充分发挥信息资源的坚实保障作用，进一步规避知识产权风险。在新产品立项之前，通过专利分析让研发人员站在巨人肩膀上，少走弯路；在经营过程中，通过 FTO 分析帮助规避知识产权风险，尤其是针对一些重点产品完成销售目的地专利 FTO 分析报告，成果非常显著。在日常研发过程中，工程师已经习惯利用专利分析解决一些日常研发问题，可以说，专利工作已经渗入每个研发工程师的日常工作中。

在专利运营方面，金发科技着眼于唤醒沉睡专利，体现无形资产价值。

2019年，金发科技利用国内首支纯专利证券化产品融资4500万元；2020年，金发科技签约国内首单海外侵权责任险，获得625万元的风险保障；2021年，金发科技7件核心专利质押融资4500万元，并且通过购买国内外专利申请险降低海外专利布局的风险。以上种种，都体现了贯标后的金发科技在专利运营方面取得的极大进步。

贯标的一个重要作用是风险管控，金发科技的目标是分析全行业相关专利，从而控制专利风险。为实现这一目标，金发科技对全领域的竞争对手实施定期跟踪预警，针对有风险的专利提交公众意见，包括中国申请和海外申请。专利无效是解决专利纠纷非常重要的一个环节，也是目前知识产权风险主动防御的一项主要工作，在EPO金发科技正在涉案的异议案件也有不少。此外，通过风险管控，也进一步降低了处理专利诉讼的工作量。

对于金发科技来说，知识产权管理不是最终目的，借助贯标的全环节管理，保护研发成果，控制市场风险，与值得尊敬的竞争对手求同存异，共同合作，开拓更大的市场才是最终的目标。

第二十八章 不断深化知识产权体系化管理，助力知识产权创造、运用、保护与管理全方位提升

——巨化集团有限公司知识产权管理案例

一、企业简介

巨化集团有限公司（以下称"巨化公司"）成立于1958年，主要产业涵盖氟化工、氯碱化工、石化材料、电子化学材料、精细化工等领域，有16大类产品市场占有率排名全球第一。参股浙石化舟山4000万吨/年绿色石化项目，拥有巨化股份、华江科技两家公众公司和一家财务公司。作为全国循环经济的工作先进单位和教育示范基地、浙江省商标示范企业，经过多年创新发展，巨化公司已成为全国特大型化工联合企业和全国最大氟化工先进制造业基地。目前，巨化公司拥有国家级研发机构2个，国家级高新技术企业19家。

作为一个我国化工制造业基地，巨化公司一直高度重视知识产权工作，通过不断技术创新和管理创新，形成了自己系统性的技术专利、市场商标和软件著作等知识产权组合，构建了知识产权管理体系，对提升企业综合竞争力、推动高质量发展起到了至关重要的作用。

巨化公司以创造价值为导向，推进知识产权创造能力，专利成果不断涌现、质量不断提升；推进强化商标管理，提升"巨化"品牌影响力；推动软件正版化工作，规范软件著作权管理。

巨化公司被授予"国家知识产权示范企业",同时,公司也是浙江省商标示范企业,另有2家子公司获得国家知识产权优势企业称号。

二、不断深化知识产权体系化管理

"十二五"期间,巨化公司被列入第一批国家知识产权标准化管理试点单位。为此,巨化公司的领导层高度重视知识产权管理标准的贯彻实施,通过策划、建立、运行知识产权管理体系,为公司创新成果的保护与运用打下了坚实的基础。

"领导重视"是巨化公司知识产权管理体系成功建立的重要因素。公司的高层领导为体系建设投入了大量的精力,既进行顶层设计,又深度参与相关工作,具体表现为:(1)构建了公司知识产权管理网络体系,从公司到各事业部都有领导班子成员分管知识产权工作,并在各层面成立了知识产权办公室;(2)结合公司经营发展的实际需要提出了自己的知识产权战略,制定了年度目标和实施计划;(3)形成了知识产权标准化管理文件体系,在理顺各项管理制度和要求的基础上建立了层次丰富、更为系统的知识产权管理文件;(4)每年正常化实施内审、管审和外部评审,不断完善公司和各部门、事业部的知识产权管理工作。

知识产权管理是企业经营管理的重要组成部分,常伴随着企业总体战略布局、规划的调整而重新规划,与此同步的是知识产权管理体系的相应改进。如在打造品牌的攻坚战阶段,巨化公司知识产权管理体系策划和实施的重点是为无形资产商业价值的确立提供支撑;在实施创新驱动发展战略阶段,公司的知识产权管理体系又向着激励创新的方向调整,以适应公司新的发展规划的要求。自体系运行至今,巨化公司的知识产权管理体系始终坚持持续改进,展现出与时俱进的活力。

三、全方位取得积极成效

通过体系建设和认证后的纠正整改,巨化公司在知识产权创造、运用、保护与管理方面上均取得积极成效。

（一）夯实了知识产权管理的基础

（1）大力实施知识产权管理体系，逐步完善知识产权管理工作。通过设置多层次的知识产权管理机构和岗位，巨化公司构建了强大的知识产权管理组织机构；通过将知识产权战略与公司的经营发展战略紧密结合，知识产权管理工作已成为公司整体经营管理的有机组成部分；通过文件制定及修订，公司的知识产权管理工作进一步实现有章可循；通过内部审核和管理评审的落地实施，公司知识产权管理体系持续改进机制得以形成。

（2）实施技术安全"防火墙"工程，强化技术保密管理。为实现技术保密管理工作"零违规、零泄密"的目标，巨化公司按照"我的专业我负责、我的区域我负责"的要求，围绕"人、机、物、区、规"五方面，分类、分级管理，采取系统、有效的管理和技术措施，全面实施技术安全"防火墙"工程。此外，巨化公司整体实行了技术保密等级划分和分类别管理，完善了保密规章制度，发放核心涉密技术人员保密费，完成了与核心涉密岗位和人员的识别确认及专项保密协议签订，强化了员工入职保密教育、日常保密培训及离职保密管理；完成了核心涉密电脑、涉密资料的统一标准管理。结合信息化手段，引入了电子门禁、电子文档加密、保密区域全过程监控、工作期间使用公用手机等具有特色、有实效的技术保密举措。通过实施技术安全"防火墙"工程，巨化公司的技术保密管理得到进一步夯实。

（二）推进了知识产权创造能力、成果质量不断提升

（1）注重创新氛围营造。以"支撑产业、引领未来、整合协同、开放融合"科创战略思想为指导，构建了层次分明、功能清晰的科技创新体系，倡导"鼓励创新、宽容失败"的创新理念，持续形成"开放包容、博采众长、融合提炼、自成一家"的创新氛围，近年来，公司董事会以重奖的方式对在科技创新工作中有突出贡献的团队进行了多次特别嘉奖，激发了广大科技工作者的创新热情。

（2）注重创新人才发力。坚持"人才强企"，实施"智汇巨化"工程，在国内外布局人才基地和工作站，大力培养内部领军人才，引进全球"高、

精、尖、缺"人才与团队，目前，巨化公司有研发人员1432人，在聘院士16位，有强大的人才队伍作保障，大大缩短了核心产业开发进程，突破了一系列关键技术瓶颈，为公司高水平创新提供强大要素支撑。

（3）注重高能平台借力。在含氟聚合物、含氟制冷剂、电子化学品、新能源材料等核心产业的创新发展上，巨化公司加强与俄罗斯国家应化院等国内外科研院所、浙江大学、北京化工大学等几十所高等院校开展产学研合作，取得了系列成果。如与俄罗斯国家应化院合作开发氟材料系列技术实现产业化；与北京化工大学合作的超重力过程强化技术实现多装置应用，与浙江大学合作开发成功国际上首创的加氢站用大容量超高压储氢罐装备；与浙江师范大学合作联合攻克制冷剂产业关键核心技术催化剂的制备，摆脱了发达国家的垄断，实现关键技术的国产化。

（4）注重创新机制突破。围绕形成"智力共享、成果共享、收益共享"的驱动机制，破旧立新，逐项落实举措推动知识、技术、管理、技能等生产要素按贡献参与分配，开展各种分配方式的积极探索。推动"大众创业、万众创新"在巨化公司的实践，制定出台《创新创业平台股权和分红激励办法》，建立科技"小老虎"公司、项目工厂、微创公司等内部创业创新平台，试点经营层持股，核心人才参与投资，共担风险、共享收益的经营模式，取得明显实效。

（5）大力实施专利战略，激发知识产权创造能力。巨化公司将创新工作作为实现公司高质量发展的战略举措，依靠自己的科创体系每年投入占主营收入近4%的研发费用开展自主创新，形成了大量的高价值专有技术，申请的专利数量和质量大幅度提升，做好自主知识产权保护工作，促进专利申报由数量向质量转型。

（三）提升了"巨化"品牌影响力

（1）品牌知识产权管理的强化。巨化公司在申请公司新开发产品使用商标的基础上，积极开展国际目标市场的商标注册，通过《商标国际注册马德里协定》申请商标，加强"巨化"品牌的国际影响力和保护区域，为"巨化"品牌在国内、国际市场推广和提高影响力奠定基础。

（2）品牌影响力的提升。巨化公司不断实施名牌创优工程，通过制作微电影、短视频、图片等多媒体开展品牌宣传，积极利用中国国际化工展、制冷展、氟硅材料展、橡塑展和美国、巴西、土耳其国际制冷展等国内外展会提升企业形象。"巨化"品牌在国内外化工行业中的影响力不断提高，多个产品荣获"浙江名牌""全国用户满意产品""中国石油和化学工业知名品牌产品"等荣誉称号，"巨化"品牌系列制冷剂产品荣获"北极熊奖"，"巨化"品牌车用制冷剂、PVDC产品荣获"浙江制造"品质奖。

（3）亚运徽标授权使用的完成。2020年7—8月，巨化公司制冷剂事业部与杭州亚组委接洽，建议将"巨化"品牌制冷剂产品列入产品赞助类别；在浙江省国资委的牵头下，公司作为省属国有企业参加杭州亚运会、亚残运会市场开发推介会，就省属企业捐赠杭州亚运会、亚残运会一事达成意向；2021年6月，亚组委现场考察赞助候选企业，公司通过评审，获亚运会官方制冷剂供应商称谓，制冷剂产品外包装上使用亚运赞助标志；2022年9月，"巨化"品牌制冷剂进行包装改版工作完成，投入使用。

（4）品牌维护力度的加大。随着"巨化"品牌价值的不断提高，市场上出现的假冒"巨化"品牌产品、商标品牌"搭便车"的事件日益增多，巨化公司积极配合市场监督管理部门，开展巨化商标、商号的维权工作。此外，公司自主研发并不断升级"巨化产品防伪客户质询系统"，通过门户网站、防伪码以及电话查询等方式，为用户搭建可靠的"巨化"品牌制冷剂系列、片碱系列产品识别渠道，增加公司制冷剂小钢瓶系列产品可追溯系统。

附 录

知识产权领域典型禁止性行为涉及的文件清单

（1）财政部 国家知识产权局印发《知识产权相关会计信息披露规定》的通知（财会〔2018〕30号）；

（2）《中央企业合规管理办法》（2022年8月23日国务院国有资产监督管理委员会令第42号公布，自2022年10月1日起施行）；

（3）国家知识产权局办公室印发《国家知识产权局办公室关于开展专利密集型产品认定工作的通知》（国知办函运字〔2023〕584号）；

（4）国家知识产权局发布《关于规范申请专利行为的办法》的公告（第411号）（2021年）；

（5）国家知识产权局办公室印发《关于加强专利导航工作的通知》（国知办发运字〔2021〕30号）；

（6）国家市场监督管理总局发布《规范商标申请注册行为若干规定》（国家市场监督管理总局令第17号；自2019年12月1日起施行）；

（7）国家知识产权局发布《专利实施许可合同备案管理办法》（国家知识产权局令第62号，自2011年8月1日起施行）；

（8）国家知识产权局办公室关于印发《专利开放许可试点工作方案的通知》（国知办函运字〔2022〕448号）；

（9）国务院国有资产监督管理委员会 财政部发布《企业国有资产交易监督管理办法》（国务院国有资产监督管理委员会 财政部令第32号，自2016年6月24日起施行）。